R A Í Z E S

O Quilombo dos Palmares

O Quilombo dos Palmares

Edison Carneiro

Prefácio de
Flávio dos Santos Gomes

wmf martinsfontes
SÃO PAULO 2019

Copyright © 2011, Editora WMF Martins Fontes Ltda.,
São Paulo, para a presente edição.

1ª edição *1958*
Companhia Editora Nacional
5ª edição *2011*
revista e supervisionada por
Philon Carneiro
2ª tiragem *2019*

Acompanhamento editorial
Helena Guimarães Bittencourt
Preparação da edição
Adriana Barbieri
Revisões gráficas
Alessandra Miranda de Sá
Renato da Rocha Carlos
Edição de arte
Katia Harumi Terasaka
Produção gráfica
Geraldo Alves
Paginação
Moacir Katsumi Matsusaki

Dados Internacionais de Catalogação na Publicação (CIP)
(Câmara Brasileira do Livro, SP, Brasil)

Carneiro, Edison, 1912-1972.
    O Quilombo dos Palmares / Edison Carneiro ; prefácio de Flávio dos Santos Gomes. – São Paulo : Editora WMF Martins Fontes, 2011. – (Raízes)

    Bibliografia
    ISBN 978-85-7827-315-6

    1. Brasil – História – 1549-1762 2. Insurreições de escravos – Palmares (PE) 3. Negros – Brasil – Palmares (PE) – História 4. Palmares (PE) – Relações raciais I. Gomes, Flávio dos Santos. II. Título. III. Série.

10-08085	CDD-981.34

Índices para catálogo sistemático:
1. Pernambuco : Quilombo dos Palmares : História   981.34

Todos os direitos desta edição reservados à
Editora WMF Martins Fontes Ltda.
Rua Prof. Laerte Ramos de Carvalho, 133 01325-030 São Paulo SP Brasil
Tel. (11) 3293.8150 e-mail: info@wmfmartinsfontes.com.br
http://www.wmfmartinsfontes.com.br

ÍNDICE

Prefácio XI
Apresentação à 4.ª edição XVII
Singularidades dos quilombos XXXV

Introdução | A campanha nos Palmares 3
1. *Um sonho de liberdade* | 2. *As reações do escravo no Brasil* | 3. *Um Estado negro* | 4. *O "inimigo de portas adentro"* | 5. *As expedições holandesas* | 6. *As investidas luso-brasileiras* | 7. *Luta pela posse das terras* | 8. *As defesas palmarinas* | 9. *A resistência dos negros* | 10. *A lenda e a realidade sobre o Zumbi* | 11. *Domingos Jorge Velho e a vitória nos Palmares* | 12. *O número de* entradas *ao quilombo* | 13. *Trezentos anos depois*

Capítulo I | Os negros no quilombo 19
1. *A floresta dos Palmares* | 2. *Como os negros se aproveitavam das matas* | 3. *As melhores terras da capitania de Pernambuco* | 4. *Os primeiros anos do quilombo* | 5. *A floresta era desconhecida e hostil* | 6. *O rigor do cativeiro* | 7. *Os mocambos dos Palmares* | 8. *A justiça e a religião no quilombo* | 9. *A lavoura dos quilombolas* | 10. *Mulatos e índios entre os palmarinos* | 11. *Combatentes e trabalhadores* | 12. *O quilombo era um estímulo para os negros das redondezas* | 13. *Os chefes dos Palmares* | 14. *Zumbi* | 15. *As razzias dos negros* | 16. *Os "colonos" dos palmarinos* | 17. *A guerra pesava nos*

cofres da Coroa | 18. A pobreza dos moradores vizinhos | 19. O quilombo no folclore alagoano

CAPÍTULO II | **As investidas holandesas** 53
1. A dominação holandesa no Brasil | 2. Plano de destruição dos Palmares | 3. A expedição de Rodolfo Baro (1644) | 4. A expedição Blaer-Reijmbach (1645) | 5. Rodolfo Baro e o capitão Blaer

CAPÍTULO III | **As primeiras expedições** 65
1. O manuscrito da Torre do Tombo e as suas contradições | 2. O Mestre de Campo Zenóbio Accioly de Vasconcelos (1667) sobe o Panema até a Serra do Comonati | 3. As "uniões" entre as vilas vizinhas ao quilombo | 4. Medidas de segurança do governo | 5. A entrada de André da Rocha e Jácome Bezerra (1671) | 6. Três colunas, sob o comando de Jácome Bezerra (1672), convergem sobre os mocambos | 7. A incursão de represália do capitão-mor Cristóvão Lins (1673) | 8. O governador Pedro de Almeida prepara-se para atacar | 9. Estêvão Ribeiro Baião | 10. A entrada de Manuel Lopes (1675)

CAPÍTULO IV | **Fernão Carrilho** 77
1. A carreira militar de Fernão Carrilho | 2. O acordo entre as vilas vizinhas e a primeira entrada (1676) de Fernão Carrilho | 3. A entrada de 1677 e a derrota dos palmarinos | 4. Outras operações | 5. A embaixada de paz do rei Ganga-Zumba | 6. Festas e compensações pela vitória | 7. Zumbi não aceitou a paz | 8. A trégua não demorou muito | 9. A "expedição punitiva" de Gonçalo Moreira (1679) contra o Cucaú | 10. A contribuição de Alagoas | 11. André Dias investe contra os Palmares (1680) | 12. O bando do sargento-mor Manuel Lopes | 13. Manuel Lopes atravessa o quilombo, de Alagoas para Serinhaém (1682) | 14. Fernão Carrilho (1683) assalta novamente os Palmares | 15. O "auxílio" de 50 soldados do capitão João de Freitas da Cunha (1684) | 16. Uma nova arma para os negros – a paz | 17. A última entrada de Fernão Carrilho (1686) | 18. Os planos de Fernão Carrilho para a destruição dos Palmares

Capítulo V | O assalto final 99
1. Domingos Jorge Velho, chamado pelo governador Souto-Maior, movimenta-se para os Palmares | 2. A guerra do Açu | 3. Uma peste no Recife | 4. As Capitulações entre o governador e os paulistas | 5. Os oficiais da Câmara de Porto Calvo pedem o estabelecimento de três aldeias de índios nas "cabeceiras" dos povoados | 6. Os paulistas, à sua chegada aos Palmares, são derrotados pelos negros (1692) | 7. As "agregações" de Domingos Jorge Velho | 8. Os crimes cometidos pelos paulistas | 9. Um retrato do Mestre de Campo | 10. Os moradores não queriam a vizinhança do Terço | 11. Elogio dos paulistas como combatentes | 12. Os paulistas passam dez meses na praia deserta do Parataji | 13. A "cerca" do Zumbi | 14. Tropas de socorro chegam aos Palmares | 15. Artilharia | 16. A contracerca de Bernardo Vieira de Melo e a cerca oblíqua do Mestre de Campo | 17. A perseguição aos negros em fuga | 18. Soldados | 19. Festas pela restauração dos Palmares | 20. O governador Caetano de Melo e Castro contra os paulistas | 21. Bernardo Vieira de Melo | 22. Operações de limpeza | 23. A morte do Zumbi | 24. O acontecimento mais importante da carreira militar de André Furtado de Mendonça | 25. Domingos Jorge Velho pede munições ao governador do Brasil | 26. Discórdias entre os paulistas | 27. Os negros "sempre serão 30 vezes 30"

Capítulo VI | Uma questão de terras 129
1. A Muralha da China | 2. Presas | 3. Os quintos reais | 4. O Terço dos Palmares | 5. Meio-soldo | 6. Os hábitos das Ordens militares | 7. Luís da Silveira Pimentel | 8. Sesmarias | 9. O "paralelogramo de terra" de Domingos Jorge Velho | 10. Povoadores | 11. Mulheres | 12. Os dízimos a Deus | 13. A "indecência" dos paulistas | 14. Os alagoanos contra o Mestre de Campo | 15. A meia légua de terra dos índios de Santo Amaro | 16. O soldo dos Homens Pretos | 17. Domingos Jorge Velho funda a vila de Atalaia

Bibliografia útil 153

Documentos

Relação das guerras feitas aos Palmares de Pernambuco no tempo do governador D. Pedro de Almeida, de 1675 a 1678   157
Os sucessos de 1668 a 1680 181
Diário da Viagem do capitão João Blaer aos Palmares em 1645   209
Meia légua de terra para a igreja da Senhora das Brotas .. 219
Cartas de João de Lencastre 221
Outros documentos 223

PREFÁCIO

A *DIÁSPORA* AFRICANA NOS QUILOMBOS:
O ESTUDO CLÁSSICO DE EDISON CARNEIRO

A historiografia do século XIX no Brasil pouca atenção deu ao estudo das microssociedades formadas a partir de comunidades de fugitivos: mocambos e quilombos. No alvorecer do século XX, Nina Rodrigues abordaria a temática inaugurando as interpretações *culturalistas*, que ressaltavam que nos quilombos – reproduzindo "as tradições da organização política e guerreira dos povos bantos" – os africanos procuravam retornar "à barbárie africana"[1]. Posteriormente, alguns autores sistematizaram ainda mais as perspectivas *culturalistas*[2]. Para Arthur Ramos, os arranjos socioeconômicos dessas comunidades tinham como objetivo a recriação de "estados africanos", tendo sido "uma desesperada reação à desagregação cultural que o africano sofreu com o regime de escra-

---
1 Nina Rodrigues, "A Troya Negra. Erros e lacunas da história dos Palmares". *RIAGHP*, 11, n. 63, 1904, pp. 645-72, e *Os africanos no Brasil*. 5ª ed. São Paulo, Nacional, 1977, esp. cap. III, "As sublevações de negros no Brasil anteriores ao século XIX", pp. 71-97 (1ª ed. 1932).
2 Ver Roger Bastide, *As Américas negras*: as civilizações africanas no Novo Mundo. São Paulo: Difel/Edusp, 1974; *As religiões africanas no Brasil*: contribuição a uma sociologia das interpretações das civilizações. São Paulo: Pioneira, 1985; Arthur Ramos, *A aculturação negra no Brasil*. São Paulo: Nacional, 1942; *As culturas negras no Novo Mundo*. 3ª ed. São Paulo: Nacional, 1979; *O negro brasileiro*. Rio de Janeiro: Civilização Brasileira, 1935, e *O negro na civilização brasileira*. Rio de Janeiro: Casa do Estudante do Brasil, 1953.

vidão"³. Avaliava que os africanos escravizados passaram por um processo de "aculturação negra", através da "adaptação" e da "reação". A "adaptação" consistia no fato de que "as culturas negras combinaram-se a padrões de cultura branca", sendo a "reação" representada "nos casos em que as culturas negras reagiram mais ou menos violentamente à aceitação dos traços de outras culturas"⁴.

Os quilombos constituíam assim os principais exemplos do processo contra-aculturativo, estratégias na diáspora para preservar as "culturas negras" longe da dominação senhorial⁵. Investigando as religiões "negras", Roger Bastide ampliaria o conceito de "contra-aculturação", identificando nos quilombos, *cumbes*, *palenques*, mocambos e *maroons societies* – as denominações das comunidades de fugitivos em várias partes das Américas – "ao mesmo tempo novas civilizações 'negras' e civilizações 'africanas' arcaicas"⁶. Sobre os mocambos de Palmares sugeriu que eram "certamente mais a obra de africanos puros que não conseguiram esquecer as realidades de seus países, que dos negros crioulos"⁷.

Nos anos 30 e 40 surgem também as importantes pesquisas de Edison Carneiro, analisando as dimensões culturais africanas no Brasil, em especial as formas religiosas. Na abordagem sobre Palmares, uma grande viragem aconteceria em 1947. Praticamente refunda um debate mais tarde esquecido, mas profundamente atual ainda hoje: as experiências da diáspora e da história da África, produzindo um estudo original sobre a organização política, econômica, militar, cultural e social de Palmares, apontando para o fenômeno "contra-aculturativo". O pioneirismo e a sofisticação analítica foram únicos. Edison Carneiro foi um dos primeiros a sugerir uma classi-

---

3 Arthur Ramos, *A aculturação negra no Brasil*, 1942, esp. "O espírito associativo do negro brasileiro", pp. 117-44.
4 Arthur Ramos, *As culturas negras no Novo Mundo*. 3ª ed., 1979, pp. 246-7 (1ª ed. 1937).
5 Arthur Ramos, *As culturas negras*, p. 247, e *O negro na civilização brasileira*, pp. 41-69.
6 Roger Bastide, *As Américas negras*, pp. 50-1.
7 Roger Bastide, *As religiões africanas no Brasil*, esp. cap. 3, "O protesto do escravo e a religião", pp. 113-40.

ficação para os quilombos, chamando atenção para as "características e peculiaridades", além de destacar os limites metodológicos das fontes usadas para analisá-los: produzidas pela repressão. Argumentou sobre uma tipologia, no caso uma "fisionomia comum", sendo que para ele o "movimento da fuga" por si só constituía a "negação da sociedade oficial" e a formação de comunidades era a "reafirmação da cultura e do estilo de vida africanos". Foi assim pioneiro – depois, somente os estudos de Clóvis Moura deram continuidade – em conceber uma sociologia própria dos quilombos no Brasil[8]. Segundo ele, o "tipo de organização" dos quilombos era de verdadeiros "estados africanos". Palmares passaria a ser visto como um processo histórico mais profundo de formação de quilombos e mocambos, embora houvesse outras evidências de grandes dimensões sociais deles para Minas Gerais, Goiás e Mato Grosso. Em sua tipologia investiu na reflexão sobre a incidência de comunidades de fugitivos, com indagações sobre como, onde e quando surgiam. Se podemos hoje criticar sua visão de que eles emergiam fundamentalmente diante do "afrouxamento das relações sociais" entre senhores e escravos, é necessário reconhecer a importância de sua sugestão de que a incidência dos quilombos se relacionava também com o aumento do tráfico atlântico.

Edison Carneiro foi um dos pioneiros na argumentação de que havia diferentes culturas dos escravos, uns "crioulos" e outros "africanos", destacando as clivagens étnicas, embora percebesse nos quilombos uma "espécie de fraternidade racial" com mulatos, indígenas e mesmo brancos. No caso de Palmares, enfatizou – com base nos nomes dos mocambos, nas evidências da cultura material e nos títulos de Zambi, Ganga-Zumba e Zumbi – a procedência cultural dos africanos centrais banto[9]. Quase nunca mencionado e não objeto de preocupações mais contemporâneas no que diz respeito às comunidades remanescentes,

---

8 Clóvis Moura, "O Quilombo dos Palmares", in *Rebeliões da senzala*: quilombos, insurreições, guerrilhas. Rio de Janeiro: Edições Zumbi, 1959.

9 Análises sobre as dimensões africanas de Palmares também apareceram em Raymond K. Kent, "Palmares: An African State in Brazil", *Journal of African History*, 6: 2 (1965), pp. 161-75, e "Pal-

Edison Carneiro fez sugestões importantes sobre as dimensões agrárias da formação dos quilombos, seja nas perspectivas societárias (divisão social do trabalho, economia e trocas mercantis), seja na valorização das fronteiras agrárias. Usaria ideias e textos de Duvitiliano Ramos sobre a "posse útil" das terras dos quilombos e em especial Palmares[10].

Depois de Edison Carneiro, o esforço de pesquisa mais completo sobre Palmares surgiria com a obra de Décio Freitas no fim dos anos 70 e início dos 80. Até então, as análises historiográficas tinham se baseado em fontes transcritas nas revistas dos institutos históricos do século XIX, nas fontes publicadas por Ennes e em alguns documentos coligidos e publicados pelo próprio Edison Carneiro[11]. O que se falava sobre economia, política e religião de Palmares baseava-se fundamentalmente em poucos documentos.

A reedição de *Quilombo de Palmares* é mais do que oportuna. Os temas da diáspora continuam envolvendo importantes intelectuais também numa perspectiva atlântica, surgindo polêmicas, investigações, revisões e principalmente perspectivas teóricas e metodológicas inovadoras. Esse debate foi internacional, e intelectuais brasileiros tiveram um importante diálogo com tais perspectivas, especialmente Edison Carneiro. Surgiriam revisões importantes nos anos 70, e, enfatizando o papel da "criação/invenção", o modelo de Mintz e Price ajudou a redefinir os contornos sobre a ideia de diáspora[12]. Mais recentemente tem havido uma retomada do debate. Em parte provocado pelas importantes pesquisas tanto sobre a escravidão como sobre a África pré-colonial. Ainda que adotando uma postura menos "essencialista", alguns estudos chamaram atenção para tal movimento de "criação/invenção" – desde a África – e, portanto, não

---

mares: An African State in Brazil", in Richard Price (ed.). *Maroon Societies*: Rebel Slave Communities in the Americas. Nova York: Anchor, 1973, pp. 170-90.

10 Duvitiliano Ramos, "A posse útil da terra entre os quilombolas" [1950], in Abdias do Nascimento, *O negro revoltado*. 2ª ed. Rio de Janeiro: Nova Fronteira, 1982, pp. 153-64.

11 Ernesto Ennes, *A guerra nos Palmares*: subsídios para sua história. São Paulo: Nacional, 1938; *Os primeiros quilombos (subsídios para sua história)*. S.l.e., 1937.

12 Sidney W. Mintz & Richard Price, *O nascimento da cultura afro-americana*: uma perspectiva antropológica. Rio de Janeiro: Pallas/Universidade Cândido Mendes, 2003.

sendo só um movimento da experiência da escravidão[13]. Além disso, estudos têm demonstrado como as comunidades escravas nas Américas fundamentalmente forjaram uma interação e uma transformação cultural original. Critica-se, assim, a argumentação de que havia uma forte separação ideológica entre o desenvolvimento dos escravos crioulos nas plantações e o caráter "africano" das comunidades de fugitivos, provocando com isso um grande distanciamento cultural entre crioulos e africanos. Havia o caráter da interação cultural e o desenvolvimento de novas sínteses na constituição da cultura dos quilombos. Algumas comunidades quilombolas podem ter – por exemplo – constituído sistemas religiosos a partir da fusão e reelaboração de práticas religiosas cristãs, africanas e indígenas[14]. É possível pensar as culturas escravas não numa perspectiva essencialista de "africanismos" – ou mesmo como se os quilombos fossem necessariamente e/ou exclusivamente lugares ou guardiães da "cultura africana". Seria entender a cultura quilombola (ou culturas quilombolas para marcar suas complexidades e diversidades) também como uma extensão da cultura escrava. As senzalas podiam ser fontes constantes de *backgrounds* culturais para os quilombolas, como estes para elas. É certo que em algumas situações os impactos demográficos do tráfico negreiro, a *crioulização* das populações dos mocambos e das senzalas e o isolamento forçado de alguns grupos quilombolas podem ter provocado interações culturais diferentes.

Enfim, não apenas para Palmares, em parte o legado pioneiro da obra de Edison Carneiro ainda se mantém como um laboratório, à espera de mais experiências e testes.

FLÁVIO GOMES

---

13 Para uma resenha de parte deste debate e críticas, ver Kristin Mann, "Shifting Paradigms in the Study of the African Diaspora and Atlantic History and Culture", *Slavery & Abolition*, vol. 22, n? 1, abril 2001, pp. 3-21.

14 Ver Richard Price, "O milagre da crioulização: retrospectiva", in *Estudos afro-asiáticos*, 25, n? 3, 2003, pp. 383-419, e Robert W. Slenes, " 'Malungu, ngoma vem!': África coberta e descoberta no Brasil". Revista USP, São Paulo, vol. 28, dez./fev. 1995-96, pp. 48-67.

APRESENTAÇÃO À 4ª EDIÇÃO

Surge no ano em que se comemora em nosso país o Centenário da Abolição (1988) a quarta edição de *O Quilombo dos Palmares*, de Edison Carneiro; cumprindo relembrar que, singularmente, ocorreu no México o lançamento desse livro, editado em 1946, pela Fondo de Cultura Económico e incluído na coleção Tierra Firme, sob o título *Guerras de los Palmares*, em tradução feita para o espanhol, diretamente dos originais, por Tomás Muñoz Molins.

A singularidade do fato decorreu da circunstância de ser seu autor um inimigo declarado do regime político então vigente no Brasil, na condição de intelectual firmemente engajado na luta contra o Estado Novo, instituído por Vargas desde novembro de 1937.

Concluído em 1944, "trezentos anos depois da primeira *entrada* aos Palmares", como frisa o historiador, fora em vão que tentara publicá-lo em seu país; pois, ao escrevê-lo, visara a exaltar a coragem e a capacidade de resistência dos que em Palmares combateram pela liberdade contra a escravidão; o que poderia servir de exemplo para aqueles que ousavam opor-se, no Brasil, à ditadura. Palmares seria, desse modo, considerado pelos governantes brasileiros desse tempo um tema inoportuno.

Amigos de Edison Carneiro levaram, contudo, para o estrangeiro, cópias do seu livro e conseguiram, afinal, editá-lo no México; somente, no entanto, no ano seguinte à queda do Estado Novo.

Logo depois, em 1947, Caio Prado Júnior lançaria, em São Paulo, por sua própria editora – a Brasiliense, a primeira edição brasileira do trabalho do amigo e companheiro, sob o título *O Quilombo dos Palmares (1630-1695)*; e na orelha anterior da capa referiram-se seus editores ao "jovem mas já bem conhecido historiador Edison Carneiro", afirmando haver ele conseguido sintetizar, naquele livro, "tudo quanto no estado atual dos conhecimentos históricos se sabe a respeito dos Palmares".

Surgia essa edição mais valorizada que a mexicana, desde que ao texto original foram anexados documentos contemporâneos dos acontecimentos, fundamentais para a melhor compreensão dos fatos narrados, além de dois mapas da região onde existiu e se manteve, desafiando por quase um século a força dos que pretenderam destruí-lo, o Quilombo dos Palmares.

Foi o trabalho dedicado pelo autor a dois dos seus melhores amigos: Astrojildo Pereira e Manuel Diegues Júnior. Este, na época, tão jovem quanto Edison Carneiro, como ele interessado em estudar o papel desempenhado pelos escravos negros na formação da sociedade brasileira; além disso, alagoano, da própria terra dos Palmares. Quanto à homenagem prestada a Astrojildo Pereira, merece ser realçada – foi ele o primeiro intelectual brasileiro a reconhecer o caráter classista da luta travada em Palmares, quando, a 1º de maio de 1929, através das páginas de *A Classe Operária*, jornal do Partido Comunista, de que era Secretário-Geral, afirmou haver sido aquela "uma autêntica luta de classes que... teve seu episódio culminante de heroísmo e grandeza na organização da República dos Palmares, tendo à sua frente a figura épica de Zumbi, o nosso Spartacus negro" (cf. ALVES FILHO, Ivan. *Memorial dos Palmares*. Rio de Janeiro, Xenon, 1988, pp. 172 e 181).

Quanto a Edison Carneiro, já se apresentava, àquele tempo, como autor de três livros: *Religiões negras*, o da sua estreia, editado em 1936 pela Civilização Brasileira e incluído na coleção Biblioteca de Divulgação Científica, dirigida por Arthur Ramos; *Castro Alves* –

ensaio de compreensão, pela livraria José Olympio, e *Negros bantus*, de novo pela Civilização Brasileira, os dois últimos publicados em 1937 (cf. OLIVEIRA, W. F. e COSTA LIMA, Vivaldo. *Cartas de Edison Carneiro a Artur Ramos – De 4 de janeiro de 1936 a 6 de dezembro de 1938.* São Paulo, Corrupio, 1987). Anunciava, no entanto, acharem-se em preparo três outros trabalhos – *Ursa Maior*, *Candomblés da Bahia* e *Antologia do negro brasileiro*. Desses, *Candomblés da Bahia*, o mais conhecido dos seus livros, foi editado, pela primeira vez, pelo Museu do Estado da Bahia, em 1948, quando era dirigido pelo crítico de arte José Valadares; e a *Antologia do negro brasileiro*, em 1950, pela Editora Globo, de Porto Alegre. Quanto a *Ursa Maior*, somente viria a ser publicado em 1980, após a morte de Edison Carneiro, ocorrida em 1972; surgindo, contudo, com características diversas das imaginadas pelo autor, reunindo, por motivos vários, somente parte dos artigos que deveriam compô-lo em sua concepção original (cf. OLIVEIRA, W. F. "Apresentação", in CARNEIRO, Edison. *Ursa Maior*, Centro Editorial e Didático da Universidade Federal da Bahia/Centro de Estudos Afro-Orientais, Salvador, 1980).

Nessa primeira edição brasileira de *O Quilombo dos Palmares* mencionou Edison Carneiro, no que denominou "Bibliografia útil", as publicações que haviam tratado, até aquela data, de modo direto ou acidental, do referido quilombo. Declarou, então, que somente dois livros tinham sido escritos "inteiramente dedicados" aos Palmares – o romance de Jayme de Altavilla – *O Quilombo dos Palmares*, por ele considerado "historicamente incorreto", e a novela para adolescentes – *Zumbi dos Palmares*, de Leda Maria de Albuquerque, definida como "dramatização do lendário suicídio do chefe palmarino"; o primeiro, editado em 1932, pela Melhoramentos de São Paulo e o segundo, em 1944, pela Editora Leitura.

Consideramos, contudo, por demais ligeira a referência feita ao trabalho de Jayme de Altavilla, por haver sido o seu livro, embora escrito em forma de romance e mesmo levando em conta as incorreções históricas alegadas, a primeira tentativa surgida no país de reconstituição do que ocorreu em Palmares. Ainda mais, quando foi escrito tomando por base livros e documentos devidamente relacionados na bibliografia que acompanha o texto do romance, convindo notar que grande parte deles, os mais importantes, figuram na bibliografia indicada em seu próprio livro, por Edison Carneiro.

Destaco, nessa bibliografia, o elogio feito pelo autor aos artigos escritos por Alfredo Brandão, a quem considera o historiador alagoano que mais se aproximou da verdade sobre os Palmares. Coloca-o, desse modo, em confronto com Jayme de Altavilla, que, àquela altura, já publicara, além do referido romance, uma *História da civilização das Alagoas*, circulando em terceira edição no ano de publicação do livro de Edison Carneiro.

Sem maiores elementos para poder explicar o pouco apreço de Edison Carneiro pelo trabalho de Jayme de Altavilla nem a louvação enfática feita aos escritos de Alfredo Brandão; sem também excluir a possibilidade de haver sido justa a avaliação das obras referidas, devo considerar o fato de serem fortes os laços de amizade entre Alfredo Brandão e Manuel Diegues Júnior, a quem foi dedicado, ao lado de Astrojildo Pereira, *O Quilombo dos Palmares*, por Edison Carneiro; bem como a circunstância de ser Alfredo Brandão, tio materno de Otávio Brandão, àquela época, um dos mais destacados dirigentes do Partido Comunista e por quem tinha Edison Carneiro grande admiração. Enquanto era Jayme de Altavilla considerado, a esse mesmo tempo, pelos intelectuais ditos progressistas, alguém ligado ao regime político de exceção que se instalara no país; bem podendo tal conjunto de informações esclarecer as referências diversas e mesmo opostas feitas por Edison Carneiro aos dois historiadores alagoanos.

Menciona, também, o autor baiano, em sua bibliografia, o livro *As guerras nos Palmares*, publicado em 1938, pela Editora Nacional e incluído na sua coleção Brasiliana – coletânea de documentos referentes ao quilombo, selecionados pelo escritor português Ernesto Ennes, dentre outros por ele localizados no Arquivo Histórico

Colonial de Lisboa; considerando a nota introdutória de sua autoria uma "interpretação muito justa" do que ocorrera, no século XVII, nos sertões de Alagoas.

Excluindo-se, pois, o trabalho de Jayme de Altavilla, pelo seu caráter de "romance historicamente incorreto", e o de Ernesto Ennes, por tratar-se de uma simples coleção de documentos, passa *O Quilombo dos Palmares* de Edison Carneiro à condição de primeira obra de cunho propriamente histórico sobre o tema.

Com ela iniciava-se o "trabalho de revisão para a reconstituição de uma das páginas mais brilhantes da nossa história colonial" recomendado por Alfredo Brandão, o historiador alagoano, em sua comunicação "Documentos antigos sobre a guerra dos negros palmarinos", apresentada ao 2º Congresso Afro-Brasileiro realizado na Bahia, em janeiro de 1937 (cf. *O negro no Brasil*, Rio de Janeiro, Civilização Brasileira, 1940).

Onze anos depois, em 1958, surgiu a segunda edição do livro, pela Editora Nacional. Declarou Edison Carneiro, na ocasião, havê-la enriquecido em função de "novas aquisições no conhecimento de Palmares, sobretudo referentes à expedição de Bartolomeu Bezerra que ainda que não se tenha realmente organizado, faz recuar a existência do quilombo para os primeiros anos do Século XVII". Foi acrescentado ao texto da primeira edição um ensaio do autor, intitulado "Singularidade dos quilombos", publicado, originalmente, em 1953, em *Les Afro-Américains*, coleção de ensaios editados, periodicamente, pelo *Institut Français de l'Afrique Noire* (IFAN) de Dacar. Deixaram, contado, de constar dessa nova edição os mapas incluídos na anterior, localizando a área dos Palmares. Quanto à bibliografia, somente foi acrescentado à da primeira edição um artigo de autoria de Benjamim Péret, sob o título "Que foi o Quilombo dos Palmares?", publicado na revista *Anhembi*, em seu número referente aos meses de abril/maio de 1956.

A terceira e última edição de *O Quilombo dos Palmares* apareceu, em 1966, pela Civilização Brasileira. Representou, sem dúvida, uma tentativa bem-sucedida de comercialização, a baixo custo, de uma obra esgotada e de grande procura. Dela não constaram o ensaio "Singularidade dos quilombos" nem os documentos incluídos na segunda edição, o que concorreu para uma diminuição sensível do número de suas páginas. Trazia, contudo, a mais bela capa que já teve o livro, a desenhada por Marius Lauritzen Bem, em equilibrada e vistosa policromia; e na bibliografia dela constante surgia uma nova referência – a feita ao trabalho *Reino negro dos Palmares*, de autoria de Mário Martins de Freitas, publicado em dois volumes, pela Editora Americana, em 1954, e incluído na Biblioteca do Exército. Convém realçar haver sido este trabalho, do ponto de vista da reconstituição factual da história dos Palmares, o mais rico dentre os escritos, até aquela data, no país; como constatar não haverem sido mencionados nessa nova bibliografia dois importantes artigos publicados sobre os Palmares em data anterior à da edição – o de Duvitiliano Ramos, "A posse útil da terra entre os quilombolas", publicado no n.º 3/4 da revista *Estudos Sociais* (Rio de Janeiro, 1958), e o do antropólogo Raymond K. Kent, "Palmares: an African State in Brazil", no *Journal of African History*, VI, 2, 1965 –, nem o livro de Clóvis Moura – *Rebeliões da senzala*, publicado em São Paulo, em 1959, pela Editora Zumbi, no qual figurou um capítulo dedicado ao Quilombo dos Palmares.

Não se ampliara, contudo, mesmo com esses novos trabalhos, o horizonte enquadrando o tema, pois os que os escreveram continuavam a valer-se dos mesmos documentos utilizados por Edison Carneiro para a elaboração da primeira edição do seu livro.

Alterou-se, contudo, de modo considerável, tal situação, a partir de 1978, com o surgimento da segunda edição do livro de Décio Freitas – *Palmares, a guerra dos escravos* (Rio de Janeiro, Graal, 1978), publicado, pela primeira vez, em 1973, pela Editora Movimento, de Porto Alegre, e reaparecendo, naquele ano, fartamente enriquecido com informações colhidas em novos documentos, por ele localizados, em 1974, no Arquivo Histórico Ultramarino, na

Biblioteca da Ajuda, na Biblioteca Nacional de Lisboa, na Biblioteca e Arquivo Distrital de Évora, em Portugal. Os velhos códices por ele estudados lhe revelaram fatos novos, confirmaram e desmentiram muito do que até então se dissera sobre a história do Quilombo dos Palmares. Não hesitou, pois, Darcy Ribeiro em declarar ser aquele livro "a reconstituição mais completa e documentada" e, também, "a reflexão crítica mais severa de que se dispõe, até agora, sobre um acontecimento fundamental da história brasileira: Palmares" (cf. FREITAS, Décio. *Palmares, a guerra dos escravos*, Rio de Janeiro, Graal, 1978, orelha anterior da capa do livro).

Informava, todavia, seu autor não haverem sido esgotadas, na ocasião, as fontes documentais sobre o tema, avaliando-as ainda numerosas; lamentava, no entanto, a circunstância de lacunas importantes sobre a história do quilombo jamais poderem vir a ser supridas, dada "a inexistência de fontes diretas dos próprios palmarinos", o que forçaria os historiadores a terem de contentar-se com as informações provindas dos seus "encarniçados inimigos", concluindo por declarar seu pesar por ter a certeza de que a república negra continuaria, por esse motivo, a somente ser avistada a distância, sem que nos fosse permitido enxergá-la, a não ser de modo fugaz, em sua dinâmica e suas estruturas internas. Convicto, no entanto, de estar a produzir algo novo sobre a história dos Palmares, somente se referiu aos livros de Edison Carneiro e Mário Martins de Freitas ao incluí-los entre as fontes secundárias que consultara. Nem por isso, contudo, discordou de Edison Carneiro ao considerar a luta travada entre os palmarinos e as forças enviadas para destruí-los, uma luta de classes; sendo taxativo na afirmativa de haver constituído a insurreição dos Palmares "a mais séria e veemente contestação ao sistema escravista" surgida no Brasil colonial; acrescentando ter sido o referido quilombo "o primeiro experimento de um Brasil realmente autônomo e independente, sobranceiro a colonialismos e dependências externas de qualquer tipo" (cf. FREITAS, Décio. *Op. cit.*).

Ampliando esta perspectiva, divulgou Clóvis Moura, em novembro de 1981, quando da realização, em Maceió, do Primeiro Simpósio Nacional sobre o Quilombo dos Palmares, o seu trabalho "Esboço de uma sociologia da República dos Palmares", incluído em 1983 em seu livro *Brasil: as raízes do protesto negro* (São Paulo, Global) e, com pequenas alterações, sob título mais conciso – "Sociologia da República dos Palmares", em *Sociologia do negro brasileiro* (São Paulo, Ática, 1988).

Nele reafirmou o autor sua convicção, expressa desde 1959, em *Rebeliões da senzala*, idêntica à de Edison Carneiro em *O Quilombo dos Palmares* e à de Décio Freitas em *Palmares: a guerra dos escravos* – a de haver sido a luta nos Palmares dirigida contra o escravismo, caracterizando o quilombo como "uma negação, pelo seu exemplo econômico, político e social, da estrutura escravista colonial". Levantou, a seguir, a possibilidade de haver sido Palmares "um embrião de nação" que foi destruído para não incentivar o surgimento de forças que, transcendendo os padrões econômicos e políticos do sistema escravista, ousassem propor um novo tipo de economia; realçando, ainda, o fato de ter sido a preocupação maior dos que o combateram manter "a coerção econômica e extraeconômica através da qual se conseguiria extrair todo o sobretrabalho do escravo".

Acrescentou, no capítulo intitulado "Sincretismo, assimilação, aculturação e luta de classes" desse seu último livro, a circunstância de, "por questões de formação histórica", ocuparem os descendentes dos africanos, os negros, de um modo geral, "as últimas camadas da sociedade"; acentuando, no capítulo "Os estudos sobre o negro como reflexo da estrutura da sociedade brasileira", a importância do papel a ser desempenhado pelas entidades negras de reivindicação, do seio das quais vem emergindo "o negro como ser pensante e intelectual atuante", articulando "uma ideologia na qual unem-se a ciência e a consciência"; colocando a seguir seus leitores frente a um grande dilema no que se refere à promoção e realização de estudos sobre o negro brasileiro, ao opor à posição assumida pelos pesquisadores universitários que defendem, no seu entender, a noção de uma ciência histórica, sociológica ou antropológica "neutra, equilibrada, sem interferência de uma consciência crítica e/ou revolucionária", a postura dos que apoiam e incentivam o progresso através do qual será elaborado um pensamento novo, formulado "pela intelectualidade negra ou outros setores étnicos discriminados e/ou conscientizados, também, interessados na reformulação radical da nossa realidade racial e social".

Tenta, desse modo, com habilidade extrema mas, talvez, pouco êxito, uma vez que não rejeita, em qualquer momento, a noção dialética de luta de classe numa sociedade capitalista, tornar equivalentes, no curso do processo de análise e compreensão da realidade social e econômica brasileira, conceitos, ao nosso ver, distintos e inconfundíveis – o de *proletário*, universal por sua própria essência, e o de *negro emergente*, por ele criado e definido como "o negro rebelde na medida em que adquire uma consciência crítica em relação ao mundo que o cerca e à sua situação neste mundo"; válido, parcialmente, apenas no que se refere a uma circunstância de caráter local, nacional; e, por esse motivo, particularista, sem a indispensável característica de generalidade de um conceito destinado a definir modelos ou categorias; encarando, dessa maneira, o negro no Brasil como participante direto do processo de luta de classes, ainda que "com particularidades que o transformam em um problema específico ou com especificidades que devem ser consideradas"; considerando-o, a seguir, como "força tanto maior quanto mais organizada e continuadora de um pensamento popular e revolucionário" (cf. MOURA, Clóvis. *Brasil: as raízes do protesto negro*, São Paulo, Global, 1983; *Sociologia do negro brasileiro*, São Paulo, Ática, 1988).

Um ano antes, afirmara o mesmo autor, ao nosso ver, com exagero, haver sido Palmares uma "república de homens livres" apoiada sobre uma "estrutura de economia igualitária"; dispondo-se, mesmo após haver reconhecido a dificuldade maior para a realização de "um levantamento sistemático da estrutura social de Palmares" –

a da inexistência de "uma documentação produzida pelos próprios palmarinos", a descrever, ainda que "em linhas gerais", como funcionava aquela comunidade.

A "república" por ele imaginada era governada por um "rei" com poderes ilimitados, escolhido, contudo, por um "conselho" constituído pelos representantes dos chefes dos vários quilombos, considerados "cidades... com atividades sociais ou econômicas específicas"; chegando a identificar onze delas, dentre as quais surgia como a capital desse singular Estado "a Cerca Real do Macaco".

Levanta, ainda, a hipótese de haver existido "um dialeto de Palmares", aceitando e reforçando ideia antes apresentada por Décio Freitas quando afirmou falarem os palmarinos "uma língua toda sua, que compreendia formas da língua portuguesa, das línguas africanas e, secundariamente, das línguas indígenas" (cf. FREITAS, Décio. Op. cit.).

No que se refere à economia dos Palmares, declara, com convicção, mas, infelizmente, sem maior comprovação, que "usando técnicas de plantio, regadio e colheita trazidas da África, bem como uma longa experiência agrícola, os palmarinos transformaram-se em agricultores"; e que, "a partir de um determinado momento, Palmares passou a ter uma economia fundamentalmente agrícola, criando excedentes para redistribuição interna e externa da República", referindo-se, finalmente, a uma policultura intensiva da qual participavam, em primeiro lugar, o milho e, a seguir, o feijão, a mandioca, a batata-doce, a banana e a cana-de-açúcar, esclarecendo que o excedente da produção era "distribuído entre os membros da comunidade para as épocas de festas religiosas ou de lazer, armazenado em paióis para os períodos de guerra ou trocados com os pequenos produtores vizinhos, por artigos de que a comunidade necessitava mas não produzia" (cf. MOURA, Clóvis. *Quilombo – Resistência ao escravismo*, São Paulo, Ática, 1987).

Surgido nesse tão contestado e discutido Ano do Centenário da Abolição da Escravidão no Brasil, *Memorial dos Palmares*, de Ivan

Alves Filho, assume outra posição. Retoma, no entanto, de modo geral integral e sem concessões de qualquer tipo, o posicionamento de Astrojildo Pereira, em 1929, de Edison Carneiro, em 1947, do próprio Clóvis Moura, em 1959 e de maneira mais clara e incisiva em 1972 (cf. MOURA, Clóvis. *Rebeliões da senzala*. 2ª ed., São Paulo, 1972), e de Décio Freitas, em 1973, rejeitando, contudo, as ideias dos que pretendem "acentuar a dimensão racial da experiência palmarina em detrimento da dimensão classista", afirmando, em claro tom de denúncia, ser "interessante para determinados setores da burguesia brasileira dividir os trabalhadores com base em sua origem étnica", acrescentando que, "aproveitando-se da situação de opressão vivida pelo negro brasileiro, alguns grupos políticos e correntes de pensamento vêm desenvolvendo perigosas teses racistas, valendo-se fartamente – e falsamente – da experiência histórica palmarina". Repete, assim, o que antes dele afirmara Ciro Flammarion Cardoso quando se refere a "certas obras, aparentemente vinculadas à emergência recente de um movimento negro no país" que "vêm colocando inadequadamente a questão da rebeldia negra e, em especial, a de seu papel na abolição da escravidão" (cf. CARDOSO, Ciro Flammarion. *Escravo ou camponês?* São Paulo, Brasiliense, 1987, p. 20).

Memorial dos Palmares, elaborado a partir de uma dissertação apresentada pelo seu autor, em 1978, à Escola de Altos Estudos em Ciências Sociais de Paris, revela-se extremamente rico em novas informações sobre os Palmares, colhidas em documentos localizados no Arquivo Histórico Ultramarino, no Arquivo Nacional da Torre do Tombo, na Biblioteca da Ajuda, na Biblioteca Nacional de Lisboa, em Portugal; nos Arquivos Nacionais de Paris, na Biblioteca Nacional e no Instituto Histórico e Geográfico, no Rio de Janeiro. Iguala-se, pois, pelo empenho e pela preocupação do historiador na consulta a fontes primárias, ao trabalho antes elaborado sobre os Palmares, por Décio Freitas, este surgindo, em 1984, já em quinta edição, "reescrita, revista e ampliada", conforme declara o próprio autor (cf. FREITAS, Décio. *Op. cit.*, Porto Alegre, Mercado Aberto, 1984).

Em seu livro, procura Ivan Alves Filho analisar, utilizando, como a maior parte dos que antes dele escreveram sobre os Palmares, o método dialético marxista, tanto os fatos ocorridos como, até onde lhe foi possível, dada a precariedade das fontes, as estruturas econômicas e sociais do quilombo, para concluir por haver sido, de fato, Palmares "nossa primeira luta de classes", caracterizando, para justificar seu ponto de vista, como classe social os escravos produtivos e realçando a circunstância de terem sido tais escravos, refugiados no quilombo, a base da organização palmarina; e mais, a de ser, na época, a fuga "o único meio imediato pelo qual o escravo expressava o seu descontentamento", uma vez que "contrariamente aos operários da indústria moderna... que possuem um meio específico de luta como a greve, os trabalhadores escravos não tinham nenhum"; donde serem obrigados, por sua condição de rebelados, "a abandonar a produção que integravam na qualidade de máquina e não apenas paralisá-la". Ao buscar, contudo, definir o que teria sido, do ponto de vista da organização social e econômica, o quilombo dos Palmares, embora reconheça que a ausência de "uma documentação mais relevante" torne quase impossível tal tarefa, sugere haver ali existido somente um tipo de organização socioeconômica sem classes, impossível de ser definido pelos parâmetros de um dado modo de produção; entendendo que, apesar de no quilombo ter se organizado a produção material "com base no trabalho livre e na propriedade comunitária da terra", tal característica não autoriza definir-se esta formação como do tipo socialista, desde que "a etapa socialista resulta da superação das contradições entre o caráter social das forças produtivas e a propriedade privada dos meios de produção", o que não poderia ter ocorrido, dadas as circunstâncias do quilombo, em Palmares.

Afirma, a seguir, contrariando as opiniões de Décio Freitas e Clóvis Moura, baseando-se, contudo, na documentação por ele consultada, que ali "apenas se ensaiava a passagem de um ecossistema generalizado – sem dúvida aquele em que o homem mais depende dos fatores naturais –, a de um ecossistema especializado", baseado numa agricultura incipiente; fundamentando sua opinião ao acentuar a importância que teve em Palmares a atividade coletora e afirmar a impossibilidade, de ordem prática, dadas as técnicas rudimentares de tratamento do solo com base nas "queimadas", praticadas pelos palmarinos, bem como a frequência dos ataques sofridos pela comunidade e a consequente devastação que causavam, de haver ali existido uma agricultura plenamente desenvolvida; para concluir que, no contexto da organização do quilombo, não tiveram suas forças produtivas condições para expandir-se muito além das atividades essenciais à sobrevivência da população que abrigava; considerando, então, embora admita uma certa prosperidade da economia de Palmares, que lhe teria permitido a produção de excedentes e o estabelecimento de "relações de comércio com os habitantes dos vilarejos e roçados da região", ter ali existido somente um *modo de subsistência* e não um *modo de produção*; reservando, com base no pensamento de Maurice Godelier, este último conceito para a análise de sociedade que hajam alcançado um nível maior de complexidade ou já se encontrem efetivamente estruturadas, desde que entende que "a noção de modo de produção só se aplica às situações em que o sistema produtivo consegue forjar uma base material que lhe seja própria, adequada e assegurar a sua reprodução de forma autônoma" (cf. GODELIER, M. "L'appropriation de la nature", in *La Pensée*, n? 198, abril, 1978); reconhecendo, a seguir, no *modo de subsistência* existente, ao seu ver, nos Palmares, uma especificidade – a de "ser transitório e de servir de refúgio para os perseguidos e explorados da sociedade colonial"; donde o movimento palmarino ter carregado consigo uma grande contradição – a de haver sido, sem dúvida, um movimento revolucionário, "na medida em que encarnou a revolta dos oprimidos contra uma ordem social totalitária e avessa a todo progresso" e, ao mesmo tempo, a de ter se mostrado "incapaz de impor um projeto político coerente ao conjunto da classe escrava às camadas sociais espoliadas em menor grau, da sociedade colonial".

Declara, afinal, que, apesar de não haver conseguido o Quilombo dos Palmares dar solução para os problemas que a sua prática social levantava, os ensinamentos que se podem extrair da sua história nos permitem enxergar, com relativa clareza, as contradições inerentes ao processo histórico brasileiro; acentuando, entre outros, o fato de haver sido Palmares "a primeira tentativa de criação de um mercado interno produzindo em função dos seus interesses e de ruptura com a estrutura agrária montada na Colônia"; bem como a nossa primeira manifestação de repúdio ao colonialismo, uma vez que lutaram os palmarinos tanto contra os portugueses como contra os holandeses, com a consciência de que não se modificariam suas condições de vida enquanto continuassem escravos, não importando de que senhores.

Poderíamos levar mais adiante esta exposição sobre os Palmares, tomando por base opiniões expressas por outros historiadores, aqueles que ao mesmo se referiram, de modo ocasional, sem lhe ter dedicado atenção especial, tais como Ciro Flammarion Cardoso, Kátia Queiroz Mattoso, Mário Maestri Filho, Joel Rufino dos Santos e João José Reis. Deles destaco, contudo, Joel Rufino dos Santos, em razão da biografia por ele escrita, do líder palmarino, tomando por base os textos dos livros de Décio Freitas e Edison Carneiro e inspirado no filme *Quilombo*, de Cacá Diegues (cf. SANTOS, J. R. dos. *Zumbi*, São Paulo, Moderna, 1985).

Desejo, afinal, ao concluir esta apresentação, valorizar, sem qualquer tipo especial de distinção, o esforço de todos os que se dedicaram, nas últimas décadas, ao estudo e à tentativa de melhor compreensão da luta heroica dos escravos de Palmares contra as forças da opressão colonial; constatando, no entanto, por dever de justiça, o caráter pioneiro da obra de Edison Carneiro, posta agora, depois de vinte e dois anos da sua última edição, de novo à disposição dos estudiosos da História brasileira, graças ao espírito de compreensão do valor do passado para os homens do presente, demonstrado pelos promotores desta quarta edição de *O Quilombo dos Palmares*.

Salvador, julho de 1988.
WALDIR FREITAS OLIVEIRA

A esta edição* acrescentei algumas novas aquisições no conhecimento de Palmares, sobretudo referentes à expedição de Bartolomeu Bezerra, que, ainda que se não tenha realmente organizado, faz recuar a existência do quilombo para os primeiros anos do século XVII. O ensaio genérico sobre os quilombos, que abre o livro, possivelmente dará ao leitor uma ideia melhor sobre esse fenômeno histórico, fornecendo-lhe o panorama geral em que Palmares – que de maneira alguma foi um caso isolado de rebeldia – se enquadra.

E. C.

---

* Refere-se à 2ª edição, da Companhia Editora Nacional.

SINGULARIDADES DOS QUILOMBOS

O recurso mais utilizado pelos negros escravos, no Brasil, para escapar às agruras do cativeiro foi sem dúvida o da fuga para o mato, de que resultaram os *quilombos*, ajuntamentos de escravos fugidos, e posteriormente as *entradas*, expedições de captura. Infelizmente, não dispomos de documentos fidedignos, minuciosos e circunstanciados a respeito de muitos dos quilombos que chegaram a existir no país; os nomes de vários chefes de quilombos estão completamente perdidos; e os antigos cronistas limitaram-se a exaltar as fadigas da tropa e a contar, sem detalhes, o desbarato final dos quilombolas. A despeito dessa vagueza de informações, é possível o estudo genérico das características e peculiaridades dos quilombos. Até agora, apenas o escritor Amaury Pôrto de Oliveira interessou-se por um estudo dessa natureza, sob o aspecto particular de forma de luta contra a escravidão, e o gráfico Duvitiliano Ramos analisou com sucesso a "posse útil" da terra nos Palmares. Em verdade, se desprezarmos o episódio em favor do quadro geral, observaremos que, embora ocorridos em diversos pontos do território nacional, e em épocas diferentes, os quilombos apresentam uma fisionomia comum – tanto nos motivos que impeliram os negros para o recesso das matas como na organização social e econômica resultante da vida em liberdade.

O movimento de fuga era, em si mesmo, uma negação da sociedade oficial, que oprimia os negros escravos, eliminando a sua língua, a sua religião, os seus estilos de vida. O quilombo, por sua vez, era uma reafirmação da cultura e do estilo de vida africanos. O tipo de organização social criado pelos quilombolas estava tão próximo do tipo de organização então dominante nos Estados africanos que, ainda que não houvesse outras razões, se pode dizer, com certa dose de segurança, que os negros por ele responsáveis eram em grande parte recém-vindos da África, e não negros *crioulos*, nascidos e criados no Brasil. Os quilombos, deste modo, foram – para usar a expressão agora corrente em etnologia – um fenômeno *contra-aculturativo*, de rebeldia contra os padrões de vida impostos pela sociedade oficial e de restauração dos valores antigos.

Tentaremos aqui analisar, em grandes linhas, as peculiaridades dos quilombos em relação à sociedade oficial, tomando como base aqueles em torno dos quais a documentação é mais farta e completa – o dos Palmares, localizado entre Alagoas e Pernambuco, que se manteve durante quase todo o século XVII, e o da Carlota, primitivamente chamado do Piolho, em Mato Grosso, atacado duas vezes, em 1770 e em 1795. Afora estes, utilizaremos também, na medida do possível, dados e circunstâncias de outros quilombos, como os do Rio Vermelho, do Itapicuru, do Mocambo, do Orobó e do Urubu, na Bahia (1632, 1636, 1646, 1796 e 1826); do rio das Mortes, em Minas Gerais (1751); de Malunguinho, nas vizinhanças do Recife (1836); de Manuel Congo, em Pati do Alferes, Estado do Rio, e do Cumbe, no Maranhão (1839).

1

Duas coisas se notam, à primeira vista, no estudo dos quilombos – todos esses ajuntamentos de escravos tiveram, como causa imediata, uma situação de angústia econômica local, de que resultava certo afrouxamento na disciplina da escravidão, e todos se verificaram nos períodos de maior intensidade do tráfico de negros, variando a sua localização de acordo com as flutuações do interesse nacional pela exploração desta ou daquela região econômica.

Com efeito, o simples "rigor do cativeiro", que sempre se fez sentir pesadamente sobre o escravo, não basta para justificar a sua fuga, a princípio em pequenos grupos, depois em massa, para as matas vizinhas. Nem chega para explicar a segurança com que negros já aquilombados visitavam frequentemente as vilas de onde tinham fugido, a fim de comerciar, de comprar artigos manufaturados e de induzir outros escravos a seguir o seu exemplo, tomando o caminho da selva. O quilombo foi essencialmente um movimento coletivo, de massa. Poder-se-á explicar, apenas pelo "rigor do cativeiro", o grande movimento de fuga de escravos das fazendas paulistas, nos últimos anos da escravidão?

A primeira grande concentração de escravos se fez em torno dos canaviais do Nordeste, e especialmente da capitania de Pernambuco. Ora, o Quilombo dos Palmares, segundo investigações mais recentes, já existia em começos do século XVII, sabendo-se que o governador Diogo Botelho tratou de aprestar uma expedição, comandada por Bartolomeu Bezerra, para eliminá-lo, entre 1602 e 1608. Já nessa ocasião a economia açucareira estava em franca decadência. O quilombo, que não passava de um pequeno habitáculo de negros fugidos, cresceu extraordinariamente com a conquista holandesa, exatamente porque a guerra desorganizara a sociedade e, portanto, a vigilância dos senhores. Com a descoberta das minas, a concentração de escravos se fez, de preferência, no centro. O quilombo do rio das Mortes, liquidado por Bartolomeu Bueno do Prado em 1751, a mando da Câmara de Vila Rica, revelou-se com a decadência das lavras de ouro e diamantes em Minas Gerais e com a insatisfação econômica reinante na região, que mais tarde produziriam a Inconfidência. E o quilombo da Carlota coincidiu com a exaustão das minas de Mato Grosso, de tal modo que as expedições que o destroçaram tinham também a missão de "buscar alguns lugares em que houvesse ouro", a fim de obviar "a atual falta de terras minerais". Os quilombos do Rio Vermelho e do Itapicuru, na Bahia, destruídos, o primeiro pelos capitães Francisco Dias de Ávila e João Barbosa de Almeida, o segundo pelo coronel Belchior Brandão, foram consequências remotas da tomada da capital do país pelos holandeses. Quanto ao quilombo do Orobó, em terras então sob a jurisdição da vila de Cachoeira, devastado pelo capitão-mor Severino Pereira, e ao quilombo de Malunguinho, nas matas do Catucá, perto do Recife, que arrostou por cerca de oito anos os assaltos da tropa, não muda muito a situação. Era geral a penúria no interior baiano na segunda metade do século XVIII – nesse período ocorreu a "revolta dos alfaiates", a Inconfidência baiana –, enquanto, para situar o quilombo de Malunguinho, basta lembrar as sucessivas rebeliões, progressistas e saudosistas, que sacudiram a província de Pernambuco a partir de 1817, prolongando-se até 1849.

Outros quilombos menores chegaram atrasados, no momento em que a massa escrava já se valia de formas superiores de luta contra o cativeiro. Quando os negros malês passavam francamente à insurreição, na Bahia, em ondas sucessivas (1806-35), outros grupos reuniam-se no Quilombo do Urubu, em Pirajá. E, quando os negros, com os camponeses pobres, promoviam o grande levante da Balaiada no Maranhão (1839), florescia o Quilombo do Cumbe, sob a direção de Cosme, um dos chefes do movimento.

As agitações populares na Corte, como parte da revolução da Independência, deram a possibilidade para o quilombo de Manuel Congo, em Pati do Alferes. O Mocambo, contra o qual marcharam as forças do Mestre de Campo Martim Soares Moreno, certamente não escapa à explicação geral, em vista da lentidão com que se recuperou a economia baiana depois da invasão holandesa.

Os quilombos tiveram, pois, um *momento* determinado. O desejo de fuga era certamente geral, mas o estímulo à fuga vinha do relaxamento da vigilância dos senhores, causado, este, pela decadência econômica. E, por outro lado, os quilombos se produziram nas regiões de maior concentração de escravos, de preferência durante as épocas de maior intensidade do tráfico.

Quanto aos negros *crioulos*, utilizaram outras maneiras de fugir ao "rigor do cativeiro" – passaram à luta aberta, como na Balaiada, justiçaram os senhores, como nas fazendas fluminenses, ou buscaram a liberdade nas cidades.

2

Os ajuntamentos de escravos fugidos não tinham, em si mesmos, caráter agressivo: os negros viviam "tranquilamente" nos seus mocambos, como dizia a parte oficial sobre a destruição do Quilombo da Carlota. O do Urubu, por exemplo, que serviu de pista para o desmantelo policial do levante malê de 1826, foi descoberto acidentalmente por um capitão de mato, que explorava as florestas de Pirajá.

Embora os documentos do tempo falem sempre em "assaltos" e "violências" dos quilombolas nas regiões vizinhas, tudo indica que sob essas palavras se escondiam pretextos inconfessáveis para as expedições de captura de negros – e de terras. Por certo houve incidentes sangrentos, uma ou outra vez, na fronteira entre a sociedade oficial e a nova organização dos negros, mas esses incidentes não podem ter sido tão frequentes de modo a justificar, sozinhos, as *entradas*, os choques armados. As *entradas* custavam muito caro – e o governo, que não dispunha de meios para custeá-las, tinha de recorrer a contribuições extraordinárias dos moradores e das vilas interessadas, tanto em mercadorias como em dinheiro. As autoridades, quando tomavam providências para extinguir os Palmares, não esqueciam as "tropelias" e as "insolências" dos palmarinos, mas o Mestre de Campo Domingos Jorge Velho queixava-se de pessoas influentes que haviam tentado afastar o seu Terço da região e acusava os moradores vizinhos do quilombo de "colonos" dos negros, por comerciarem pacificamente com os homens do Zumbi. O apresamento de negros tinha interesse remoto, exceto para aqueles que cabeavam as expedições. Era costume pertencerem as presas aos que tomassem (às vezes eram repartidas pelos homens da expedição) ou, quando devolvidas aos seus senhores, estes pagavam imposto "de tomadia", que revertia em benefício do chefe da *entrada*, e se comprometiam a vender os negros para fora da terra, sob severas penas. Este costume foi observado durante a guerra nos Palmares e em geral nos quilombos da Bahia. Já na Carlota foi-se mais longe ainda – os negros aprisionados durante a segunda *entrada* (1795), depois de alforriados, foram devolvidos ao mesmo lugar onde, quatro meses antes, haviam sido atacados. Ora, o pagamento dos serviços prestados na campanha contra os negros fazia-se com datas nas terras conquistadas.

Os quilombolas viviam em paz, numa espécie de fraternidade racial. Havia, nos quilombos, uma população heterogênea, de que participavam em maioria os negros, mas que contava também mulatos e índios. Alguns mocambos dos Palmares, como o do Engana-Colomim, eram constituídos por indígenas, que pegaram em armas contra as formações dos brancos. O alferes Francisco Pedro de Melo encontrou, na Carlota, apenas 6 negros entre as 54 presas que ali fez, pois 27 eram índios e índias e 21 eram caborés, mestiços de negros com as índias cabixês das vizinhanças. E, como veremos, os negros chegaram a estabelecer comércio regular com os brancos das vilas próximas, trocando produtos agrícolas por artigos manufaturados.

Nem mesmo dispunham os quilombos de defesas militares. O que os defendia era a hostilidade da floresta, que os tornava – como certa vez confessou o governador Fernão Coutinho – "mais fortificados por natureza do que pudera ser por arte". Somente nos Palmares, e assim mesmo num período bem adiantado da sua história, encontraram-se fortificações regulares, feitas pela mão do homem. Um documento da guerra palmarina informava que os negros não tinham "firmeza" nos seus mocambos, passando de um para outro, de acordo com a necessidade. Esta mobilidade completava a proteção que a natureza lhes oferecia.

Assim, o motivo das *entradas* parece estar mais na conquista de novas terras do que mesmo na recaptura de escravos e na redução dos quilombos. A destruição de quilombos menores, como os do Rio Vermelho e do Urubu, na Bahia, o de Manuel Congo, em Pati do Alferes, ou, na fase final da Balaiada, o do Cumbe, no Maranhão, talvez tivesse tido esses objetivos formais. Parece certo, porém, que o tipo de agricultura e as atividades de caça e pesca desenvolvidos pelos negros nos quilombos maiores, mais populosos e mais permanentes, espicaçavam a cobiça dos moradores vizinhos, desejosos de aumentar as suas terras mais um pouco, e dos sertanistas, ambiciosos de riqueza e poder. Era voz corrente que as terras dos Palmares eram as melhores de toda a capitania de Pernambuco – e a guerra de palavras pela sua posse não foi menor, nem mais suave, do que a guerra contra o Zumbi. O Quilombo do Rio das Mortes ficava exatamente no caminho dos abastecimentos para as lavras de Minas Gerais, o que pode dar uma ideia do valor das suas terras e da riqueza econômica que representavam, e é nessa circunstância que se encontra a razão da crueldade de Bartolomeu Bueno do Prado, que de volta a Vila Rica trouxe 3 900 pares de orelhas de quilombolas. E, como já vimos, os objetivos explícitos da incursão contra os ajuntamentos da Carlota eram os de "se destruírem vários quilombos, e buscar alguns lugares em que houvesse ouro".

A iniciativa da luta jamais partiu dos refúgios de negros.

3

Os quilombos situavam-se geralmente em zonas férteis, próprias para o cultivo de muitas espécies vegetais e ricas em animais de caça e pesca. A utilização da terra, ao que tudo indica, tinha limites definidos, podendo-se afirmar que, embora a propriedade fosse comum, a regra era a pequena propriedade em torno dos vários mocambos ou, como escreveu Duvitiliano Ramos, a "posse útil" da terra. Era o mesmo sistema da África. Entre os nagôs como entre os bantos, pelo que ensinam C. Dary Forde e J. W. Page, a terra pertence aos habitantes da aldeia e só temporariamente o indivíduo detém a posse da terra que cultivou. Os quilombolas, individualmente, tinham apenas a extensão de terra que podiam, na realidade, cultivar. Os holandeses, quando invadiram os Palmares, incendiaram, num só dia, mais de 60 casas em roças desertadas pelos negros. Como as plantações ficavam em volta dos mocambos, pequenas aldeias arruadas à maneira africana, parece provável que as casas nelas existentes servissem apenas de pouso durante as épocas de plantio e colheita. Os rios e as matas pertenciam, dada a sua beleza em caça e pesca, a todos os quilombolas.

A agricultura beneficiava-se, por um lado, da fertilidade da natureza e, por outro, do sistema de divisão da terra. Os palmarinos plantavam feijão, batata-doce, mandioca, milho, cana-de-açúcar, pacovais – e eram essas plantações que sustentavam os soldados que atacaram o quilombo. Havia roças de milho, feijão, favas, mandioca, amendoim, batatas, cará, bananas, abóboras, ananases, e até de fumo e de algodão, nas terras generosas da Carlota. O capitão-mor Severino Pereira, ao dominar o Quilombo do Orobó, encontrou canaviais, roças de mandioca, inhame e arroz de iniciativa dos negros. Era universal, nos quilombos, a criação de galinhas, algumas vezes acompanhada da criação de porcos e outros animais domésticos. Havia muita caça e pesca nos quilombos, especialmente nos Palmares e na Carlota, este último "abundante de caça e o rio de muito peixe". E, quanto à simples coleta de alimentos, além dos pomos das mais variadas árvores frutíferas, nativas da terra, regalavam-se os negros de Palmares com uns vermes que viviam no tronco das palmeiras.

Os trabalhadores, aparentemente, dividiam-se por duas categorias principais – lavradores e artesãos. Os escravos procedentes das fazendas certamente se enquadravam no primeiro grupo e teriam sido os responsáveis diretos pela policultura. As tropas holandesas que atacaram os Palmares notaram que as roças que encontravam a todo momento estavam sob a responsabilidade de dois ou três negros cada. Os artesãos, notáveis principalmente nos Palmares, eram sobretudo ferreiros, embora houvesse "toda sorte de artífices" nos mocambos. Os documentos antigos não indicam exatamente a atividade econômica a que se entregavam as mulheres, mas provavelmente fabricavam roupas com cascas de árvores e peles de animais, como nos Palmares, ou de algodão, como na Carlota, e produziam cestos, abanos e trançados em geral. Talvez também as mulheres ajudassem os oleiros na fabricação dos potes e vasilhas de todos os tipos encontrados nos quilombos.

As vilas vizinhas, entregues à monocultura ou sujeitas à precariedade da lavoura de mantimentos, socorriam-se dessa atividade polimorfa dos negros aquilombados. Os frutos da terra, os animais de caça e pesca, a cerâmica e a cestaria dos negros trocavam-se por ferramentas industriais e agrícolas, roupas, armas de fogo e outros produtos de manufatura. Esse comércio direto, reciprocamente benéfico, realizava-se habitualmente em paz. Somente às vezes os quilombolas recorriam às armas contra os moradores brancos – quando estes os roubavam além dos limites da tolerância ou quando avançavam demais com as suas terras sobre a área do quilombo.

4

A simples existência dos quilombos constituía "um mau exemplo" para os escravos das vizinhanças. E, em geral, estava tão relaxada a vigilância dos senhores que estes não tinham maneira de impedir a fuga dos seus escravos, senão tentando a destruição, pelas armas, dos quilombos.

Os negros já aquilombados eram incansáveis no recrutamento de parentes, amigos e conhecidos. Um documento da guerra palmarina notava que os negros se iam para os Palmares, "uns levados do amor da liberdade, outros do medo do castigo, alguns induzidos pelos mesmos negros, e muitos roubados na campanha por eles". Em 1646, a Câmara da Bahia propunha a extinção das tabernas em que se vendiam aguardente e vinho de mel, "aonde vinham os negros do Mocambo contratar e levar de dentro da Cidade muitos escravos". Quando as forças que haviam atacado a Carlota partiram para o quilombo próximo de Pindaituba, levaram consigo dois escravos como guias, "por viverem nele quando foram presos por seus senhores nesta Vila [Bela] onde vinham, não só a comprar o que necessitavam, mas a convidar para a fuga e para o seu quilombo outros [escravos] alheios". Esse recrutamento estendia-se também às mulheres e, sem dúvida, às crias. Domingos Jorge Velho escrevia que as negras palmarinas tinham sido levadas à força para o quilombo, mas o apreciável número de mulheres encontradas nos quilombos chega para destruir essa hipótese. Quando o quilombo estava muito distante das povoações dos brancos, e em terreno de acesso difícil, como a Carlota, a mais de trinta léguas de Vila Bela, os negros valiam-se das mulheres mais à mão – no caso, as índias cabixês.

Esta população miúda aos poucos deu nascimento a uma oligarquia, constituída pelos chefes de mocambo, a quem cabia, como na África, a atribuição de dispor das terras comuns. A pequena duração dos quilombos em geral não permitiu que o processo de institucionalização chegasse ao seu termo lógico, exceto nos Palmares. De qualquer modo, o poder civil cabia àqueles que, como disse Nina Rodrigues, davam provas "de maior valor ou astúcia", "de maior prestígio e felicidade na guerra ou no mundo", embora a idade e o parentesco também conferissem certos privilégios. Zumbi, Malunguinho, Manuel Congo e Cosme eram, sem dúvida, os chefes "mais hábeis ou mais sagazes", mas nos Palmares a mãe, um irmão e dois sobrinhos do rei eram chefes de mocambo e os seis negros encontrados na Carlota em 1795, remanescentes da primeira expedição, eram "os regentes, padres, médicos, pais e avós do pequeno povo que formava o atual quilombo...". Há notícia certa de pelo menos 18 mocambos nos Palmares; o Quilombo de Pindaituba dividia-se em dois "arraiais" ou "quartéis", sob a direção de Antônio Brandão e de Joaquim Félix ou Teles; o do Orobó, além do mocambo do mesmo nome, dispunha de mais dois, Andaraí e Tupim... Mal sabemos os nomes dos mocambos dos demais, se é que chegaram a fracionar-se em povoações, e muito menos os nomes dos seus chefes. E, entretanto, eram esses chefes do mocambo que constituíam o governo dos quilombos.

Os chefes palmarinos, em todas as ocasiões importantes, reuniam-se em conselho – um costume em vigor entre as aldeias bantos – e, segundo o testemunho dos holandeses, tinham uma "grande" casa para as suas reuniões. O presidente do Conselho era o Gana-Zona, irmão do rei e chefe do mocambo de Subupira, a "segunda cidade" do quilombo. Não há, entretanto, notícia de conselhos semelhantes em outros ajuntamentos de escravos fugidos.

5

O quilombo foi, portanto, um acontecimento singular na vida nacional, seja qual for o ângulo por que o encararmos. Como forma de luta contra a escravidão, como estabelecimento humano, como organização social, como reafirmação dos valores das culturas africanas, sob todos estes aspectos o quilombo revela-se como um fato novo, único, peculiar – uma síntese dialética. Movimento contra o estilo de vida que os brancos lhe queriam impor, o quilombo mantinha a sua independência à custa das lavouras que os ex-escravos haviam aprendido com os seus senhores e a defendia, quando necessário, com as armas de fogo dos brancos e os arcos e flechas dos índios. E, embora em geral contra a sociedade que oprimira os seus componentes, o quilombo aceitava muito dessa sociedade e foi, sem dúvida, um passo importante para a nacionalização da massa escrava.

Do ponto de vista aqui considerado, se, por um lado, os negros tiveram de adaptar-se às novas condições ambientes, por outro lado o quilombo constituiu, certamente, uma lição de aproveitamento da terra, tanto pela pequena propriedade como pela policultura, ambas desconhecidas da sociedade oficial. Não foi esta, entretanto, a sua única utilidade. O movimento de fuga deve ter contribuído para abrandar o "rigor do cativeiro", mas o quilombo principalmente serviu ao desbravamento das florestas além da zona de penetração dos brancos e à descoberta de novas fontes de riqueza. E, inconscientemente, mas na Carlota a mando dos brancos, tiveram os quilombolas a missão de trazer para a sociedade brasileira os naturais do país, como sentinelas perdidas da colonização do interior.

(Publ. in *Les Afro-Américains*, mem. 27, Instituto Francês da África Negra, Dacar, 1953, pp. 111-117.)

O Quilombo dos Palmares

INTRODUÇÃO | A campanha nos Palmares

1

A floresta acolhedora dos Palmares serviu de refúgio a milhares de negros que escapavam dos canaviais, dos engenhos de açúcar, dos currais de gado, das senzalas das vilas do litoral, em busca da liberdade e da segurança, subtraindo-se aos rigores da escravidão e às sombrias perspectivas da guerra contra os holandeses.

Os negros fugiam na calada da noite, embrenhando-se no mato, mas, com o tempo, desciam novamente para as "cabeceiras" dos povoados, a fim de induzir outros escravos a acompanhá-los e raptar negras e moleques para os Palmares. Em breve, o movimento de fuga era geral. A invasão holandesa afrouxara a disciplina de ferro da escravidão – e, por toda parte, do sertão de Pernambuco, da costa de Alagoas, do interior de Sergipe e da Bahia, novas colunas de negros fugidos chegavam para engrossar a população do quilombo. Os que vinham da lavoura plantavam canaviais, roças de milho, pacovais. Os que vinham das cidades, e conheciam ofícios mecânicos, se instalavam com tendas de ferreiro. Outros empenhavam-se na caça, na pesca, na criação de galinhas, na fabricação de cestos, chapéus, abanos, potes e vasilhas.

Formas de governo, naturalmente rudimentares, foram-se desenhando entre essa massa colossal de negros, que a princípio tinha, apenas, como traço de união, o desejo de liberdade e, mais tarde, a vontade de defendê-la a todo custo. Sobre a atividade produtiva material dos negros constituiu-se uma oligarquia – um grupo de chefes mais ou menos despóticos, o Mestre de Campo Ganga-Muíça, o presidente do Conselho Gana-Zona, os chefes de mocambo Amaro e Pedro Capacaça, o "potentado" Acaiuba, os comandantes militares Gaspar, Ambrósio e João Tapuia – encabeçada pelo rei Ganga--Zumba e, mais tarde, pelo "general das armas" Zumbi, chefe de mocambo, sobrinho do rei.

Os quilombolas concertaram, desde cedo, certa modalidade de comércio – o simples escambo – com os moradores mais vizinhos. Trocavam produtos da terra, objetos de cerâmica, peixes e animais de caça por produtos manufaturados, armas de fogo, roupas, ferramentas industriais e agrícolas. Uma ou outra vez, porém, o escambo degenerava em choque armado – e a "fronteira" dos Palmares iluminava-se com o incêndio de canaviais, currais de gado e plantações dos brancos ou ensanguentava-se com as escaramuças entre palmarinos e senhores de terras. Daí as *entradas*, as sucessivas expedições pela destruição do quilombo. Daí, também, a resistência dos negros, que, embora vacilante, ocasional e heterogênea, conseguiu manter vivo, durante mais de cinquenta anos de luta, o sonho de liberdade dos Palmares.

Os holandeses tentaram, em duas oportunidades, esmagar os Palmares, e destacamentos luso-brasileiros tiveram de enfrentar, pelo menos 15 vezes, a hostilidade da floresta e a obstinação dos seus defensores, antes de destroçar esse Estado negro, um pedaço da África transplantado para o Nordeste do Brasil.

2

A reação do homem negro contra a escravidão, na América Portuguesa, teve três aspectos principais: (*a*) a revolta organizada, pela tomada do Poder, que encontrou a sua expressão nos levantes de negros malês (muçulmanos), na Bahia, entre 1807 e 1835; (*b*) a insurreição armada, especialmente no caso de Manuel Balaio (1839) no Maranhão, e (*c*) a fuga para o mato, de que resultaram os quilombos, tão bem exemplificados no de Palmares.

As revoltas malês – dos negros hauçás em 1807, 1809, 1813 e 1816, dos negros nagôs em 1826, 1827, 1830 e 1835 – tiveram caráter principalmente religioso e foram desfechadas com o fim de matar os brancos, tomar o Poder e banir a religião cristã, em nome de Alá. A última dessas revoltas, a grande *jihad* de 1835, precipitada pela delação, revelou como estavam bem organizados os malês, que dos dois extremos da cidade convergiram sobre os quartéis de polícia e os dominaram, para serem mais tarde – quando a vitória já os coroava – desbaratados pela cavalaria.

A insurreição de Manuel Balaio, pelo contrário, foi um movimento espontâneo – uma caçada ao branco. Sem planos, sem diretivas definidas, a insurreição resolveu-se na simples depredação de propriedades, na pilhagem de aldeias e vilas, mais tarde explorada pelos bentevis (liberais) para a tomada da cidade de Caxias e para a marcha sobre a capital. O movimento revelou-se, desde o início, incontrolável – seja pelos seus próprios chefes, seja pelos elementos liberais. Foi com certa facilidade que as armas legais dispersaram e em seguida aniquilaram essa grande massa de negros, aparentemente formidável, mas na realidade debilitada pela falta de disciplina, pela falta de interesses e de objetivos em comum.

A reação mais geral foi, entretanto, o quilombo. Era uma reação negativa – de fuga, de defesa. Era a reação mais simples. Mesmo quando os balaios passavam à ofensiva, explorando a situação de intranquilidade reinante no Maranhão, ao lado do movimento existia o quilombo do Cosme. Enquanto as revoltas malês se singularizavam no Brasil, pelo seu caráter religioso, e a insurreição ao tipo da de Manuel Balaio não se repetiu, o general Lima e Silva (Caxias) liquidava, em 1839, o quilombo de Manuel Congo, em Pati do Alferes. O capitão-mor Fernão Carrilho, antes de ser chamado para combater nos Palmares, tinha destroçado mocambos de negros na capitania de Sergipe.

A peculiaridade de Palmares, entre os muitos quilombos do Brasil, está em ter vivido por quase todo um século, não obstante as dezenas de expedições que os brancos enviaram para reduzi-lo.

3

O Quilombo dos Palmares foi um Estado negro à semelhança dos muitos que existiram na África, no século XVII – um Estado baseado na eletividade do chefe "mais hábil ou mais sagaz", "de maior prestígio e felicidade na guerra ou no mando", como queria Nina Rodrigues.

Um documento da época dizia que "todos os arremedos de qualquer República se acham entre eles" (os negros), e Sebastião da Rocha Pita, na sua *História da América Portuguesa* (1730), classificava o quilombo como "uma República rústica, bem ordenada a seu modo". Daí se originou uma confusão, que Nina Rodrigues desfez, esclarecendo que "esta qualificação de República só lhe poderia convir na acepção lata de Estado, jamais como justificação da forma de governo por eles adotada", visto que nos Palmares havia "um governo central despótico", semelhante aos da África na ocasião, "que só se pode considerar eletivo neste sentido de tocar sempre ao que dá provas de maior valor ou astúcia".

Com efeito, os documentos antigos falavam em República nessa acepção lata de Estado, *res publica*, tão justamente lembrada por Nina Rodrigues – e às vezes mesmo de referência ao Reino e às colônias portuguesas. Nada indica que se processassem eleições no quilombo. Nem mesmo os portugueses apatacados do litoral saberiam, então, o que era o regime republicano. As ideias republicanas só viriam a florescer no Brasil cem anos mais tarde, com a Inconfidência Mineira (1789) e a revolta dos alfaiates (1798) na Bahia. E, quando os negros liquidaram o rei Ganga-Zumba, depois de negociada a paz de 1678, a direção dos destinos do quilombo passou naturalmente para as mãos do chefe "mais hábil ou mais sagaz", daquele que dera provas "de maior valor ou astúcia" na campanha.

4

Os Palmares constituíram-se no "inimigo de portas adentro" de que falava um documento contemporâneo, de tal maneira que o governador Fernão Coutinho podia escrever ao rei (1671): "Não está menos perigoso este Estado com o atrevimento destes negros do que esteve com os holandeses, porque os moradores, nas suas mesmas casas, e engenhos, têm os inimigos que os podem conquistar..."

O quilombo era um constante chamamento, um estímulo, uma bandeira para os negros escravos das vizinhanças – um constante apelo à rebelião, à fuga para o mato, à luta pela liberdade. As guerras nos Palmares e as façanhas dos quilombolas assumiram caráter de lenda, alguma coisa que ultrapassava os limites da força e do engenho humanos. Os negros de fora do quilombo consideravam "imortal" o chefe Zumbi – a flama da resistência contra as incursões dos brancos.

5

Os invasores holandeses traçaram grandes planos de ataque contra os Palmares – chegaram mesmo a enviar o espião Bartolomeu Lintz (ou simplesmente Lins) para tomar nota da disposição das defesas do quilombo –, mas tiveram de contentar-se com muito menos.

A expedição de Rodolfo Baro (1644) não passou de uma escaramuça e a do capitão Blaer (1645) foi somente uma operação de patrulha, um reconhecimento em força. Os negros, avisados de Alagoas, tinham recuado para as matas a oeste.

De nada valeu, entretanto, a experiência aos holandeses, que não mais tentaram investir contra os Palmares.

6

A campanha contra o quilombo, a partir da restauração do Brasil (1654), tomou o aspecto de "um caso de polícia". Os governadores não conheciam os efetivos nem a extensão do Estado palmarino, protegido pelas matas impenetráveis, e as *entradas* que mandaram fazer naturalmente nada mais foram do que incursões de represália, uma repetição, em maior escala, do revide dos moradores. Em pouco tempo, porém, o governo teve de adotar medidas mais enérgicas.

A *entrada* do Mestre de Campo Zenóbio Accioly de Vasconcelos, em 1667, foi mais uma operação de reconhecimento do que de ataque. O Mestre de Campo subiu o Panema até a Serra do Comonati, nos limites de Pernambuco, demarcando a área ocupada pelo quilombo e atacando os poucos mocambos que encontrou nessa distante retaguarda dos palmarinos.

Em seguida os quilombolas tiveram uma trégua de quatro anos, em que as vilas vizinhas se limitaram a fazer planos para atacar os Palmares, desajudadas do governo.

Em fins de 1671, o governador Fernão Coutinho – o primeiro a enxergar a verdadeira situação militar com que se defrontava – mandou abrir caminhos para o quilombo, preparando estradas para a marcha das forças de Jácome Bezerra (1672), que dispunham de um plano de ofensiva convergente, por três lados, que a resistência oferecida pelos negros fez falhar. Logo no ano seguinte, o capitão-mor de Porto Calvo, Cristóvão Lins, organizou uma expedição de represália, por terem os negros incendiado os seus canaviais. Com a chegada do governador Pedro de Almeida, a campanha se modificou e ampliou. Em 1675, o sargento-mor Manuel Lopes penetrou os Palmares até o mocambo do Macaco, capital do quilombo, infligindo aos negros a sua primeira derrota grave, e, em 1676, o governador convidava o capitão-mor Fernão Carrilho, já famoso na guerra contra mocambos de negros, para destroçar a "rochela" palmarina. Com este cabo de guerra a campanha entrou numa fase decisiva, especialmente a partir de 1677. Os maiorais dos negros pereceram ou foram capturados e o rei Ganga-Zumba teve de pedir a paz, no ano seguinte.

A velha geração rendia-se, mas a nova geração, capitaneada pelo Zumbi, "general das armas" do quilombo, decidiu continuar a luta.

Novamente em 1679 o governo teve de recorrer à represália, enviando a "expedição punitiva" de Gonçalo Moreira contra os negros aldeados no Cucaú, que desrespeitavam a paz. Em seguida, veio a guerra de desgaste, de assaltos parciais, de destruição de mantimentos, que inclui as *entradas* de André Dias (1680), de Fernão Carrilho (1680), de Manuel Lopes (1682), de João de Freitas da Cunha (1684) e outra vez de Fernão Carrilho (1686), diminuindo progressivamente a área do quilombo e os meios de resistência dos palmarinos.

Desde 1677, o sargento-mor Manuel Lopes protegia, com base em Alagoas, os comboios de mantimentos para as forças expedicionárias e conservava os negros à distância dos povoados.

Nova trégua estabeleceu-se nos combates, a partir de 1687, com a guerra dos índios no Açu e o *mal de bicho* no Recife.

Em fins de 1692, os paulistas de Domingos Jorge Velho foram derrotados na sua primeira investida contra os Palmares, que somente nos começos de 1694 iriam desaparecer ante a pressão das forças combinadas do Mestre de Campo, de Sebastião Dias e de Bernardo Vieira de Melo.

7

A chegada de Fernão Carrilho modificou o aspecto da luta ainda noutro sentido.

Os moradores das vilas vizinhas incursionavam contra os Palmares principalmente em represália contra as *razzias* dos negros, que lhes queimavam as plantações e destruíam os currais de gado, quando estes se aproximavam perigosamente do quilombo. Só secundariamente a questão da posse das terras tomadas aos negros com as *entradas* era um fator da ação. Os moradores guerreavam os palmarinos para recuperar os seus próprios escravos, fugidos ou raptados para o quilombo, e para garantir a sua própria segurança. Os demais negros, por acaso aprisionados, eram distribuídos entre os combatentes.

A partir de 1677, porém, a campanha tomou o caráter de luta pela posse das terras dos Palmares – consideradas, unanimemente, as melhores de toda a capitania de Pernambuco. O pedido de paz do rei Ganga-Zumba, em 1678, trazendo a esperança da cessação dos combates, fez com que várias pessoas – inclusive Fernão Carrilho – pedissem e obtivessem sesmarias num total de cerca de 192 léguas, "sem lhes haver custado mais que o pedi-las", como se queixava o Mestre de Campo dos paulistas.

Daí que o governador Souto-Maior, no contrato que assinou com os paulistas, lhes prometesse sesmarias nas terras dos Palmares. Daí que Domingos Jorge Velho, em requerimento a Sua Majestade, exigisse "um paralelogramo de terra" de 1 060 léguas quadradas – que dizia ser a região habitada pelos negros – que acabava de dominar. Daí que a questão das compensações se arrastasse durante vários anos no Conselho Ultramarino, que não sabia como dispor das terras sem descontentar os vários interessados na sua posse.

O pedido de Domingos Jorge Velho repetia, em ponto maior, os pedidos de sesmarias, por parte dos moradores, depois de 1678.

8

Os negros defendiam-se com uma tranqueira dupla – duas ordens de paliçada protegidas por troncos de árvores, fojos e estrepes – que melhoraram progressivamente, com a continuação dos combates.

Foi essa a fortificação que os holandeses de Rodolfo Baro (1644) tiveram de escalar, mas, cinquenta anos mais tarde, durante o assalto final (1694), paulistas, alagoanos e pernambucanos viram-se diante de uma "cerca" de 2 470 braças (5 434 metros), "com torneiras a dois fogos a cada braça, com flancos, redutos, redentes, faces, e guaritas", protegida por fojos e estrepes, que, juntamente com a posição em que se encontrava, "lugar forte por natureza", a tornava inexpugnável.

Contra essa "cerca" o Mestre de Campo viu-se forçado a empregar artilharia, tanto quanto se sabe sem resultado, pois a luta decidiu-se quando os negros romperam o anel de ferro dos atacantes, sem que estes, não obstante os seus canhões, tivessem podido abrir uma brecha na praça-forte.

9

Os negros defendiam bravamente o quilombo, mas a sua resistência não era prolongada, nem constante. Somente uma vez, em 1684, sustentaram um combate durante dois dias, como antes, em 1674, resistiram sete horas. Em geral os palmarinos abandonavam o campo logo ao primeiro embate, especialmente porque as forças legais punham fogo às suas paliçadas. Os negros contra-atacavam também, por vezes com sucesso. Durante a *entrada* de Jácome Bezerra (1672), os negros derrotaram as colunas procedentes de Alagoas e do São Francisco (Penedo), que convergiam sobre o quilombo, e, no ano seguinte, responderam a bala, com as armas tomadas a uma dessas colunas, à incursão do capitão-mor de Porto Calvo, Cristóvão Lins. Na *entrada* de 1675, os homens do sargento-

-mor Manuel Lopes tiveram de travar dois combates com os quilombolas, embora da primeira vez tivessem incendiado a sua tranqueira, antes de penetrar no Macaco. Já em 1677, pelo contrário, os negros estavam tão descuidados que só à última hora pressentiram os homens de Fernão Carrilho, que assaltavam o mocambo de Aqualtune, e fugiram sem mesmo tentar qualquer espécie de resistência. Depois da paz (1678) e da "expedição punitiva" contra o Cucaú (1679), a expedição de André Dias (1680) foi uma simples caçada ao negro, enfraquecido, disperso e desorganizado, que se deixava atacar sem tentar a defesa. Em 1682, porém, os negros voltaram a operar nas "cabeceiras" de Alagoas e, em 1686, com a última *entrada* de Fernão Carrilho, prepararam emboscadas para o capitão-mor, distante das fortificações principais, mas, com a destruição da primeira linha de combate, novamente abandonaram o Macaco aos atacantes.

Esta mesma tática de retardamento foi empregada – desta vez com êxito – contra os homens de Domingos Jorge Velho, em 1692. Os paulistas e as tropas auxiliares de moradores de Alagoas e de Porto Calvo encontraram os quilombolas protegidos por uma "cerca" distante do Macaco. Os negros resistiram ao assalto do Mestre de Campo e infligiram uma derrota aos seus homens, que, de crista caída, tiveram de descer para Porto Calvo.

Somente dez meses depois os paulistas renovariam a sua tentativa.

10

Sebastião da Rocha Pita, na *História da América Portuguesa* (1730), perpetuou a lenda do suicídio heroico do Zumbi. De acordo com a sua narrativa empolada e falsa, o chefe dos Palmares, vendo invadido o seu reduto do Macaco, atirara-se despenhadeiro abaixo, preferindo a morte à escravidão. Esta lenda tem sido repetida, com pequenas variantes, por todos os historiadores, e só recentemente, com a publicação de novos documentos, começa-se a vislumbrar a verdade histórica.

Chefe de mocambo, "general das armas" do quilombo, parece certo que o Zumbi participou de todos os combates nos Palmares, desde antes de 1675, quando ficou aleijado em consequência de ferimento na perna, durante a *entrada* de Manuel Lopes. Depois de negociada a paz com o governador Pedro de Almeida, os negros mataram o rei Ganga-Zumba. Zumbi, que se negara a depor armas, assumiu a chefia do quilombo – e desde então iniciou-se uma nova fase na luta. Os negros contra-atacaram os homens de Fernão Carrilho (1686) e derrotaram os paulistas de Domingos Jorge Velho (1692) e, quando paulistas, alagoanos e pernambucanos se reuniram para destroçar o mocambo do Macaco, encontraram os negros tão bem fortificados que os sitiantes nem mesmo podiam tentar o reconhecimento das suas posições, sem que os seus homens fossem "pescados" pelos palmarinos. O sítio prolongou-se por 22 dias. Os atacantes estavam construindo uma contracerca em torno da dos negros e o Mestre de Campo dos paulistas lançava uma cerca oblíqua sobre o reduto, quando o Zumbi, pressentindo o perigo, ordenou a retirada geral, por uma brecha na contracerca que margeava um precipício. Por esse ponto passaram, na calada da noite, cerca de mil combatentes palmarinos, sem que as sentinelas os notassem senão "no fim da sua retaguarda". Travou-se então o combate e, como estava escuro, e se lutava à beira do abismo, 200 negros rolaram pelo despenhadeiro e outros tantos perderam a vida, sob as cargas dos pernambucanos de Bernardo Vieira de Melo.

O Zumbi, nessa retirada, revelou-se um chefe consciente dos seus deveres. Foi um dos últimos a abandonar o reduto do Macaco, tanto que, nos combates, levou duas pelouradas das sentinelas. Certamente, porém, encontrou o caminho da fuga.

Este episódio do despenhadeiro, colorido pela fantasia de Sebastião da Rocha Pita, deu origem à lenda do suicídio do Zumbi. É possível, porém, que esta fosse a impressão geral, no momento.

O governador Caetano de Melo e Castro, dando notícia ao rei da tomada da capital palmarina, escrevia que, entre os mortos, "entra um valoroso negro, que era seu general, e todos os mais cabos de nome...".

Na verdade, porém, o Zumbi não pereceu nesses combates, nem se atirou no abismo. Nos dias imediatos à captura do Macaco (6 de fevereiro de 1694), Domingos Jorge Velho passou atestados sobre a conduta militar de Bernardo Vieira de Melo e do capitão Antônio Pinto Pereira, pernambucanos, contando detalhadamente as peripécias do cerco, da luta e da perseguição aos negros, mas sem se referir, de maneira alguma, à morte do Zumbi. Somente em carta de 1696 o governador Caetano de Melo e Castro noticiava ao rei a morte do Zumbi, que, traído por um mulato, fora atacado no seu esconderijo por uma coluna de paulistas, sob o comando do capitão André Furtado de Mendonça. O Zumbi estava com mais 20 homens e resistiu bravamente, enfrentando os paulistas. Apenas um dos seus homens foi apanhado vivo. O Mestre de Campo dos paulistas confirmava a notícia, em requerimento ao rei, datando a morte do Zumbi de 20 de novembro de 1695 – quase dois anos depois de destruído o Macaco. No ano de 1697, André Furtado de Mendonça pedia e obtinha, no Reino, favores especiais, dando como um dos seus títulos a "valorosa ação" de matar o Zumbi.

Este é o Zumbi da História.

Não o que se atirou do rochedo, num grande gesto teatral, mas o que continuou vivo, reagrupando os seus homens, organizando novamente as forças de resistência do quilombo – a mais prolongada tentativa de autogoverno dos povos negros no Brasil.

11

Não cabe a Domingos Jorge Velho a glória – se alguma houve – de haver reduzido o Macaco.

As forças combinadas que cercavam o mocambo compunham-se de cerca de três mil homens, em que os paulistas entravam com menos de 700 homens de armas, e o governador Caetano de Melo e Castro dizia que somente 300 homens dos paulistas realmente combateram. O Mestre de Campo, ante "o grande poder do inimigo", não sabia o que fazer, até que Bernardo Vieira de Melo construísse uma cerca de 270 braças (594 metros) acompanhando a dos negros – uma ideia que Domingos Jorge Velho mandou que todos os capitães imitassem. Durante os dois assaltos de janeiro contra a "cerca" do Zumbi, somente alagoanos e pernambucanos atiraram-se contra as fortificações: os pernambucanos sofreram baixas e os alagoanos atacaram com tal ímpeto e temeridade que ficaram "sujeitos debaixo das armas" dos negros, com mortos e feridos, sem poder avançar nem recuar. Quando os negros romperam o cerco, "abalroaram" pelo setor defendido por Bernardo Vieira de Melo e foram os pernambucanos que atacaram, perseguiram, mataram e aprisionaram maior número de combatentes palmarinos. Bernardo Vieira de Melo estava com os seus homens, desde as duas horas da manhã, no encalço dos negros, mas foi-lhe preciso voltar às fortificações para induzir Domingos Jorge Velho a animar, com a sua presença, a perseguição às hostes derrotadas do Zumbi.

A única contribuição do Mestre de Campo para a liquidação do Macaco foi a ideia de construir uma cerca oblíqua, partindo da contracerca para as fortificações dos palmarinos, protegendo assim os "sacadores de estrepes" e preparando o caminho para o assalto.

Vale a pena notar que os paulistas, em fins de 1692, tinham encontrado a derrota nas defesas avançadas do quilombo.

12

Quantas *entradas* se fizeram aos Palmares?

Um documento da época estabelecia em 25 o número de expedições até a de Fernão Carrilho (1677), inclusive, com o que teríamos um total de 35, contando as duas expedições holandesas anteriores e as oito *entradas* posteriores até 1694. As incorreções desse documento, entretanto, tornam muito duvidoso – e mesmo inaceitável – esse elevado número.

Com uma certeza às vezes relativa, sabemos de 17 expedições, que são as seguintes:

> Bartolomeu Bezerra, entre 1602 e 1608.
>
> *Holandesas*:
> (1) Rodolfo Baro, 1644.
> (2) João Blaer, 1645.
>
> *Luso-brasileiras*:
> (1) Zenóbio Accioly de Vasconcelos, 1667.
> (2) Antônio Jácome Bezerra, 1672.
> (3) Cristóvão Lins, 1673.
> (4) Manuel Lopes, 1675.
> (5) Fernão Carrilho, 1676.
> (6) Fernão Carrilho, 1677.
> (7) Gonçalo Moreira, 1679.
> (8) André Dias, 1680.
> (9) Manuel Lopes, 1682.
> (10) Fernão Carrilho, 1683.
> (11) João de Freitas da Cunha, 1684.
> (12) Fernão Carrilho, 1686.
> (13) Domingos Jorge Velho, 1692.
> (14) Domingos Jorge Velho, 1694.

Há certa sombra de dúvida sobre outra expedição, de 1671, a princípio comandada por André da Rocha e mais tarde por Antônio Jácome Bezerra, que teria feito 200 prisioneiros no quilombo.

O número de expedições continua incerto, até que se conheçam os documentos referentes à primeira fase da campanha contra os Palmares.

13

Palmares ficou envolvido em sombra e em silêncio durante três séculos, enquanto, cá fora, o seu fantasma – o Palmares das 25 expedições, do suicídio do Zumbi, da vitória de Domingos Jorge Velho – tomava o seu lugar.

Este livro tenta rasgar o véu da fantasia, espantar a sombra e o silêncio e trazer novamente à vida esse Estado negro, esse exemplo de resistência sem paralelo no Brasil – o "paládio" das liberdades de Castro Alves.

CAPÍTULO I | Os negros no quilombo

1

Negros fugidos ao cativeiro procuravam a liberdade nas florestas dos Palmares – um "cordão de mata brava" que se estendia das vizinhanças do Cabo de Santo Agostinho, em Pernambuco, até a zona ao norte do curso inferior do São Francisco, em Alagoas. O nome de Palmares provinha da extraordinária abundância da palmeira pindoba (*Palma Attalea Pindoba*), cujas plumas dominavam as árvores mais altas, como as sapucaias e as imbiribas, e da presença, em menor quantidade, das palmeiras ouricuri, catolé e titara, esta última "uma pequena planta espinhosa, quase trepadeira".

A região era montanhosa e difícil – cômoros, colinas, montes, montanhas, rochedos a pique estendiam-se a perder de vista... Vinha desde o planalto de Garanhuns, no sertão de Pernambuco, atravessando várias ramificações dos sistemas orográficos central e oriental, até as Serras dos Dois Irmãos e do Bananal, no município de Viçosa (Alagoas), compreendendo, entre outras, as Serras do Cafuxi, da Juçara, da Pesqueira, do Comonati e do Barriga – o "oiteiro do Barriga", onde se travou a maior parte dos combates pela destruição final dos Palmares.

Extrema fertilidade caracterizava essas matas, cortadas por um amplo sistema potamográfico, representado principalmente pelos rios Ipojuca, Serinhaém e Una, em Pernambuco, e pelos rios Paraíba, Mundaú, Panema, Camarajibe, Porto Calvo e Jacuípe, em Alagoas, com os seus afluentes e tributários. Com as primeiras chuvas do inverno esses rios enchiam e, entre maio e julho, transbordavam... A terra era boa e até mesmo as montanhas eram de barro vermelho e os vales e as grotas estavam recobertos de uma "crosta de terra escura, rica em húmus e matéria orgânica", também comum nos brejos, nos alagadiços e nas margens de rios e regatos – provavelmente de aluvião.

A floresta estava povoada de árvores frutíferas – e ali se encontravam jaca, laranja, manga, lima-da-pérsia, lima-de-umbigo, laranja-cravo, fruta-pão, cocos-da-praia, abacate, pitanga, limão, melancia, mamão, ananás, abacaxi, araçá, pinha, fruta-do-conde, banana, goiaba, juá, ingá, cajá, jenipapo, trapiá, jaracatiá, pitomba, sapucaia...

Outras árvores, excelentes para usos industriais, cresciam à sombra das palmeiras. Por toda parte, na floresta, elevavam-se sucupiras, sapucaias, paus-d'arco, vinhático, putumuju, pau-santo, tatajuba, louro, maçaranduba, paraíba, sapucarana, pininga, imbiribas, canzenze...

Em meio a essa mata movimentava-se uma variada população animal, desde a suçuarana até a onça-pintada; jaguatiricas (gatos-do-mato), tanto os vermelhos como os maracajás; antas; guarás, guaxinins, raposas, veados, pacas, cotias, queixadas, caititus, cuandus, coelhos, preás, tatus (tatu-peba, tatu-bola), tamanduás-mirins, quatis, preguiças, cassacos (gambás)... Peixes de rio, traíras, carás, jundiás, caborges, carapós, piabas, muçus... Nos brejos do Paraíba, encontravam-se crustáceos como pitus, caranguejos e aruás. Por vezes, avistavam-se as fauces dos jacarés... Por entre as matas arrastava-se enorme variedade de cobras, desde a cobra-coral (inclusive a cobra-rainha) até a cascavel, a surucucu, a jararacuçu (nas variedades pico-de-jaca e malha-de-fogo), a jararaca (inclusive a chamada do-rabo-branco), a jiboia, a caninana, a jericoá, a papa-ovo, a cobra-verde... Passarinhos de várias cores e tamanhos enchiam com o seu canto a solidão dessas matas – sabiás, bicudos, canários, curiós, brejais, papa-capim, cardeais, arumarás (chopins), xexéus, guriatãs... Aves de maior porte, aquáticas como o socó-boi, o carão, a jaçanã, a sericória, o pato-mergulhão, o paturi; galináceas como a nambu, a pomba-três-cocos, a inhacupé, a juriti; aves de maior amplitude de voo como as aracuãs, as acauãs, as cardigueiras...

Era essa região abençoada o valhacouto dos negros palmarinos.

2

Das matas, os negros retiravam o seu sustento. Dos cachos da palmeira-pindoba, que contêm cocos do tamanho de um ovo de ganso, os palmarinos podiam retirar azeite, trabalhando a polpa e a amêndoa; nos frutos e no palmito, encontravam "farto e substancioso alimento"; dos cocos faziam uma espécie de manteiga "muito clara e branca" e certa espécie de vinho; e no *Diário* da expedição Blaer-Reijmbach há referência a "uns vermes da grossura dum dedo", que se geravam no tronco das palmeiras, que os negros comiam.

Os holandeses (1645) chegaram a denominar Oiteiro dos Mundéus uma elevação de terreno nas proximidades do "velho" Palmares, em virtude da grande quantidade de armadilhas de caça (*mundéus*) – cinquenta ou sessenta – que ali encontraram. A caça era uma das atividades preferidas dos palmarinos, embora essas armadilhas fossem velhas de três anos. Também se entregavam à cria de animais domésticos, especialmente galinhas.

Nas matas os negros encontravam todos os elementos necessários à sua vida. Das plumas das palmeiras, de três metros de comprimento, fabricavam coberturas para as suas choupanas, faziam chapéus, esteiras, vassouras, cestos, abanos. Com a imbiriba, faziam imbiras. O canzenze, uma leguminosa de fácil ignição, mesmo quando verde, era usada principalmente como pau de fachear. Podiam utilizar-se também da pininga, cujo miolo, enterrado mesmo em lugares úmidos, "dura mais de cem anos", para a fabricação das suas casas. Com a entrecasca das árvores, os negros faziam as suas vestimentas rudimentares, pelo que contavam os holandeses. Provavelmente essa vestimenta era muito sumária, cobrindo apenas os órgãos genitais. Quando a delegação de palmarinos foi prestar vassalagem ao governador Pedro de Almeida, em 1678, os negros traziam "cobertas as partes naturais, como costumam, uns com panos, outros com peles", de acordo com um documento da época.

Com a argila dos cômoros e das colinas modelavam potes e vasilhas.

Da fauna e da flora dos Palmares, portanto, os negros retiravam grande parte do seu sustento, azeite, luz, a sua vestimenta, os materiais com que construíam as suas choças e as cercas de pau a pique com que se fizeram famosos na guerra.

E, nos momentos de tristeza, de banzo, de saudade da África, os negros tinham ali à mão a liamba, de cuja inflorescência retiravam a *maconha*, que pitavam por um cachimbo de barro montado sobre um longo canudo de taquari atravessando uma cabaça de água onde o fumo esfriava. (Os holandeses diziam que esses cachimbos eram feitos com os cocos das palmeiras.) Era o *fumo de Angola*, a planta que dava sonhos maravilhosos.

3

O bispo de Pernambuco, em 1697, dizia que as terras dos Palmares eram "as melhores" da capitania, de maneira tão incidental que dá a impressão de que esse fato era conhecido e admitido por todo o mundo.

Com efeito, em 1694, quando os paulistas de Domingos Jorge Velho se propuseram para a colonização das terras tomadas aos negros, os entendidos do Reino, consultados, não hesitaram em ressaltar a importância da região. "As terras... que se vão conquistando aos Palmares, e outras muitas desertas que ficarão livres com a sua total destruição, são as de maior importância, e valor, que se acham hoje em todas aquelas capitanias de Pernambuco, não só pelo grande da sua extensão, mas pelo abundante dos pastos para os gados, utilidades das madeiras, sítios para engenhos, e capacidade para todo gênero de lavouras de mantimentos..." Esta era também a opinião dos homens de Blaer (1645): "A terra ali é muito propícia ao plantio de toda sorte de cereais, pois é irrigada por muitos e belos riachos..." Em 1697, o Conselho Ultramarino, discutindo uma consulta da Junta das Missões, achava que a Fazenda Real podia auferir muitos lucros "nos dízimos que se podem tirar da cultura delas, que pela sua excelência, e fertilidade, prometem a maior abundância de frutos, confessando todos serem das de melhor qualidade, para a produção deles, de todas quantas há no Estado do Brasil...".

Quanto às dimensões da zona habitada pelos negros palmarinos, as opiniões não eram tão concordes. Em 1675 falava-se em sessenta léguas, mas já um documento de 1694 dizia que os palmarinos habitavam "um bosque de tão excessiva grandeza que fará maior circunferência do que todo o Reino de Portugal...". O exagero era evidente, pois o Procurador da Fazenda, em 1695, calculava que as terras tivessem "de comprimento mais de 90 léguas, e de largura ao redor de 50" – ou seja, cerca de 4500 léguas quadradas ou 27000 quilômetros quadrados, 61740 a menos do que Portugal. Entretanto, valendo-se talvez desse desconhecimento generalizado da região ocupada pelo quilombo, o Mestre de Campo dos paulistas pediu ao rei a concessão de "um paralelogramo de terra" de 1060 léguas quadradas, que "é todo o país que atualmente os negros ocupavam, e habitavam, e assujeitavam, e dominavam...".

Neste "paralelogramo de terra" travar-se-ia uma das guerras mais difíceis e mais árduas do Brasil.

4

Parece que os negros começaram a fugir para os Palmares desde os começos da escravidão em Alagoas, nos albores do século XVII. O quilombo já existia por ocasião do governo de Diogo Botelho (1602-1608), que organizou uma expedição, chefiada por Bartolomeu Bezerra, para desbaratá-lo. Por sua vez, o *Livro que dá razão do Estado do Brasil* (1613) já registra: "Nesta capitania [Pernambuco], trinta léguas ao sertão, está um sítio entre umas serras, a que chamam os Palmares, ao qual ordinariamente se acolhem, fugindo do trabalho, os escravos... e depois, com assaltos e correrias, que fazem, obrigam os brancos a que os busquem com mão armada, de que sucede trazerem muitos algumas vezes, porém, tanto que os soltam nos trabalhos, logo se tornam para a mesma parte, não sendo possível extinguir-lhes o fundamento, pelo que não faltam desordens, e queixumes, porque sucede que os insultos, que os vadios cometem, lançam a fama aos dos Palmares, e assim ficam sem castigo..." Tudo indica que a população do quilombo começou a engrossar por volta de 1630, talvez coincidindo com as primeiras incursões holandesas contra a costa brasileira.

Este cálculo parece confirmado pelas expedições holandesas de Rodolfo Baro (1644) e de João Blaer (1645) contra o quilombo e pelo plano anterior (1643) dos holandeses de ataque aos Palmares. Já neste último ano os Palmares, pelo que sabiam os batavos, abrigavam cerca de 6 000 negros.

Os negros valiam-se da confusão reinante para escapar. "Seis anos de contínuas guerras – diz Hermann Wätjen – haviam espalhado aos quatro ventos os escravos que trabalhavam na agricultura. Uns haviam sido aprisionados pelos holandeses e estavam agora [1637] a serviço de seus novos senhores; outros tinham sido levados de arrastão pelas tropas portuguesas em retirada para o sul; a maior parte, porém, se achava refugiada nas matas onde, entregue à rapinagem, se congregava em bandos, que iam constantemente crescendo e, por vezes, infligiam sensíveis perdas às tropas enviadas em sua perseguição."

Os documentos portugueses, entretanto, desconhecem a situação sob o domínio holandês. Por exemplo, Fernão Carrilho, comandante de várias expedições aos Palmares, propondo-se em 1681 para capitão no Ceará, dizia que, em 1676, foi nomeado capitão-mor da guerra contra o quilombo em vista de "não terem efeito as repetidas *entradas* que, por espaço de mais de vinte anos, os governadores mandaram fazer com muita infantaria e cabos de valor, e com grande dispêndio da Fazenda Real". Os oficiais da Câmara de Porto Calvo, em 1689, pedindo ao rei que "aliviasse" a capitania do pagamento do dote de Inglaterra, argumentavam que assistiam "ao dispêndio das guerras dos Palmares, há mais de trinta anos, com fazendas, pessoas e escravos, para conduzir o mantimento para ela". O bandeirante Domingos Jorge Velho, em requerimento a Sua Majestade, discutindo a questão da doação das terras conquistadas, falava, ora em "quase quarenta anos", ora em "os trinta e oito anos" que durava a campanha. Uma carta anônima, escrita em Pernambuco em 1687 – que as autoridades portuguesas identificaram como sendo de Fernão Carrilho "ou de algum grande amigo seu" –, dizia que os negros para ali se haviam retirado "há perto, ou mais de cem anos...".

Esta última data deve ser um exagero e, se a carta realmente foi escrita por Fernão Carrilho, está em contraste com as suas próprias declarações, mas é possível explicar o exagero pelo empenho, que na carta se fazia, por que o capitão voltasse aos Palmares, à frente de nova *entrada*. Foi esse empenho, aliás, que determinou o descobrimento da autoria da carta.

Podemos datar o nascimento do quilombo dos primeiros anos do século XVII.

5

A floresta era ínvia, impenetrável, desconhecida e hostil. Protegia os mocambos dos negros, castigando à fome e à sede os seus agressores, forçando-os a marchas exaustivas num terreno áspero e difícil, onde cada árvore, cada colina, podia ser uma emboscada fatal. Os negros, em fuga, cada vez mais atraíam para o recesso das matas as forças portuguesas que os perseguiam. Os soldados iam caindo pelo caminho, estropiados – o *Diário* da expedição Blaer fala em vários holandeses que a tropa devia carregar de volta a Alagoas (1645) –, ou desertavam a campanha, como o fizeram 50 homens da expedição de Fernão Carrilho (1677).

Um documento da época argumentava que "a causa principal deste dano [era] a dificuldade dos caminhos, a falta das águas, o descômodo dos soldados, porque, como são montuosas as serras, infecundas as árvores, espessos os matos para se abrirem, é o trabalho excessivo, porque os espinhos são infinitos, as ladeiras muito precipitadas e incapazes de carruagens para os mantimentos, com que é forçoso que cada soldado leve às costas a arma, a pólvora, balas, capote, farinha, água, peixe, carne e rede com que possa dormir. Como a carga, que os oprime, é maior que o estorvo, que os impede, ordinariamente adoecem muitos, assim pelo excesso de trabalho como pelo rigor do frio; e estes, ou se conduzem a ombros, ou se abandonam às feras...".

A tropa valia-se de negros escravos para o transporte de mantimentos sertão adentro – e o ex-governador Aires de Souza de Castro (1685) lembrava que essa era a maior dificuldade, em vista da falta de caminhos. O governador Fernão Coutinho (1671) compreendeu bem esta dificuldade, mandando que "contínuos troços de gente" abrissem caminho na direção dos Palmares, a fim de poder, no ano seguinte, investir contra os negros. Provavelmente, com Fernão Coutinho começa, se não um período decisivo na guerra contra os Palmares, pelo menos uma era de maior compreensão da campanha e, especialmente, das suas necessidades básicas. O capitão-mor Fernão Carrilho, numa carta anônima (1687), reconheceu que, chegando mais longe do que os comandantes anteriores, pôde melhorar de tal maneira os caminhos, "que não só gente, mas gado, se pode conduzir por eles, o que de antes parecia impossível, assim pela densidade dos matos como pelo empinado dos oiteiros". Na ocasião, Fernão Carrilho já havia comandado quatro expedições aos Palmares e a sua opinião era a de que, nessa campanha, lutava-se contra "a fome do sertão, contra o inacessível dos montes, o impenetrável dos bosques...".

O alferes João de Montes (1667) padeceu "grandes fomes, por falta de sustento", e chegou a comer "raízes de árvores", escalando serras e abrindo picadas no mato; o soldado Constantino de Abreu (1679) experimentou "grandes trabalhos, fomes e sedes" nos Palmares, como o soldado Manuel Roiz de Sá (1682). O soldado Eusébio de Oliveira Monteiro (1684) lamentava-se das "fomes e misérias" que sofreu. Sebastião Pimentel, sargento-mor dos homens de Domingos Jorge Velho, andou mais de 300 léguas "por caminhos, e matos muito agrestes, em que padeceu insuportáveis trabalhos por espaço de mais de dois meses, nos quais se sustentou com ervas, e raízes, por falta de mantimentos". O alferes Gabriel de Góis, da gente dos paulistas, participou de certa marcha em busca da bagagem da expedição, "padecendo muitas fomes, e calamidades, [por] espaço de dois meses".

Isto explica, em grande parte, as dificuldades da campanha, pois somente a falta de estradas poderia justificar sessenta dias de marcha para trazer mantimentos e munição, mesmo tendo de plantar sentinelas dia e noite, como contava Gabriel de Góis, em vista da probabilidade de ataques dos negros.

O Mestre de Campo dos paulistas não procurava atenuar esse quadro sombrio. Para chegar aos Palmares, Domingos Jorge Velho andou cerca de 600 léguas "por o mais áspero caminho, agreste, e faminto sertão do mundo", iniciando uma marcha que considerava "a mais trabalhosa, faminta, sequiosa, e desamparada, que até hoje houve no dito sertão, nem quiçá haverá", durante a qual muitos dos seus homens morreram de fome, de sede, de moléstias, e mais de 200 outros desertaram. Os Palmares eram "mui fragosos, e mal penetráveis" e os paulistas se viam na contingência de desperdiçar parte das munições em caçadas, "para suavizar o desabrido das raízes dos matos de que se sustentam". O bandeirante, em longo requerimento a Sua Majestade, contava, mais tarde, que, durante o assalto final ao reduto dos negros, os paulistas – brancos e índios – se sustentavam apenas de raízes de croatá e de outras plantas silvestres.

A natureza protegia os palmarinos. Daí a evidente satisfação com que o governador Caetano de Melo e Castro comunicava ao rei, em 1694, que "as tropas... já livremente penetram os matos e brenhas...". Daí, também, a carta do governador Fernão Coutinho, de 1671, dando notícia ao monarca do aumento dos mocambos: "Há alguns anos que, dos negros de Angola fugidos ao rigor do cativeiro, e fábricas dos engenhos desta capitania, se formaram povoações numerosas pela terra dentro, entre os palmares e matos, cujas asperezas, e faltas de caminhos, os têm mais fortificados por natureza do que pudera ser por arte..."

6

O "rigor do cativeiro" era um dos motivos principais da fuga dos negros, das fazendas e dos engenhos vizinhos, para as matas acolhedoras dos Palmares.

O homem negro – depois de sofrer os horrores das travessias marítimas no bojo dos navios negreiros e de ser humilhado nos mercados de escravos, experiências comuns em toda a América – estava indefeso ante todos os castigos engendrados pelo sadismo do senhor.

Se desagradava ao senhor, era metido no *tronco* – pescoço, pés e mãos imobilizados entre dois grandes pedaços de madeira retangular ou, mais raramente, de ferro, presos a cadeado – ou supliciado com o *vira-mundo*, um pequeno instrumento de ferro, que prendia pés e mãos do escravo, forçando-o a uma posição incômoda durante vários dias.

Se o castigo devia ser mais prolongado, o negro era supliciado com o *cepo*, um longo toro de madeira que devia carregar à cabeça e que se prendia, por uma corrente, ao tornozelo.

Se fugia, era castigado com o *libambo* – uma argola de ferro, que rodeava o pescoço do negro, com uma haste terminada por um chocalho –, com a *gargalheira* ou com a *golilha* – sistemas de correntes de ferro que lhe impediam os movimentos. Outras vezes os escravos fujões eram contidos por *peias* ligadas por correntes de ferro ao tornozelo, cujo peso os impedia de caminhar.

Se furtava, prendiam-lhe à cara uma máscara de folha de flandres, com pequenos orifícios para a respiração, fechada no occipício a cadeado, ou ainda penduravam-lhe às costas, numa *golilha*, uma placa de ferro com dizeres aviltantes, como "ladrão" e "ladrão e fujão".

Se o senhor queria obter uma confissão do negro, comprimia-lhe os polegares com os *anjinhos*, dois anéis de ferro que diminuíam de diâmetro à medida que se torcia um pequeno parafuso, provocando-lhe dores horríveis.

O negro era supliciado publicamente, quando as suas faltas eram consideradas mais graves, com um chicote especial de couro cru, o *bacalhau*, nos pelourinhos existentes nas cidades. O castigo dos açoites, nos engenhos e nos canaviais do Nordeste, era o mais comum – e por qualquer coisa os feitores o aplicavam. Os senhores de escravos completavam esse suplício salgando os ferimentos produzidos pelas vergastadas nas costas dos negros.

Houve, em todo o Brasil, casos extremos – de castração de negros, de amputação de seios, de dentes quebrados a martelo, de escravos emparedados vivos...

E, quando faltavam os castigos, o negro era obrigado a mourejar no cabo da enxada, de sol a sol, nos canaviais do senhor, ou se degradava no trabalho dos engenhos de açúcar, de tal maneira que o padre Antônio Vieira pôde dizer, em sermão aos escravos: "Não há trabalho, nem gênero de vida no mundo mais parecido à Cruz e à Paixão de Cristo que o vosso..."

7

Os negros habitavam grande número de mocambos – pequenos ajuntamentos de casas primitivas, cobertas de folhas de palmeira – protegidos por duas ordens de paliçadas.

Estes mocambos espalhavam-se por uma vasta área, que as *entradas* foram progressivamente reduzindo, até que, em 1675, já era de 60 léguas em redondo a região ocupada pelos quilombolas.

Com efeito, um documento da época informava que, a 16 léguas de Porto Calvo, ficava o mocambo do Zumbi; 5 léguas mais ao norte, o mocambo de Acotirene; a leste destes, dois mocambos chamados das Tabocas; 14 léguas a noroeste destes mocambos, o de Dambrabanga; 8 léguas mais ao norte, a "cerca" de Subupira; 6 léguas mais ao norte, a "cerca real" do Macaco; 5 léguas a oeste, o mocambo de Osenga; a 9 léguas de Serinhaém, para noroeste, a "cerca" do Amaro; a 25 léguas de Alagoas, para noroeste, o "palmar" de Andalaquituche, irmão do Zumbi; a 25 léguas a noroeste de Porto Calvo, o mocambo de Aqualtune, mãe do rei; "e entre todos estes, que são os maiores e mais defensáveis, há outros de menor conta e de menor gente".

O mais importante destes mocambos, a Cerca Real do Macaco, ficava no ponto em que está situada a cidade de União, que teve o nome de Macaco até 1831. Em 1675, esse mocambo das faldas da Serra do Barriga, à margem do Mundaú, já era a capital do quilombo dos Palmares, residência do rei Ganga-Zumba. Este era o Grande Palmares a que se referia Gaspar Barleus, na ocasião habitado por cinco mil negros. A expedição Blaer-Reijmbach (1645) calculava os seus habitantes em 1 500 almas, inclusive mulheres e crianças – um cálculo provavelmente pessimista, pois esse mocambo se compunha de 2 000 casas.

O mocambo de Subupira, "a segunda cidade dos Palmares", fortificado com "madeiras e pedras", situava-se entre os ribeiros Paraibinha e Satuba. Estava sob a chefia do Gana-Zona, irmão do rei. Era a *place d'armes* dos quilombolas.

Quanto a outros mocambos, há apenas conjeturas sobre a sua localização. O de Andalaquituche, irmão do Zumbi, devia ficar na Serra do Cafuxi; o de Aqualtune, mãe do rei, em São José da Laje; o de Osenga, nas proximidades do arraial do Limoeiro, entre os ribeiros Paraibinha e Jundiá, município de Viçosa (Alagoas), num ponto em que outrora existiu um povoado de negros livres – Perdidos; o de Dambrabanga, no povoado de Sabalangá, município de Viçosa, no caminho da Serra dos Dois Irmãos... Talvez fosse este mocambo o "pequeno" Palmares de Barleus.

Os holandeses (1645) de meia em meia hora encontravam novos mocambos edificados pelos negros. E, com efeito, com a continuação dos combates, novos mocambos foram surgindo – o do Gongoro, o do Cucaú, o de Pedro Capacaça, o de Guiloange, o de Una, o das Catingas, o do Engana-Colomim... –, para onde a luta se deslocava à proporção que as forças portuguesas penetravam a mata.

8

Os escravos que, por sua própria indústria e valor, conseguiam chegar aos Palmares eram considerados livres, mas os escravos raptados ou trazidos à força das vilas vizinhas continuavam escravos. Entretanto, tinham uma oportunidade de alcançar a alforria: bastava-lhes levar, para os mocambos dos Palmares, algum negro cativo.

Se algum escravo fugia dos Palmares, eram enviados negros no seu encalço e, se capturado, era executado pela "severa justiça" do quilombo. Os holandeses diziam (1645) que "entre eles reinava o temor, principalmente nos negros de Angola...".

Os negros tinham uma religião mais ou menos semelhante a católica, o que se explica pela pobreza mítica dos povos de língua banto a que pertenciam e pelo trabalho de aculturação no novo *habitat* americano. No mocambo do Macaco, possuíam uma capela onde os portugueses encontraram três imagens, uma do Menino Jesus, "muito perfeita", outra da Senhora da Conceição, outra de São Brás. Esta casa de oração já tinha sido visitada pela expedição Blaer-Reijmbach (1645). Os palmarinos escolhiam "um dos mais ladinos" para lhes servir de sacerdote, especialmente para as cerimônias do batismo e do casamento, mas provavelmente também para pedir o favor celeste para as suas armas. Ensinavam-se nos Palmares algumas orações cristãs, mas certamente as práticas religiosas deviam ser uma incrível mistura de catolicismo popular, tingido de todas as superstições da Idade Média, e de invocações de fundo mágico. Tal devia ser o sentido da dança em conjunto que, segundo Barleus, os negros prolongavam até a meia-noite, batendo com os pés no chão com tanto estrépito que se podia ouvir de muito longe. Não se conhecem detalhes do batismo, mas, no casamento, os palmarinos seguiam a simples lei da natureza. "O seu apetite é a regra da sua eleição – dizia um documento da época. – Cada um tem as mulheres que quer." O rei Ganga-Zumba dava o exemplo, atendendo a três mulheres, duas negras e uma mulata.

Não era permitida a existência de feiticeiros no quilombo.

O chefe de cada mocambo encarnava, evidentemente, a suprema autoridade local, e tudo indica que somente nas ocasiões de guerra ou quando surgiam questões que interessavam ao quilombo como um todo os chefes se reuniam para deliberar, na Casa do Conselho do mocambo de Macaco.

As decisões mais importantes cabiam ao rei Ganga-Zumba, diante de quem todos os quilombolas se ajoelhavam, batendo palmas, de cabeça curvada, num gesto de vassalagem muito difundido na África.

9

Uma das atividades principais dos negros palmarinos era a agricultura. Os homens do quilombo lavravam e disciplinavam a terra, beneficiando-se da experiência que traziam como trabalhadores do *eito*, nas fazendas e nos canaviais dos brancos.

A lavoura mais importante era a do milho, que plantavam e colhiam duas vezes por ano, descansando depois duas semanas, "entregando-se soltamente ao prazer", mas também plantavam, de acordo com Barleus, feijão, batata-doce, mandioca. A expedição Blaer-Reijmbach (1645) encontrou, com efeito, grandes plantações, "na maior parte de milho novo". Lavouras igualmente importantes eram a da banana e a da cana-de-açúcar. Os holandeses, em 1645, tiveram de atravessar, no caminho dos Palmares, "um denso canavial na extensão de duas milhas" e, depois de passar o "velho" Palmares, andaram cerca de milha e meia, "sempre por dentro de roças ou plantações abandonadas", onde acharam pacovas e canas para matar a fome.

O número de roças era enorme, em geral entregues à responsabilidade de dois ou três negros. Só num dia, os holandeses (1645) incendiaram mais de sessenta casas em roças e plantações.

O ex-governador João de Souza, em parecer de 1687, dizia que a experiência demonstrara que "o mais sensível mal" que os negros sofriam era a destruição das suas lavouras, "não logrando no verão os frutos que lançam a terra no inverno". Com efeito, dois anos antes, o mesmo João de Souza propusera a formação de dois arraiais de tropas nos Palmares, para impedir as incursões dos negros e para "estorvar-lhes o plantar os mantimentos, que é a maior opressão que eles padecem", concordando com a opinião do ex-governador Aires de Souza de Castro (1687), de que o essencial era "não os deixar fazer as suas roças, e lavouras, que é o que mais os atenua".

O rei Pedro II, em despacho numa carta do governador Souto--Maior (1686), mandava que se enviassem 400 soldados pagos para ocupar os Palmares "e que a esta conquista se dê princípio no tempo em que de próximo tenham os negros recolhido os mantimentos das suas lavouras e palmares, para que com eles se possam sustentar os soldados...". Tal a importância das plantações dos palmarinos. O marquês de Montebelo, governador de Pernambuco, manifestava (1692) a sua esperança de que os negros tivessem "incapacitadas as suas lavouras, sem as quais não se poderão sustentar nem conservar naquele sítio [o Oiteiro do Barriga] e, por consequência, em todos os mais mocambos e quilombos que ocupam no sertão".

A campanha dos Palmares orientar-se-ia, principalmente, no sentido da destruição dos mantimentos dos quilombolas. A partir de Fernão Carrilho (1677), a guerra se fez com o objetivo preliminar de talar e devastar as matas, as roças e as plantações que protegiam e amparavam a "rochela" dos negros palmarinos.

10

O quilombo não estava constituído apenas de negros, nem somente de escravos.

Gaspar Barleus referia-se a "salteadores" que acorriam aos mocambos e a expedição de Rodolfo Baro (1644), entre os prisioneiros que fez nos Palmares Grandes, encontrou sete índios e alguns mulatos de menor idade. Cinquenta anos mais tarde, a situação não se modificara muito, pois o governador Melo e Castro, contando o ataque final ao Oiteiro do Barriga (1694), referia-se a "mulatos facinorosos" que aconselhavam os negros, e até mesmo a um mouro, "que para eles fugiu", a quem se deveriam as poderosas fortificações do Zumbi.

O soldado Antônio Garro da Câmara, que tomou parte na expedição de Manuel Lopes (1682), mencionava o rapto de "algumas mulheres brancas" pelos negros, e Luís da Silveira Pimentel, capitão de infantaria do Terço dos paulistas, referia-se à sua participação na luta pela posse do mocambo de Engana-Colomim, cujo nome sugere a presença de índios nas hostes do Zumbi.

Um dos auxiliares imediatos do Zumbi era um mulato, provavelmente aquele "mulato de seu maior valimento", como dizia o governador Melo e Castro, que guiou as forças do capitão André Furtado de Mendonça até o seu Posto de Comando, onde o chefe negro tombou em combate.

Das expedições contra os Palmares também participaram mulatos e índios, mas somente poucos negros, sem contar, naturalmente, os escravos que conduziam mantimentos às costas, por falta de estradas. Mulatos e índios eram a quase totalidade das forças de Rodolfo Baro (1644); a expedição Blaer-Reijmbach (1645) compunha-se de holandeses e índios e "um negro"; índios de Felipe Camarão, herói da guerra contra os holandeses, engrossavam as fileiras de Fernão Carrilho (1677); o assalto final contou com a cooperação de centenas de índios que combatiam sob as ordens do Mestre de Campo dos paulistas. Pelo contrário, só se conhecem dois casos de participação dos negros de fora do quilombo na guerra. A primeira vez foi em 1674, quando, por ordem do governador Pedro de Almeida, algumas praças do Terço de Homens Pretos de Henrique Dias, herói da guerra holandesa, se reuniram às forças que demandavam os Palmares. A segunda vez foi em 1678, quando se assentou a paz com o rei Ganga-Zumba. Um sargento-mor do mesmo Terço foi mandado aos Palmares com a missão de ler os termos de paz concedidos pelo governador ao rei Ganga-Zumba e à sua gente. Isto porque esse homem raro sabia ler e escrever.

11

"Não lhes falta destreza nas armas, nem no coração ousadia..."
– opinava Fernão Carrilho, em carta anônima (1687).

Não era de surpreender esse treinamento militar entre os palmarinos. Barleus contava que os negros, "cautos e suspicazes", tinham espias espalhados pelas matas e que as suas casas dispunham de portas escusas, "que, em casos duvidosos, lhes dão caminho, cortado através das brenhas, para fugirem e se esconderem". A expedição Blaer-Reijmbach (1645) já encontrou certas fortificações primitivas, mas características, dos Palmares – grandes árvores derrubadas, umas por cima das outras, protegendo duas ordens de paliçadas, atrás das quais havia grande número de fojos e estrepes –, a mesma "tranqueira dupla" que a expedição de Rodolfo Baro (1644) teve de escalar.

Esta espécie de fortificação – melhorada apenas em detalhe – continuaria a distinguir os redutos dos negros, até a sua extinção total.

Os negros treinavam-se para a guerra em Subupira, "uma grande cidade muito fortificada na distância de três montes, de pau a pique, com baterias de pedra, e madeira", a 5 ou 6 léguas do mocambo do Macaco.

A expedição holandesa de 1645 encontrou quatro forjas nos Palmares e o governador Fernão Coutinho, em 1671, dizia que os negros rebelados já possuíam "tendas de ferreiro, e outras oficinas, com que poderão fazer armas, pois usam de algumas de fogo que de cá levam; e este sertão é tão fértil de metais, e salitre, que tudo lhes oferece para a sua defesa, se lhes não faltar a indústria que também se pode temer dos muitos que fogem, já práticos em todas as mecânicas...".

Os holandeses notaram que havia nos Palmares "toda sorte de artífices", e o governador Caetano de Melo e Castro, dando notícia ao rei da extinção dos mocambos dos Palmares, escrevia (1694) que os negros se fiavam "na regular fortificação que, dizem, lhes fez um mouro que para eles fugiu, a qual, ainda que era de madeira, estava mui forte, com vários fojos, e grande quantidade de agudos paus semeados a que os naturais chamam *estrepes*, ficando deste modo quase inexpugnáveis...".

Durante a *entrada* do alcaide-mor de Porto Calvo (1673), os negros resistiram a bala, com armas de fogo tomadas às ordenanças do capitão Domingos Gonçalo, e o alferes Gabriel de Góis contava que, durante o assalto final, teve ordem de seguir para um ponto arriscado da estacada dos negros, "pelas muitas balas, flechas e pedras que de noite e de dia atiravam...".

As forjas de ferreiro estavam de fogos acesos, os artífices se encontravam seriamente empenhados na Batalha da Produção. Só assim se explica a brava, a obstinada resistência dos negros palmarinos, em cinquenta anos de contínuas pelejas.

12

Este "covil de negros fugidos" – na expressão de Domingos Jorge Velho – era a atração, a esperança dos negros das vizinhanças.

Um documento anônimo, escrito por alguém que passara muitos anos na região, dizia que os Palmares eram constituídos por negros fugidos aos seus senhores, "de todas aquelas capitanias circunvizinhas, e muitas mais", que, "com mulheres e filhos", habitavam uma floresta de grandes dimensões, onde cultivavam terras para o seu sustento, "com toda a segurança de se verem destruídos, porque, fiados no extenso do bosque, e fechados arvoredos, e mais serranias que discorrem circunvizinhas, não logram domicílio certo...".

Esta última observação pode explicar todo o curso da campanha.

Com efeito, destruído um mocambo, os negros levantavam outros. O ex-governador Aires de Souza de Castro, em parecer (1687), rejeitava a ideia de uma casa-forte no sertão, argumentando que os negros, "quando muito", desviariam os seus mocambos para outro ponto, "pois nunca neles têm firmeza". Esta mesma casa-forte foi rejeitada, pelos mesmos motivos, pelo ex-governador João de Souza, que, lembrando a dificuldade de transporte dos materiais de construção, achava que a fortificação "não basta a impedir as correrias dos negros, que, como práticos e previstos no terreno, podem variar de sítio para as *entradas*, sem que evitar se lhes possa o dano delas".

Mais importante ainda era a opinião do Mestre de Campo dos paulistas, Domingos Jorge Velho, já depois de desbaratados os negros. O bandeirante dizia que havia tantos negros nos Palmares que, "por não poderem estar todos em uma povoação, fizeram muitas na vastidão dessas matas", e notava que a extinção total dos mocambos dependia da permanência do seu Terço nos Palmares, "aliás assim se formará outro covil novo, neste Barriga, ou em qualquer outra paragem tão apta como esta...".

"Estes negros são robustos e sofredores de todo trabalho, por uso, e por natureza" – dizia uma carta de 1687, atribuída a Fernão Carrilho –, "e são muitos em número, e cada vez mais. Não lhes falta destreza nas armas, nem no coração ousadia..."

Parece que o quilombo se constituiu, a princípio, apenas de homens, que mais tarde desciam a buscar mulheres e a induzir outros negros à fuga. Domingos Jorge Velho, advogando para o seu Terço a posse das negras capturadas nos Palmares, argumentava que "é coisa bem certa que as negras cativas da Costa não foram ao Palmar senão furtadas dos negros piratas dele" – a muitas os negros teriam posto "o punhal aos peitos" – e que "também é certo que a maioria delas foram levadas à força"... Mais tarde, o Mestre de Campo dizia que os negros levavam os escravos dos moradores, "a uns por vontade, a outros por força...".

Os mocambos dos Palmares eram um constante estímulo para os escravos das redondezas. A situação era de tal maneira angustiosa para os moradores que o governador Caetano de Melo e Castro, em 1694, se resolveu a ir aos Palmares, temendo a ruína daquelas capitanias, "pois infalivelmente se lhes uniriam [aos negros rebelados] os escravos todos destes moradores, como já se atreviam a publicar". Domingos Jorge Velho contava que os escravos "tinham já tomado tanto o barlavento a seus senhores" que lhes ficara o hábito de dizer que poderia haver novamente Angola *janga* – a *pequena* Angola que era o quilombo.

Ora, na sua carta anônima de 1687, Fernão Carrilho, comandante de várias expedições aos Palmares, dizia, peremptoriamente, que "os negros, o em que se fiam mais para obrarem maldades é dizerem que seus senhores o que lhes podem fazer é açoitá-los, mas que matá-los não, porque os brancos não querem perder o seu dinheiro". Os escravos das vilas vizinhas eram, assim, recrutas potenciais dos Palmares, "uns levados do amor da liberdade, outros do medo do castigo, alguns induzidos pelos mesmos negros, e muitos roubados na campanha por eles". Fernão Carrilho contava, nessa mesma carta, que os negros que fugiam para os Palmares "não só dão mau exemplo aos outros, mas os vêm persuadir a que fujam e, se voluntariamente o não fazem, os levam à força".

Isto explica o receio dos portugueses de que, das "esparzidas relíquias" dos negros palmarinos, surgisse novo quilombo a ameaçar a paz nas capitanias vizinhas. Desde 1685, em parecer, o ex-governador Aires de Souza de Castro propunha que todos os negros capturados nos Palmares fossem extraditados de Pernambuco, "porque de não ser assim se tornam a fugir para os Palmares, aconselhando aos domésticos a largueza com que lá vivem para levarem muitos". Em 1694, o Conselho Ultramarino adotava uma atitude ainda mais enérgica, mandando que as forças legais não se arredassem dos Palmares enquanto não se desse "o último fim" à guerra, porque "a experiência tem mostrado que bastarão poucos que ali fiquem para arrastar a outros que fujam e se vão a incorporar com eles", e ordenando que os prisioneiros não ficassem naquelas capitanias, "por se não dar a ocasião a que possam restituir-se aos sertões, e continuarem nos insultos que de antes tinham feito".

Esta era a experiência dos anos de luta nos Palmares.

13

Até a *entrada* de Fernão Carrilho, em 1677, os palmarinos eram governados por um rei, Ganga-Zumba, que se valia de um Conselho de Chefes, provavelmente composto pelos chefes dos vários mocambos, nas deliberações mais importantes da guerra e da paz.

O rei Ganga-Zumba morava no mocambo do Macaco, nas faldas da Serra do Barriga, onde os homens do capitão Blaer encontraram a sua "grande" Casa do Conselho. Este mocambo foi visitado, atacado e destruído, sucessivamente, pelas expedições de Blaer-Reijmbach (1645), Manuel Lopes (1675), Fernão Carrilho (1677) e Domingos Jorge Velho (1694). Era a capital do quilombo, e a residência do rei nesse mocambo lhe valeu a designação de "Cerca Real do Macaco".

Da assembleia de chefes faziam parte, provavelmente, o Gana-Zona, irmão do rei, chefe do mocambo de Subupira, a "segunda cidade" dos Palmares; Pedro Capacaça, chefe de mocambo, morto em combate em 1677; o negro Amaro, chefe do mocambo conhecido como Cerca do Amaro; Acotirene e Osenga, chefes dos mocambos dos mesmos nomes; Andalaquituche e Zumbi, sobrinhos do rei... Não se sabe qual o cargo que ocupava o "potentado" Acaiuba. Parece que a presidência do Conselho cabia ao Gana-Zona, a quem o governador Pedro de Almeida qualificava de "um maioral dos negros".

O rei era filho de Aqualtune e vivia com três mulheres, duas negras, uma mulata. As duas primeiras eram estéreis, mas da mulata teve muitos filhos – quatro ou cinco, pelo que se sabe. Tinha dez netos. Um dos seus filhos, Toculo, tombou em combate, em 1677; dois outros – Zambi e Acaiene – foram presos por Fernão Carrilho nessa mesma ocasião; em 1678, outro filho do rei chefiava a embaixada de paz junto ao governador, à frente de mais 12 negros. O capitão Fernão Carrilho, ainda em 1677, valeu-se de dois negros velhos, Matias Dambi e Madalena, sogros de um dos filhos do rei, para levar recado aos negros dispersos nas matas para que depusessem as armas.

O comandante em chefe dos negros palmarinos era o Ganga-Muíça, Mestre de Campo general da gente de Angola, e a defesa local do mocambo do Macaco ou a guarda pessoal do rei estava entregue ao negro Gaspar, "capitão da guarda". Estes dois chefes também foram capturados por Fernão Carrilho em 1677. Zumbi era o "general das armas" do quilombo.

Depois de feitas as pazes, em 1678, os negros mataram o rei Ganga-Zumba, envenenando-o, e Zumbi assumiu o governo e o comando em chefe do quilombo. Todos os chefes antigos estavam "situados" pelo governador no Cucaú, mas, como os negros se passassem, gradualmente, para as hostes do Zumbi, para reduzi-los foi enviada a expedição de Gonçalo Moreira (1679). Esta *entrada* dominou os negros e matou "os principais motores da rebelião". Eram, certamente, o Ganga-Muíça, os filhos do rei que desapareciam... O chefe de mocambo Amaro, o "capitão da guarda" Gaspar e os chefes Canhonga e João Mulato foram presos.

Parece claro, por tudo isto, que o rei Ganga-Zumba já era homem idoso quando se resolveu a fazer a paz em 1678. Não muito idoso, porém, pois em 1677 o rei escapou duas vezes, quando Fernão Carrilho assaltou as suas praças-fortes nos mocambos de Aqualtune e do Amaro, sendo que da última vez o chefe negro estava ferido de flecha. Eram idosos, igualmente, todos os seus auxiliares imediatos na ocasião, talvez com a exceção do negro Gaspar. Os filhos do rei já eram casados e os seus sobrinhos Andalaquituche e Zumbi já eram chefes de mocambo, e este último com independência bastante para negar-se a aceitar a paz, embora o governador lhe mandasse, como parlamentar, o tio Gana-Zona. Ora, também o título de Gana ou Ganga (em língua banto *Ngana*, senhor) sugere certa idade, tanto no rei como no seu irmão e no comandante em chefe, Ganga-Muíça. É significativo que esse título não ocorra no caso dos chefes mais jovens.

Com o Zumbi, pelo contrário, estava "a melhor gente", como dizia o governador, certamente de referência às qualidades de combatente dos chefes rebeldes, mas provavelmente também de referência ao seu prestígio e à sua mocidade.

14

O negro Zumbi, que chefiou o quilombo na fase mais decisiva da luta, era chefe do mocambo situado a 16 léguas de Porto Calvo, sobrinho do rei Ganga-Zumba e do presidente do Conselho Gana-Zona e irmão de Andalaquituche, chefe do mocambo localizado a 25 léguas a noroeste de Alagoas.

Quando o sargento-mor Manuel Lopes *entrou* os Palmares, em 1675, Zumbi era o "general das armas" dos quilombolas e foi ferido, a bala, na perna, num combate a 25 léguas para além do Macaco. Um documento dessa época informava que o chefe negro "ficou vivo, porém aleijado de uma perna".

Parece que Zumbi era casado com uma branca, dona Maria, filha de um senhor de engenho de Porto Calvo. Esta mulher branca talvez tenha sido raptada pelo Zumbi, mas sabe-se, por outro lado, que certa família de brancos se extraviou nas matas alagoanas e caiu nas mãos dos palmarinos, não sendo difícil que a companheira do Zumbi pertencesse a essa família. De qualquer modo, a esposa branca do chefe do quilombo pertence à tradição e à lenda, que entretanto encontram reforço na existência de uma rainha branca no folguedo popular do *quilombo*, que faz parte do folclore de Alagoas.

É provável que esse nome de Zumbi fosse um título ou um apelido, talvez mesmo simplificação de um nome maior, com a significação de "deus da guerra" que lhe empresta um documento da época. Os adversários o temiam e respeitavam. "Negro de singular valor, grande ânimo e constância rara – era a opinião do autor desse mesmo documento. – Este é o espectador dos mais, porque a sua indústria, juízo e fortaleza, aos nossos serve de embaraço, aos seus de exemplo." O Conselho Ultramarino, em 1697, lembrava "o negro Zumbi, tão célebre pelas hostilidades que fez em toda aquela capitania de Pernambuco, sendo maior açoite para os povos dela...". Em 1694, quando o quilombo foi esmagado pelas forças combinadas de Domingos Jorge Velho, Sebastião Dias e Bernardo Vieira de Melo, os moradores do Recife comemoraram o acontecimento com seis dias de luminárias e outras demonstrações de alegria. Mais tarde, o governador Caetano de Melo e Castro, tendo recebido dos Palmares a cabeça do Zumbi, mandou-a espetar num poste, "no lugar mais público" do Recife, entre outras coisas para "atemorizar" os negros, que consideravam imortal o chefe do quilombo.

15

No tempo do governador Pedro de Almeida – contava Fernão Carrilho, na sua carta anônima de 1687 –, algumas capitanias do sul se despovoaram, "pelas mortes, roubos, e insolências, que em contínuos assaltos faziam estes negros". E, em 1689, a Câmara de Porto Calvo, em carta a Sua Majestade, declarava que "os negros levantados... hoje tinham tanto poder, e ousadia, que junto àquela vila faziam seus assaltos, estando cada um dos moradores fazendo atalaias de suas casas, com as armas nas mãos, defendendo as vidas, e ainda assim as perdem, e à fazenda".

Alguns anos depois, em 1693, Fernão Carrilho e seu filho Feliciano Prudente pediram "cumprimento e satisfação" de dois padrões de tenças de 88$, como remuneração das suas conquistas nos Palmares. João do Rego Barros, Provedor da Fazenda de Pernambuco, pôs em dúvida a sentença da Relação da Bahia, favorável a Fernão Carrilho, e se informou com "capitães e cabos" que haviam ido às guerras nos Palmares: "Achei que nenhuma fazenda de novo se tinha fabricado, antes alguns currais de gado que se avizinhavam com os arraiais e mocambos dos negros se haviam retirado, pelo grande dano que lhes faziam os quilombolas". Esta informação do Provedor da Fazenda pôs a perder a pretensão de Fernão Carrilho, tal a sua veracidade.

As vilas de Porto Calvo, Alagoas e Serinhaém eram as mais expostas às incursões dos negros. Este mesmo João do Rego Barros falava na "cruel guerra" que os negros faziam aos moradores e, antes, em três cartas para Sua Majestade – duas de 1685, uma de 1687 –, o governador Souto-Maior transmitia as "contínuas queixas" que recebia dos moradores, pois os negros desciam dos seus mocambos para matar os brancos, saquear-lhes as casas, levar-lhes os escravos. Na última dessas cartas, o governador dizia que os negros, "vendo a pouca oposição que lhes faziam, se desaforavam mais do costumado", de maneira que, sabendo da presença de paulistas no rio São Francisco, os mandara chamar para guerrear os palmarinos.

Um documento anônimo, sem data, mas certamente devido a um morador da região, declarava que "não estão seguras as vidas, honras, e fazendas dos moradores daquela conquista, porque, dando assaltos repetidas vezes, em várias partes, [os negros] as destroem, roubando tudo, levando as mulheres e filhas donzelas, e matando-lhes os pais, e maridos...". O autor desse documento dizia que as vilas de Alagoas, Porto Calvo e Rio de São Francisco (Penedo) "experimentam cotidianamente os seus insultos", por ficarem mais próximas dos Palmares.

O Mestre de Campo dos paulistas, num longo requerimento a Sua Majestade, quando a luta já chegara ao período final, lembrava que os negros "por todas as partes infestavam as ditas capitanias e chegaram a tanta ousadia, e desaforo, que não só desciam a fazer roubos de alfaias aos moradores, mas a amotinar-lhes, e levar seus escravos, a uns por vontade, a outros por força, e a matar os feitores, e muitas vezes aos senhores, e senhoras, executando todo gênero de hostilidades, sempre cruelmente...".

Provavelmente, alguns feitores caíram ante a justiça retributiva dos palmarinos, mas parece certo que o roubo de alfaias e o assassínio de senhores se devem levar à conta de exagero e que os negros desciam dos seus mocambos apenas para raptar negras escravas e, uma ou outra vez, para acossar os moradores, destruindo as suas plantações, quando estas, avizinhando-se demais dos Palmares, punham em perigo a segurança do seu refúgio, como no caso do incêndio dos canaviais de Cristóvão Lins, alcaide-mor de Porto Calvo. Domingos Jorge Velho, em requerimento a Sua Majestade, falava num pacto entre os negros e os moradores mais vizinhos: "Sua ambição [dos moradores] os fazia ser colonos dos negros, e inimigos atuais dos povos..."

16

Sim, os negros tinham os seus amigos entre os moradores vizinhos.

Uma referência indireta, mas importante, encontra-se na cláusula 13.ª das *Capitulações* entre a gente de Domingos Jorge Velho e o governador Souto-Maior, mais tarde ratificadas, com pequenas restrições, pelo Marquês de Montebelo:

"Que o Sr. governador dá poder ao coronel Domingos Jorge Velho para mandar prender a qualquer morador destas capitanias, que com evidência lhe constar socorre aos negros dos Palmares; e o terá seguro no seu arraial até mandar tomar conhecimento do crime e dispor dele o que lhe parecer, sem embargo de ser pessoa de qualquer qualidade".

As *Capitulações* são de 1687 e foram negociadas antes da *entrada* dos paulistas. Provavelmente esta cláusula se deve à cautela do Mestre de Campo, mas provavelmente também entrou, na sua redação, o conhecimento que tinham os círculos oficiais da existência de protetores do quilombo entre os moradores das redondezas.

Mais tarde, com a campanha já na fase das operações de limpeza, Domingos Jorge Velho relatava a Sua Majestade, em longo requerimento, que algumas pessoas, "interessadas na conservação dele [o quilombo] (pelas conveniências, e emolumentos que da existência dele logravam, uns em prol da fazenda, outros para execuções de seus malefícios, e vinganças)", procuraram afastar o seu Terço da região conflagrada. Mais adiante, no mesmo requerimento, o Mestre de Campo argumentava que, "se houve quem em as ditas terras cultivasse algum dia, não foi senão depois de os negros serem possuidores delas". Neste ponto o Mestre de Campo fazia uma observação que explica muito bem a causa das guerras nos Palmares:

"Ora, destes houve muitos que, ao depois, por causa dos negros, as largaram; e estes são os que, em lugar das terras que hoje pretendem, merecem um severo castigo; porque, quando as iam povoar, sua ambição os fazia ser colonos dos negros, e inimigos atuais dos povos; porquanto, para que os tais negros os consentissem povoar em as tais terras, lhes pagavam tributo, de ferramentas, de pólvora, de chumbo, de armas, e de tudo mais que eles lhes pediam; e quando as largaram era porque os tais colonos faltavam com estas coisas, ou à lealdade, que com eles professavam, e não pela mera rebelião dos negros; e essas contribuições hão sido a causa mais ocasional do incremento da potência, e do desaforo dos ditos negros; e por conseguinte das hostilidades, roubos, mortes, destruições e gastos que hão sucedido neste caso..."

O Mestre de Campo citava nominalmente o desembargador Cristóvão de Burgos como um destes "colonos dos negros", contando que o magistrado mandara estabelecer "um curralinho de vacas" nos domínios palmarinos, "na melhor paragem de todas estas terras", sob a administração de certo Manuel de Souza, que, "faltando à contribuição costumada, temendo-se das ameaças dos negros", teve de desertar a região.

Os "colonos dos negros", valendo-se das datas de terras que "inconsideradamente" lhes haviam sido concedidas, pretenderam, mais tarde – quando os negros já estavam quase totalmente extintos –, voltar aos Palmares como sesmeiros. Este mesmo desembargador

Cristóvão de Burgos, por exemplo, "homem octogenário, muito rico, e sem obrigações", que possuía "outras muitas" sesmarias no sertão. O comandante dos paulistas, indignado, dizia que lhe deferiram uma petição de sesmaria, em que o desembargador pedia um quadro de 30 léguas de terra, tendo por peão as nascentes do Mundaú e daí 15 léguas "para todas as quatro praias" – ou seja, quase todas as terras dos Palmares –, "sem lhe haver custado mais que o pedi-las".

Os negros viviam bem como os moradores – contanto que estes não se internassem demais, com os seus currais e as suas plantações, nas terras livres dos Palmares.

17

A guerra dos Palmares era um peso enorme para os cofres da Coroa.

O Procurador da Fazenda – consultado sobre uma carta do Marquês de Montebelo, governador de Pernambuco, pedindo a ratificação das *Capitulações* acordadas entre o Mestre de Campo Domingos Jorge Velho e o governador Souto-Maior – dizia, em 1692, que o essencial era que "os paulistas da sua parte cumpram o prometido, porque, se assim for, cessarão por uma vez as grandes despesas, que Sua Majestade faz os mais dos anos na guerra contra estes negros, que não só esgotam a Fazenda Real de Pernambuco, mas também [a] das capitanias circunvizinhas".

Com efeito, o governador Souto-Maior, dando notícia ao rei dos sucessos de Fernão Carrilho na guerra contra os Palmares, em 1686, dizia que, "se houvera efeitos para as despesas da guerra", continuaria com a perseguição aos negros na entrada do verão, e lembrava que já avisara ao rei que "não tinha efeitos" para a campanha. Souto--Maior referia-se à sua carta de 1685, em que anunciava que o governador João de Souza estava disposto a fazer as pazes com os negros, "porquanto não tinha nenhuns efeitos para se pôr em campanha", por se terem gasto os que havia e os moradores não poderem contribuir, em vista do pouco lucro que tinham tirado da lavoura.

Já antes, a situação era idêntica. O ex-governador Aires de Souza de Castro, em parecer datado de 1685, dizia que continuara a guerra contra os negros, no seu tempo, "com grande trabalho pelos poucos efeitos que havia". Por sua vez, o ex-governador João de Souza, em parecer do mesmo ano, falava num arraial que, durante a sua administração, se manteve por dois anos no mato: "e, por falta de meios com que socorrê-lo, foi forçoso extingui-lo". Finalmente, o governador Caetano de Melo e Castro, em carta de 1694, calculava que a Fazenda Real tivesse consumido nas guerras dos Palmares "perto de 400 000 cruzados e os moradores e povo mais de um milhão".

18

Em volta do quilombo, os moradores arrastavam uma existência miserável, empobrecidos pelo domínio holandês e pelas contínuas contribuições, mais tarde, para a guerra contra os Palmares. Especialmente os moradores das vilas de Alagoas, Porto Calvo, Serinhaém e Rio de São Francisco (Penedo), "mais expostas às invasões dos seus excessos".

Essas contribuições, já no ano de 1685, estavam acima das possibilidades dos moradores. "Os moradores não fazem pouco em dar os negros para a condução dos mantimentos, que era o que tinha mais dificuldade" – dizia o ex-governador Aires de Souza de Castro. No ano seguinte, o governador Souto-Maior ia mais longe, dizendo que "estes povos têm suprido das suas fazendas mais do que lhes era possível, e não é justo que assistam para esta empresa com mais do que têm".

Em 1689, a Câmara de Porto Calvo dirigia-se a Sua Majestade, pedindo isenção do tributo de 250$ de dote para a rainha da Inglaterra, argumentando que não havia rendas no Conselho e que, para a execução da cobrança, "vieram à praça arrematar-se as joias do ornato de suas mulheres". Os moradores lembravam que havia mais de trinta anos contribuíam para a campanha dos Palmares, "com fazendas, pessoas e escravos para conduzir o mantimento para ela", o que fazia com que muitos moradores "despejassem" aquela capitania. Dois dos melhores engenhos de Porto Calvo estavam destruídos. A situação era de tal maneira desesperada que havia cinco anos não se lançavam fintas para o "dote de Inglaterra e paz de Holanda", a fim de que todos os moradores não abandonassem Porto Calvo, e até mesmo os encarregados da cobrança já não iam à vila, "por conhecerem o estado daquela capitania". Os moradores chegaram a apelar para a "piedade" de Sua Majestade.

Discutida no Conselho Ultramarino a petição da Câmara de Porto Calvo, os conselheiros louvaram-se na informação do governador de Pernambuco, que demonstrava a "impossibilidade" do pagamento do donativo pelos moradores da vila, e sugeriram a Sua Majestade os "aliviasse" da obrigação.

Um parecer anônimo lembrava a Sua Majestade, em 1694, que na divisão das terras conquistadas se devia obrar com justiça, "atendendo aos moradores pobres, que tão repetidas vezes foram à guerra com seus filhos à sua custa", e em 1695 o Procurador da Fazenda, em parecer sobre o requerimento dos paulistas, dizia que as terras dos Palmares deviam ser dadas "aos soldados e cabos que as ajudaram a restaurar e ainda aos moradores vizinhos, que com suas fazendas assistiram as *entradas* que nelas se fizeram". Por sua vez, o governador Caetano de Melo e Castro, em 1694, tomava atitude contra a doação de terras a Domingos Jorge Velho e à sua gente, propondo ao rei que lhe desse apenas "um hábito de Cristo e alguma tença" como prêmio, pois o Mestre de Campo deixara de cumprir a cláusula principal das suas *Capitulações* com o governador Souto--Maior – a de que a guerra seria feita às suas custas – já que "as despesas de tudo foram feitas pela Fazenda Real e pelos moradores".

Eram os eternos sacrificados, os moradores das vizinhanças dos Palmares. Não poucas vezes os governadores tomaram o seu partido, procurando isentá-los de novas contribuições. Por exemplo, em 1685, Souto-Maior escrevia que os moradores "não estavam capazes de contribuir" para a campanha dos Palmares, "por o terem feito em muitas ocasiões; e hoje se lhes junta o terrível ano que experimentaram na falta de seus açúcares, com que não é possível podê-los obrigar a alguma contribuição". Este mesmo governador, em parecer datado de Lisboa (1687), discordava do plano de se aldearem índios nos Palmares, entre outras coisas porque alguns moradores, "por falta de escravos, os ocupam em benefício das suas fazendas". Era a fuga dos negros para os Palmares influindo na economia particular dos moradores.

Domingos Jorge Velho dizia que "é falso que antes dos negros alguém tivesse povoado, ou cultivado em as ditas terras", mas acrescentava que os moradores que as cultivaram depois se faziam "colonos dos negros", pagando-lhes tributo.

Não eram melhores os habitantes do sertão.

Em 1697, o bispo de Pernambuco alarmava-se porque os moradores do sertão viviam "sem lembrança da outra vida, com tal soltura no que passam como se não houvesse justiça, porque a de Deus não a temem, e a da terra não lhes chega". Entre os habitantes do sertão, 16 haviam morrido no ano anterior, mas apenas um de enfermidade, "que tão benigno como isto é o clima, porém, quanto tem este de bom, tanto têm de mau os habitadores, porque os 15 foram mortos a espingarda. Com este estilo se tratam, e com este risco se vive entre eles; e ainda se haveriam pior, se não confinaram com o gentio brabo, cujo temor os conserva de algum modo, para que na ocasião dos assaltos que lhe costuma dar se vejam uns dos outros socorridos".

19

O folclore alagoano conservou, das guerras nos Palmares, uma recordação bem viva, no torneio popular do *quilombo*, que todos os anos se realizava nas cidades do centro do Estado, no dia do orago.

Tal como ainda existe em Viçosa, o folguedo consiste num combate entre negros e índios, em torno de uma fortificação semelhante à dos palmarinos. Construía-se um reduto de paliçada, enfeitado com plumas de palmeira e folhas de bananeira, dentro do qual se colocavam dois tronos, um deles a ser ocupado pelo rei negro, de gibão, calções brancos, manto azul com bordados, coroa na cabeça, espada à cinta. Os negros vendiam, preliminarmente, o saque da noite – bois, cavalos, carneiros, galinhas etc. Pouco depois o rei ia buscar a rainha – uma menina branca – e a colocava no trono vago. Ao meio-dia, começavam a surgir os caboclos, armados de arco e flecha, vestidos de tanga e cocar de penas. Logo atrás vinha o rei dos caboclos, de espada e manto vermelho. Feria-se então renhido combate, com orquestra de adufos, mulungus, pandeiros e ganzás, os contendores desafiando-se mutuamente:

Caboclos: Dá-lhe toré, dá-lhe toré,
   faca de ponta não mata muié...

Negros: Folga, nego!
   Branco não vem cá.
   Se vier,
   o diabo há de levá!

Os combates diante do reduto terminavam com a vitória dos caboclos, que subjugavam o rei negro e se apossavam da rainha. Os sinos repicavam, foguetes subiam ao ar e os negros recuavam para o quilombo, que era cercado e destruído. A festa terminava com a venda dos palmarinos e a entrega da rainha a um dos homens de destaque da cidade.

CAPÍTULO II | As investidas holandesas

1

O período de prosperidade por que atravessava o Brasil, ao raiar o século XVII, com a monocultura do açúcar, foi violentamente interrompido com a guerra e mais tarde a dominação holandesa – o eco mais importante, na distante colônia, do domínio espanhol em Portugal (1580-1640).

O confisco de navios holandeses, por Filipe II, na Espanha e em Portugal, forçando os batavos a se aventurarem no mar à busca das fontes de especiarias das Índias, deu nascimento, em 1621, à Companhia das Índias Ocidentais (WIC), nos mesmos moldes da Companhia das Índias Orientais (OIC), já existente, com o fim especial de atacar e tomar, para a Holanda, as possessões espanholas no Novo Mundo.

Esta Companhia, apoiada militarmente pelos Estados Gerais, teve como tarefa inicial a tomada da Bahia, sede do governo do Brasil. Atacada de surpresa, em maio de 1624, por forças navais holandesas, a cidade caiu depois de dois dias de brava resistência, mas uma esquadra hispano-portuguesa, reunida apressadamente em Cádiz e Lisboa, recapturava a praça, menos de um ano mais tarde, com o auxílio da população civil. Em seguida a este revés, o inimigo não mais conseguiu dominar a cidade – que se tornaria o grande centro da resistência – e limitou-se a desfechar ataques de pequenas proporções contra as suas fortalezas e a fazer a guerra de corso nas proximidades, apresando navios e barcaças carregados de açúcar, fumo, couros, algodão e madeiras de tinturaria.

A Companhia voltou então os seus olhos para Pernambuco – e, em fevereiro de 1630, três mil homens eram desembarcados ao norte de Olinda e desbaratavam os recrutas que Matias de Albuquerque fora incumbido pelo governo espanhol de exercitar para a defesa das capitanias do Nordeste. Os holandeses estabeleceram-se em terra, mas, a uma milha de distância, as forças portuguesas os vigiavam, bem fortificadas numa excelente posição estratégica, num ponto cercado pelos rios Beberibe e Capibaribe. Com o auxílio do índio Filipe Camarão, Matias de Albuquerque iniciou uma guerra de emboscadas que se revelou extremamente eficaz no ataque às comunicações e aos abastecimentos do invasor.

Os holandeses, entretanto, tinham supremacia no mar – e, no ano seguinte, destroçavam uma esquadra hispano-portuguesa que, depois de desembarcar forças na Bahia, levava gente para guarnecer as capitanias do norte. Em terra, a situação não melhorara – o inimigo via-se forçado a comer gatos e ratos em Olinda para matar a fome – mas, a partir do ano de 1632, principalmente depois de receberem os holandeses o inesperado auxílio do traidor Calabar, a boa sorte começou a acompanhar os esforços de penetração do inimigo. A ilha de Itamaracá, as capitanias do Rio Grande do Norte e da Paraíba e o Forte Nazaré, no Cabo de Santo Agostinho, caíram em poder dos holandeses e o arraial de Matias de Albuquerque, depois de muitos meses de assédio, capitulava em junho de 1635.

O chefe da resistência tomou Porto Calvo, o ponto mais meridional das posições holandesas, capturando ali o traidor Calabar – que os portugueses torturaram até a morte –, mas abandonou em seguida a praça, por indefensável. Pouco depois os holandeses dizimavam 1 700 homens de armas das forças restauradoras, mas, com os remanescentes dessas forças, o napolitano Bagnuolo iniciou guerrilhas em que se distinguiram o negro Henrique Dias, o índio Filipe Camarão, o senhor de engenho André Vidal de Negreiros. Os guerrilheiros penetravam território holandês, estendendo as suas incursões a Pernambuco, Itamaracá e Paraíba, deixando pelo caminho fazendas arrasadas, engenhos e canaviais incendiados. Era a política de devastação da terra, começada por Matias de Albuquerque, levada à prática em escala maior. Os holandeses viram-se forçados a abandonar posições pouco seguras no sul e a arrasar os fortes do Arraial, de Nazaré e de Peripuera.

Era esta a situação quando chegou ao Recife, em 1637, como Statthalter da Nova Holanda, o conde de Nassau, trazendo em sua companhia homens ilustres como o pregador Franziskus Plante, o médico e naturalista Willem Piso, de Leyden, o astrônomo alemão Georg Marcgraf e os irmãos Post, Pieter, arquiteto, e Franz, pintor. Nassau inaugurou um período brilhante na dominação holandesa. Tentou resolver problemas de saúde pública e de assistência social, construiu um hospital, asilos de pobres e de órfãos, fundou uma biblioteca e um jardim botânico, garantiu a liberdade de religião e confiscou e pôs a funcionar os engenhos de fogo morto. Cerca de um mês depois da sua chegada, Nassau derrotou os homens de Bagnuolo em Porto Calvo, perseguiu-os até que atravessassem o São Francisco e tomou Penedo. Nesse mesmo ano, o Forte da Mina, na África, e Ilhéus, na costa da Bahia, eram capturados e os holandeses, em represália aos ataques dos hispano-portugueses contra a fronteira de Alagoas, devastavam Sergipe, além dos limites do Brasil holandês. Ainda em 1637, Fortaleza caía.

Animado por essas vitórias, Nassau tentou, em 1638, um ataque contra a Bahia, mas não obteve outro êxito além das caixas de açúcar que conseguiu capturar. A cidade resistiu, defendida por soldados e civis, e, quando os holandeses atacaram, Bagnuolo contra-atacou e os invasores tiveram de levantar o sítio e regressar ao Recife. Outra vitória, entretanto, devia ofuscar esse revés, pois, nos começos do ano de 1639, a esquadra holandesa, em três dias de batalha, ao largo de Itamaracá, castigava severamente uma frota hispano-portuguesa de 86 navios a vela, dispersando-a.

Os guerrilheiros continuavam ativos, operando no sul sob o comando de Filipe Camarão e de João Lopes Barbalho, no norte sob o comando de André Vidal de Negreiros. Os holandeses tentavam conter esses bandos, mas a situação militar cada vez se tornava mais confusa, tanto que 2 000 homens, sob o comando de Luís Barbalho, conseguiram atravessar a salvo território holandês, do Cabo de São Roque (Rio Grande do Norte) para a Bahia. O desespero dos holandeses evidenciou-se nas represálias que o governador da Nova Holanda resolveu tomar contra a ação devastadora dos guerrilheiros, ordenando, em 1640, um impiedoso ataque contra os moradores das vizinhanças da Bahia, poupando somente mulheres e crianças.

Em dezembro de 1640, verificava-se a restauração de Portugal, com a ascensão de João IV, e em março do ano seguinte uma caravela portuguesa aportou ao Recife, com uma carta do vice-rei do Brasil para o conde de Nassau, propondo um armistício.

Os holandeses comemoraram o acontecimento com salvas de artilharia, cavalhadas e festas populares, mas esse ano de 1641 devia ser o mais contraditório da dominação holandesa. Em junho, o português Mendonça Furtado assinava com os Estados Gerais uma aliança ofensiva e defensiva contra a Espanha; em agosto, os holandeses ocupavam São Paulo de Loanda (Angola) e as ilhas portuguesas de São Tomé e Ano Bom, na África; em outubro, iniciavam a conquista do Maranhão; a partir desse ano o conde de Nassau, aproveitando a trégua, empenhou-se no desenvolvimento econômico da Nova Holanda.

Em maio de 1644, entretanto, o Statthalter renunciava ao seu posto e partia para a Holanda – e, desde então, a intranquilidade voltou a reinar em território holandês. O Maranhão repeliu o jugo do invasor e enormes dificuldades encontraram os holandeses para sufocar uma rebelião no Ceará. Os conselheiros que dirigiam a Nova

Holanda aumentaram o desassossego da colônia com a cobrança compulsória das dívidas dos portugueses à WIC, chegando até o confisco da produção de açúcar, e, influenciados pelos calvinistas, se deixaram levar pela intolerância religiosa contra os católicos – a maioria da população. Camarão e Henrique Dias novamente atravessaram o São Francisco, enquanto os insurretos de João Fernandes Vieira, num golpe de audácia, se fortificavam no Monte das Tabocas, em terreno naturalmente bem defendido, a 9 milhas do Recife. Os holandeses tentaram desalojar dali os Independentes, mas foram rechaçados, abandonando mortos e feridos. Os rebeldes, em seguida, cortaram os abastecimentos e as comunicações do invasor.

Pouco depois, um destacamento de 1800 homens, sob o comando de André Vidal de Negreiros, desembarcava na baía de Tamandaré, nas proximidades de Serinhaém, e iniciava uma investida fulminante para o norte, subjugando pelo caminho a resistência inimiga. Com o auxílio dos demais destacamentos restauradores, os homens de Vidal de Negreiros aproximaram-se do Recife – chegaram a atacar, de surpresa, o engenho Casa Forte, a uma hora de marcha da capital, posto avançado dos holandeses –, mas o seu comandante preferiu ocupar Olinda e em seguida deslocar-se para o sul, para sitiar o Forte Nazaré, no cabo de Santo Agostinho, em manobra destinada a completar o cerco do inimigo e conquistar uma base para a esquadra.

Os holandeses, porém, ainda detinham o comando do mar e, em setembro de 1645, aniquilavam a frota que trouxera forças independentes à baía de Tamandaré, incendiando e aprisionando os seus navios e passando a fio de espada a maior parte da guarnição. Somente um navio conseguiu escapar e voltar à Bahia.

Entrementes, Vidal de Negreiros continuava a sua marcha vitoriosa para o sul, com a ocupação de Porto Calvo e a tomada do Forte Maurício, diante de Penedo. Os holandeses evacuaram as suas posições nessa região, numa tentativa de concentrar a defesa no Recife. Nos fins do ano, os restauradores reconquistavam a Paraíba, enquanto os homens de Fernandes Vieira apertavam ainda mais o cerco da capital. A situação militar dos holandeses era cada vez pior – nos meados de 1646 poderiam ter sido destroçados com facilidade –, mas os homens de Vidal de Negreiros estavam sendo dizimados pela fome e pelos motins e o chefe da resistência preferiu encurtar as suas linhas – e arrasou plantações e incendiou aldeias nas capitanias de Itamaracá, Paraíba e Rio Grande do Norte, antes de abandonar a região ao inimigo.

Os holandeses tentaram retomar a iniciativa – e uma esquadra holandesa atacou e recapturou o Forte Maurício, que mais tarde teve de ser abandonado. Tropas holandesas apoderaram-se da ilha de Itaparica, defronte da Bahia, a fim de tomar represálias contra a população, enquanto a esquadra patrulhava os mares e apresava os navios que demandavam o porto. A bordo de um desses navios foi feito prisioneiro o Mestre de Campo general Francisco Barreto de Menezes, que vinha assumir o comando das forças libertadoras.

A capital da Nova Holanda estava sob o fogo dos canhões de Fernandes Vieira. Detido no Recife, Francisco Barreto conseguiu evadir-se da prisão, com o auxílio do filho do carcereiro, e estabeleceu o acampamento das suas tropas nos Guararapes – uma posição sem par – onde a infantaria holandesa duas vezes (1648-49) encontrou a derrota, embora os restauradores estivessem em sensível inferioridade numérica.

Navios portugueses pouco a pouco roubaram aos holandeses o seu domínio do mar – e, em dezembro de 1653, uma frota de 60 veleiros atacou o porto do Recife, enquanto os homens de Francisco Barreto desfechavam a sua ofensiva final. Os holandeses, colhidos entre dois fogos, mandaram parlamentares ao comandante dos restauradores e três dias depois capitulavam uma paz honrosa para vencedores e vencidos.

Afinal, a 27 de janeiro de 1654, as forças restauradoras desfilavam pelas ruas do Recife.

2

Os holandeses planejaram, desde cedo, a destruição dos Palmares, "para onde se dirigia uma aluvião de salteadores e escravos fugidos", que dali desciam para atacar as lavouras vizinhas, segundo a descrição de Barleus.

Certo indivíduo, de nome Bartolomeu Lintz, foi destacado pelos holandeses para viver entre os negros, conhecer-lhes o modo de vida e a disposição das suas defesas, para mais tarde chefiar uma expedição contra os Palmares.

Pelas informações que possuíam os holandeses, havia dois quilombos de negros – os Palmares Grandes e os Palmares Pequenos – "escondidos no meio das matas", às margens do rio Gungouí, afluente do Paraíba, provavelmente o Gurungumba. Estes quilombos, a 20 léguas de Alagoas e a 6 léguas do Paraíba, eram habitados por cerca de 6 000 negros, "vivendo em choças numerosas, mas de construção ligeira, feitas de ramos de capim". Os Palmares Grandes estavam situados na raiz da Serra do Behe (Barriga), a 30 léguas de Santo Amaro, e abrigavam cerca de 5 000 negros.

O conde de Nassau e o Conselho planejaram, na base dessas informações, uma expedição composta de 300 soldados armados com mosquetes e espingardas, 100 mulatos e 700 índios "guerreando com as suas próprias armas". Além dos equipamentos geralmente usados pelos holandeses nas suas guerras, a expedição levaria, como petrechos bélicos, machados, enxadas, bipenes e facões, para "aplanar os caminhos". A fim de conseguir que os índios se animassem ao perigo, os holandeses lhes prometiam recompensas.

Um morador de Alagoas, "um tal Magalhães", já se tinha oferecido para comandar uma expedição aos Palmares – uma empresa que devia ser tentada em setembro, para evitar a falta de água provável com a marcha do verão.

A rebelião de São Tomé e os preparativos de partida, para o Chile, de uma força naval sob o comando do almirante Brauer, ex-administrador das Índias Orientais e membro do Supremo Conselho da Companhia das Índias, determinaram o abandono desta expedição.

3

Em janeiro de 1644, os holandeses puseram em prática, afinal, o seu plano contra os Palmares. O comando da expedição foi entregue a Rodolfo Baro, "de ânimo audaz e destemido", que reuniu às suas forças cem tapuias e destruiu, "a ferro e fogo", os Palmares Grandes, enquanto se preparava para "devastar e saquear" os Palmares Pequenos.

Parece, porém, que os holandeses tiveram de contentar-se com muito menos do que 300 soldados. Os homens do capitão Blaer, referindo-se em 1645 a esta expedição, diziam que nos Palmares estiveram "os quatro holandeses com brasilienses e tapuias...".

Logo no começo do combate, cem negros dos Palmares perderam a vida, enquanto, entre os holandeses, houve apenas um morto e quatro feridos. Os assaltantes aprisionaram 31 dos defensores, inclusive 7 índios e alguns mulatos de menor idade.

Os negros defendiam-se com "uma tranqueira dupla" – duas linhas de paliçada – dentro da qual cabiam mil famílias, de acordo com os cálculos dos holandeses, e as cafuas dos solteiros. Em torno, estendiam-se canaviais. Os holandeses ficaram surpreendidos com a quantidade de galinhas que ali encontraram a ciscar.

A expedição de Baro não passou de uma simples escaramuça. Os holandeses ver-se-iam na contingência de enviar, no ano seguinte, nova coluna de tropas contra os Palmares.

4

Com efeito, a 26 de fevereiro de 1645, partiu de Salgados (Pilar) o capitão João Blaer, à frente de nova expedição contra os negros dos Palmares, mas, já no dia 2 de março, doente, o comandante regressava, com cinco holandeses e doze índios, a Alagoas.

A expedição continuou, entretanto, sob o comando do tenente Jürgens Reijmbach.

A coluna manteve um Diário de Viagem muito minucioso. Assim, sabemos que, no dia 6, os homens que haviam "reconduzido" o capitão Blaer alcançaram novamente o grosso da tropa. No dia 13, os holandeses enviaram "um negro, que trazíamos conosco, com alguns índios, a bater o mato", que de volta trouxeram sete porcos-do-mato mortos a flecha. No dia 18, os homens do tenente Reijmbach encontraram o "velho" Palmares, abandonado pelos negros, havia três anos (1642), por insalubre: "Este Palmares tinha meia milha de comprido e duas portas; a rua era da largura de uma braça, havendo no centro duas cisternas; um pátio onde tinha estado a casa do seu rei era presentemente um grande largo no qual o rei fazia exercício com a sua gente; as portas deste Palmares eram cercadas por duas ordens de paliçadas ligadas por meio de travessões, mas estavam tão cheias de mato que a muito custo conseguimos abrir passagem; dali por diante marchamos por espaço de milha e meia sempre por dentro de roças ou plantações abandonadas, nas quais, porém, havia muitas pacovas e canas com que matamos a fome..." No dia 19, os holandeses chegaram ao "outro" Palmares, "onde estiveram os quatro holandeses, com brasilienses e tapuias", incendiando-o em parte, o que fez com que os negros o abandonassem e estabelecessem novo mocambo a 7 ou 8 milhas adiante, "igual ao que precedentemente haviam habitado". Provavelmente o autor do Diário referia-se à expedição de Rodolfo Baro, em janeiro de 1644, sendo de notar como a expressão "o outro Palmares" concorda com os informes de Barleus sobre os Palmares Grandes e Pequenos. Este novo mocambo ficava a leste-sudeste do primeiro, de acordo com o Diário. Durante todo o dia 20, os holandeses encontraram, "todas as meias horas", novos mocambos, "feitos pelos negros quando deixaram o velho Palmares". No dia 21, ao amanhecer, os holandeses chegaram, afinal, à porta ocidental dos Palmares.

A porta "era dupla, e cercada de duas ordens de paliçadas, com grossas travessas entre ambas". Os holandeses a arrombaram, encontrando do lado de dentro "um fosso de estrepes" em que caíram os seus dois corneteiros. "No centro dos Palmares havia outra porta, ainda outra do lado do alagadiço e uma dupla do lado de leste. Este Palmares tinha igualmente meia milha de comprido; a rua, larga duma braça, corria de oeste para leste e, do lado norte, ficava um grande alagadiço; no lado sul tinham derrubado grandes árvores, cruzando-as e atravessando-as umas em cima das outras, e também o terreno por trás das casas estava cheio de estrepes..." Os holandeses mandaram um sargento com 20 homens prender o rei, que habitava uma roça a duas milhas dali, mas esses homens apenas trouxeram "algumas vitualhas de pouca importância", depois de incendiar a residência do chefe negro.

Os quilombolas tinham sido avisados, de Alagoas, da vinda dos holandeses. O rei mandara construir a sua casa duas milhas para além do mocambo e, cinco ou seis dias antes da chegada das tropas, a maior parte dos negros se internara no mato, cuidando das plantações e armando mundéus de caça. Os holandeses prenderam apenas dois negros, um deles com mulher e filho. Um dos corneteiros, enraivecido por ter caído nos estrepes, depois de arrombada a porta ocidental dos Palmares, cortou a cabeça a uma negra. Outra negra foi aprisionada.

A coluna encontrou neste mocambo 220 casas, tendo ao meio uma igreja, quatro forjas e "uma grande casa de conselho". Os holandeses, fiando-se nas declarações dos negros que haviam capturado, calculavam em 500 homens os habitantes desses Palmares, fora mulheres e crianças, num total aproximado de 1 500 almas.

"Este era o Palmares Grande de que tanto se fala no Brasil."

No dia 22, um sargento saiu com 20 homens a bater o mato, mas somente conseguiram capturar uma negra coxa, Lucrécia, "pertencente ao capitão Lij", que ali mesmo deixaram, pois não podia andar e os batavos já tinham muita gente estropiada para carregar.

Nesse dia, os holandeses incendiaram mais de 60 casas nas roças abandonadas dos negros. "A nossa gente regressou à tarde sem nada ter conseguido."

No dia 23, os invasores atearam fogo aos Palmares, "com todas as casas existentes em roda, bem como os objetos nelas contidos, que eram cabaças, balaios e potes fabricados ali mesmo". Nesse mesmo dia, capturaram um negro com a mulher e um filho.

No dia 24, encontraram os holandeses "um negro cheio de boubas" e uma velha escrava da filha do rei, que lhes disseram que pelas vizinhanças havia outros negros em fuga. Os holandeses acamparam e bateram o mato com 20 homens. A casa da filha do rei – "que não estava nela" – foi incendiada.

Finalmente, no dia 2 de abril, a coluna regressou ao ponto de partida.

5

Rodolfo Baro, que comandou a primeira expedição holandesa contra os Palmares (1644), era "intérprete ordinário" das Índias Ocidentais (WIC) e deixou anotações de certo valor sobre os usos e costumes dos tapuias, com quem tratava em virtude do seu cargo.

O capitão João Blaer era perito na guerra de emboscadas – e essa foi a razão da sua escolha para comandar a expedição de 1645 aos Palmares. Era homem de extrema crueldade. Nesse mesmo ano, forças brasileiras, comandadas por André Vidal de Negreiros, atacaram de surpresa o engenho Casa Forte, a uma hora de marcha do Recife, e prenderam Blaer e os seus mercenários, que daquele ponto incursionavam contra as comunicações dos restauradores. Na viagem para a Bahia, centro da resistência contra o invasor, Blaer e os índios com ele aprisionados foram liquidados pelos portugueses, impacientes por vingar a sua desumanidade nos combates.

CAPÍTULO III | As primeiras expedições

1

Das primeiras *entradas*, levadas a cabo pelos portugueses logo depois da restauração do Brasil (1654), pouco ou nada se sabe. Os historiadores dispõem apenas de um documento de autor desconhecido, existente na Torre do Tombo – um documento por sinal muito contraditório, que em grande parte não concorda com a verdade histórica, estabelecida por outros papéis oficiais e particulares do tempo.

Com efeito, esse documento – a "Relação das guerras feitas aos Palmares de Pernambuco no tempo do governador d. Pedro de Almeida, de 1675 a 1678" – está cheio de erros, a saber: *a*) teria havido 25 expedições contra os Palmares até este último ano, mas o autor dá uma relação nominal de apenas *vinte* comandantes; *b*) a primeira dessas *entradas* teria sido feita em 1671, por ordem do Mestre de Campo general Francisco Barreto, restaurador de Pernambuco, mas outros documentos estabelecem, sem sombra de dúvida, que já em 1667 o Mestre de Campo Zenóbio Accioly de Vasconcelos penetrava os Palmares, a mando do governador Miranda Henriques, e atacava os negros pela retaguarda, subindo o rio Panema até a Serra do Comonati; *c*) o documento refere-se a uma *entrada* de Gonçalo Moreira anterior a 1675, mas parece provável que o capitão-mor só tenha visitado os Palmares uma vez, quatro anos mais tarde, para "reduzir" os negros do sítio do Cucaú, que desrespeitavam as pazes acordadas com o governador Aires de Souza de Castro; *d*) o manuscrito distingue duas *entradas* dos capitães Sibaldo e Cristóvão Lins, irmãos, embora seja muito mais razoável tratar-se de uma única *entrada*; *e*) o capitão Antônio da Silva, subordinado do tenente Antônio Jácome Bezerra, que comandou a expedição de 1672, figura no documento como chefe de *entrada*; *f*) o documento data a primeira *entrada* de Fernão Carrilho de 1677, quando o capitão-mor, em declarações pessoais, diz que penetrou os Palmares, pela primeira vez, no ano anterior... Outros erros há ainda no documento – e um deles é a grafia do nome do chefe do quilombo como *Zambi*, quando todos os papéis oficiais da época dizem *Zumby* e, mais raramente, *Zomby*.

Ora, apesar de todos estes erros, o documento da Torre do Tombo foi certamente escrito por alguém que tinha conhecimento íntimo das lutas nos Palmares. Certos nomes de mocambos estão evidentemente errados e, como tudo indica que o quilombo se constituiu em maioria de negros de língua banto, são muito improváveis os nomes de Aqualtune, Acaiuba, Arotirene, Acaiene, Andalaquituche... que entretanto devemos conservar, à falta dos nomes verdadeiros. Alfredo Brandão calcula, por exemplo, que o nome de Andalaquituche deve ser alteração de Zala-Quituche ou Zala-Cafuche, ou seja, residência de Cafuche, nome do chefe do mocambo, uma hipótese que encontra apoio na localização desse mocambo na Serra do Cafuxi, ainda de acordo com o manuscrito.

A dar crédito, pois, a esse incoerente e contraditório documento, os Palmares foram atacados, sucessivamente, pelos seguintes cabos de guerra:

(1) o capitão André da Rocha e o tenente Antônio Jácome Bezerra;
(2) o capitão-mor Sibaldo Lins;
(3) o capitão Clemente da Rocha;
(4) o capitão-mor Cristóvão Lins;

(5) o capitão José de Barros;
(6) o capitão-mor Gonçalo Moreira;
(7) o capitão Cipriano Lopes;
(8) o capitão Manuel Rebêlo de Abreu;
(9) o tenente Antônio Jácome Bezerra;
(10) o capitão Brás da Rocha;
(11) o capitão Antônio da Silva;
(12) o capitão Belchior Alves;
(13) o capitão Manuel Álvares Pereira;
(14) o capitão Sebastião de Sá;
(15) o capitão Domingos de Aguiar;
(16) o capitão Francisco do Amaral;
(17) o Mestre de Campo Antônio Dias Cardoso;
(18) o coronel Zenóbio Accioly de Vasconcelos;
(19) o sargento-mor Manuel Lopes; e
(20) o capitão-mor Fernão Carrilho.

Muita coisa resta ainda a esclarecer sobre as primeiras expedições. Não se sabe, por exemplo, se foi aceita a proposta de certo Manuel Inojosa, discutida pelo Conselho Ultramarino em 1677, de se atacar os negros simultaneamente pela Bahia e por Pernambuco, nem se João Fernandes Vieira, herói da guerra holandesa, viu aceito o seu oferecimento para dar combate aos palmarinos. Parece provável, também, que, entre 1680 e 1700, o Mestre de Campo Jorge Lopes Alonso tenha seguido de Pernambuco para Porto Calvo, "a fazer guerra aos negros dos Palmares, donde assistiu seis meses", pelas declarações do soldado Manuel Marques. Este cabo de guerra pelo menos avizinhou-se dos Palmares, pois, durante o governo de Souto-Maior – de acordo com as declarações do soldado Plácido de Azevedo Falcão –, chefiou 250 homens que seguiram para a freguesia de Una e para a vila de Serinhaém "a compor as alterações que havia entre aqueles moradores, com grande risco de vida, o que se conseguiu com bom sucesso". Estas localidades confinavam com o quilombo.

Não se deve esquecer a expedição chefiada por Bartolomeu Bezerra, a mando do governador Diogo Botelho, nos primeiros dez anos do século XVII (entre 1602 e 1608), sobre que não há outras informações.

Neste capítulo das primeiras *entradas*, o historiador tem de movimentar-se com infinita cautela, pela extrema falta de documentos com que se defronta. Mesmo corrigindo os erros prováveis do manuscrito da Torre do Tombo, trata-se de dez expedições de que sabemos apenas o nome dos seus comandantes... Um capítulo por escrever.

2

O governador Bernardo de Miranda Henriques, em 1667, organizou uma expedição contra os Palmares, sob o comando do Mestre de Campo Zenóbio Accioly de Vasconcelos, então coronel.

Pouca coisa se sabe dessa *entrada* – provavelmente uma operação em pequena escala – a não ser as declarações do alferes João de Montes, veterano das guerras do Açu e dos Palmares.

Este soldado contava que, com escravos e outras pessoas, à sua custa, acompanhou o Mestre de Campo na jornada que fez em perseguição aos negros, quarenta léguas de marcha, da barra do rio Panema até a Serra do Comonati, onde as tropas acamparam três dias. Pouco depois, a expedição topou com um mocambo de negros e, "depois de muitos combates", lhe ateou fogo, destruindo-o.

3

Em seguida a esta *entrada*, parece que houve um período de refluxo nas tentativas de extinção dos Palmares. O governo de Pernambuco deixou às vilas mais próximas a tarefa de conduzir a luta, à sua maneira, na medida das suas possibilidades. Tal se evidencia nos acordos estabelecidos, entre dezembro de 1668 e outubro de 1669, entre as vilas de Porto Calvo, Alagoas, Serinhaém e Rio de São Francisco (Penedo).

Uma "união perpétua" foi acordada entre as vilas de Alagoas e Porto Calvo, a 17 de dezembro de 1668. A reunião realizou-se em Porto Calvo, sob a presidência do alcaide-mor Cristóvão Lins, com a presença dos capitães Antônio Cabral de Vasconcelos e Gaspar de Araújo, delegados de Alagoas. Ficou resolvido que cada vila entraria com pólvora, balas e munição de boca para as colunas que enviasse contra os Palmares, ficando os cabos obrigados a conservar "os mantimentos que nos... mocambos se acharem, para sustento dos soldados". As presas seriam vendidas para fora da capitania de Pernambuco, mas os escravos dos moradores das duas vilas seriam devolvidos aos seus senhores, que por eles pagariam 12$; se, entretanto, em consequência da guerra que se lhes fazia, os negros descessem voluntariamente a buscar os senhores, estes pagariam 6$ por cabeça. Somente os negros menores de 12 anos poderiam permanecer na capitania de Pernambuco. Os negros culpados de assassínios e roubos seriam punidos "com morte natural".

Um acordo mais amplo foi conseguido em outubro de 1669, quando o capitão Pero Correia da Maia, vereador de Porto Calvo, chegou a Alagoas trazendo cartas das Câmaras de Porto Calvo e Serinhaém por uma união contra os Palmares. As condições do acordo estabeleciam que as presas seriam de quem as capturasse, a menos que os escravos pertencessem a moradores das vilas "unidas", mas, neste caso, os senhores pagariam 12$ por cabeça. A Câmara de Alagoas concordou com a sugestão e comprometeu-se a conseguir o apoio da vila do São Francisco (Penedo) para a empresa.

Estas "uniões", entretanto, provavelmente nada mais foram do que tinta sobre papel.

4

Com efeito, o governo parecia interessado apenas em simples medidas de segurança nas vilas em torno do quilombo.

Em março de 1669, o governador Bernardo de Miranda Henriques, notando que os negros trazidos dos Palmares levavam consigo "maior quantidade" de escravos para o quilombo, ordenava a André Gomes, capitão-mor de Alagoas, notificasse os moradores da vila que tivessem escravos dos Palmares de que, dentro de trinta dias, deveriam mandá-los vender no Recife, sob pena de confisco em favor da Santa Casa de Misericórdia de Olinda. A ordem referia-se, expressamente, aos negros palmarinos que os moradores tivessem ou viessem a ter em seu poder. O capitão-mor de Alagoas deu execução à ordem do governador, notificando, entre outros, os capitães Gonçalo Moreira da Silva e Tomé Dias de Souza, o alferes Miguel Barreiros, os cidadãos Francisco Daranjo e Maria Barreiros. Provavelmente, ordens semelhantes foram dirigidas aos capitães-mores das outras vilas vizinhas ao quilombo.

Em 1670, o governador Fernão Coutinho publicava bandos contra o porte de armas proibidas, mandando administrar três tratos de corda a braço solto, na polé do Recife, a qualquer escravo, mulato, índio, mameluco, negro ou branco peão, "que exerça qualquer ofício mecânico ou haja exercido", que as trouxesse, excetuando apenas as pessoas "de qualquer qualidade ou sorte que seja" residentes nas fronteiras dos Palmares, isto é, Rio de São Francisco (Penedo), Alagoas, Porto Calvo, Una e Serinhaém, que podiam valer-se das armas que entendessem para a sua defesa.

5

O capitão André da Rocha, em 1671, assumiu o comando de nova expedição contra os Palmares, organizada talvez pelo Mestre de Campo general Francisco Barreto, restaurador de Pernambuco e herói da guerra holandesa, talvez pelo governador Fernão Coutinho. Em virtude de discórdias surgidas entre os soldados, entretanto, a direção da *entrada* foi mais tarde confiada ao tenente Antônio Jácome Bezerra.

Este cabo de guerra desincumbiu-se bem da tarefa, alcançando importante vitória sobre os palmarinos e fazendo 200 prisioneiros.

Na ocasião os negros aquilombados eram calculados em 20 000.

6

O governador Fernão de Souza Coutinho, no verão desse ano de 1671, mandou que, de Porto Calvo, partissem "contínuos troços de gente", por turmas, a fim de abrir caminhos para os Palmares, "por onde possam ser investidos e assaltadas as suas povoações". Esta primeira tarefa era necessária em vista das "asperezas das terras" e da falta de estradas para carros, "nem para mais que um homem atrás de outro".

Os sapadores de Fernão Coutinho preparavam o caminho para a *entrada* de 1672, sob o comando do mesmo Antônio Jácome Bezerra, então já coronel e mais tarde Mestre de Campo, ao menos pelas declarações do soldado Antônio Garro da Câmara.

O governador, provavelmente valendo-se da experiência da *entrada* anterior, baixou instruções sobre a disciplina a observar em campanha, estatuindo que os soldados que levantassem motim seriam presos e arcabuzados e os que fugissem da *entrada*, do arraial ou de Alagoas seriam "trateados com três tratos a braço solto" e degredados por dois anos no Ceará. De sargento para cima, os homens que cometessem esses mesmos delitos perderiam os seus postos, seriam publicamente despojados das suas armas e insígnias e remetidos por dez anos para o Ceará.

A expedição compunha-se de 600 homens de armas, divididos por três colunas, que deviam convergir sobre os mocambos. Uma dessas colunas estava sob o comando do chefe da expedição; outra era comandada, conjuntamente, pelos capitães Antônio da Silva e Domingos Gonçalo e a terceira, que devia *entrar* os Palmares pelo lado do São Francisco, era chefiada pelo sargento-mor Vicente Martins Bezerra. O plano de campanha era o encontro das três colunas no centro da zona conflagrada, fundando-se ali um arraial. Para proteger os comboios de mantimentos, uma tropa de cem homens deveria estacionar no meio do caminho. A expedição dispunha de munição de boca para cinco ou seis meses.

Jácome Bezerra atacou os negros com vigor, destruindo-lhes mantimentos, incendiando-lhes mocambos e alojamentos, matando e aprisionando combatentes palmarinos. O soldado Antônio Garro da Câmara, que participou desta expedição, contava que o Mestre de Campo desalojou os negros de um mocambo "em que estavam fortificados, cercado de fojos e estrepes, queimando-lhes a povoação". Esta descrição concorda com a narrativa mais geral do soldado Carlos da Cunha, "homem pardo" do Terço do Mestre de Campo Zenóbio Accioly de Vasconcelos, veterano das guerras nos Palmares. O Mestre de Campo sustentou ainda outros encontros com os negros, matando "alguns" e capturando 80.

Entretanto, as colunas de Alagoas e do São Francisco (Penedo) foram destroçadas, aos primeiros embates com os negros: as ordenanças desertaram as suas posições e os capitães viram-se forçados a arrepiar caminho. O Mestre de Campo, desamparado, regressou a Alagoas, por ordem do governador, que lhe mandou prender os outros cabos da expedição (especialmente Antônio da Silva) por negligência no cumprimento do dever.

7

Logo em seguida (1673), os negros puseram fogo aos canaviais de Cristóvão Lins, alcaide-mor de Porto Calvo. Este capitão, em represália, organizou uma *entrada* que, penetrando o sertão, deu com uma povoação de mais de 700 casas e a atacou. Os negros, entretanto, resistiram bravamente, despejando fogo sobre os homens de Cristóvão Lins com as armas capturadas às ordenanças do capitão Domingos Gonçalo, na *entrada* anterior. A resistência foi encarniçada, mas não durou muito. Os negros abandonaram as suas fortificações e escaparam para as serras.

O alcaide-mor, embora vitorioso, nada pôde fazer: as suas ordenanças haviam desertado a campanha.

Provavelmente, desta *entrada* participou o soldado Pedro Lelou, com uma longa folha de bons serviços no Reino, nas campanhas do Alentejo e de Extremoz, na restauração de Évora e na tomada de Valença de Alcântara, chegado ao Brasil em 1665. Este soldado contava que, indo fazer a guerra aos Palmares, em 1673, muitas vezes governou o seu Terço de Infantaria, na ausência dos oficiais superiores, "por ser o capitão mais antigo".

8

O governador Pedro de Almeida, recém-chegado a Pernambuco, tratou de organizar outra expedição contra os Palmares – e, já em junho de 1674, a Câmara de Alagoas discutia a requisição de 300 alqueires de farinha "e todo o peixe que se pudesse fazer" recebida do Recife.

Com efeito, em outubro desse ano, o governador anunciava que reunira soldados pagos, brancos, índios, homens pardos de ordenança e pretos do Terço de Henrique Dias, que deviam seguir para os Palmares "até fim do corrente" mês, com o objetivo de extinguir "parte" dos negros.

O governador acolheria todos os voluntários.

As presas seriam repartidas entre os homens da tropa, mas deveriam ser vendidas para fora das capitanias, à exceção dos negros menores de dez anos, ressalvados os quintos reais.

Parece que alguma ação de guerra se verificou nesse ano, pois o soldado Carlos da Cunha, do Terço do Mestre de Campo Zenóbio Accioly de Vasconcelos, contava que se travara renhida peleja com os negros, durante sete horas (das 9 às 16), conseguindo-se escalar as fortificações dos palmarinos e incendiá-las. Os defensores tiveram baixas, em mortos e feridos.

9

Em 1675, o governador Pedro de Almeida publicou bandos para nova *entrada* contra os Palmares.

Estevão Ribeiro Baião – a quem fora concedido, em 1672, o título de "governador das armas" para fazer a guerra aos maracás e a outros índios que infestavam o recôncavo da Bahia, e especialmente as vilas de Cairu, Camamu e Boipeba – propôs-se, em carta, para chefiar a expedição.

Não se sabe se Baião realmente demandou os Palmares, mas sabe-se que a nobreza da vila de Alagoas, consultada pela Câmara, a 11 de março desse ano, concordou – "todos e cada um de per si" – com o oferecimento do sertanista.

10

Depois destas tentativas, o governador Pedro de Almeida resolveu "conquistar a soberba" dos palmarinos e se entendeu com os moradores das vilas de Serinhaém, Porto Calvo, Una, Alagoas e Rio de São Francisco (Penedo), tomando providências sobre gêneros alimentícios e soldados pagos com que essas freguesias deviam contribuir para nova *entrada*.

O comando da expedição – depois de prevenida de botica, cirurgião, religiosos "e tudo mais que era necessário para a jornada" – foi entregue ao sargento-mor Manuel Lopes.

No dia 21 de novembro de 1675, o sargento-mor, com 280 brancos, mulatos e índios, saía de Porto Calvo para os Palmares. No dia 22 de dezembro, a expedição topou com "uma grande cidade de mais de duas mil casas, fortificada com estacadas de pau a pique". Era, provavelmente, a capital do quilombo, a Cerca Real do Macaco. Os defensores eram muitos, e aguerridos, "prevenidos com todo gênero de armas". Travou-se então renhida refrega, que se prolongou por mais de duas horas e meia. Para decidir do combate, as forças expedicionárias atearam fogo a algumas casas, construídas com material de fácil ignição. Os negros, então, puseram-se em fuga. Os homens de Manuel Lopes caíram sobre os negros em debandada, "mataram muitos, feriram não poucos e prenderam 70". No dia seguinte, novamente batidos, os negros tiveram de abandonar a praça.

Manuel Lopes estabeleceu ali o seu arraial, onde passou cerca de cinco meses. Soube, então, que os negros se tinham reunido a 25 léguas mais para além do Macaco. O sargento-mor saiu em sua perseguição e os desbaratou novamente. Nesse combate ficou ferido a bala, na perna, o chefe Zumbi, que mais tarde seria o comandante supremo dos negros palmarinos.

Mais de cem negros dos Palmares, atemorizados, voltaram espontaneamente ao poder dos seus senhores.

A despeito dessas vitórias – os negros tiveram 800 baixas, mais ou menos –, Manuel Lopes teve de pedir auxílio ao governador, não somente pela distância a que estavam os negros, como pela escassez de víveres no mocambo que ocupara. O governador tratou de organizar outra expedição, confiando-a ao capitão Fernão Carrilho, que já se distinguira em campanha contra mocambos de negros na capitania de Sergipe em 1670 e contra o "gentio indômito" das Serras de Picaraçá.

A *entrada* de Manuel Lopes iniciou um período enérgico na luta contra os Palmares. Fernão Carrilho iria causar "grandes danos, e destruições aos negros, matando, e cativando muitos, e afugentando-os para estâncias remotas", preparando, assim, o caminho para a *entrada* das forças combinadas de Domingos Jorge Velho, Sebastião Dias e Bernardo Vieira de Melo, que apagaria para sempre o grande quilombo.

CAPÍTULO IV | Fernão Carrilho

1

Com o aparecimento de Fernão Carrilho, toda a cena se modifica. Este cabo de guerra tinha brilhante tirocínio militar e já em 1670 o governador do Brasil Alexandre de Souza Freire o havia mandado conquistar mocambos de negros na capitania de Sergipe. Na primeira *entrada* que fez contra esses mocambos, a maior parte dos homens brancos que o acompanhavam desertou, mas Fernão Carrilho, com poucos índios, investiu contra um mocambo "onde havia mais de 200 negros" e os desbaratou e pôs em fuga, fazendo 20 prisioneiros e destruindo-lhes a povoação. Na segunda *entrada*, os 17 tapuias que o acompanhavam também desertaram o capitão, mas este, somente com um companheiro, se atirou ousadamente contra os negros, desbaratando-os, destruindo-lhes os mantimentos e aprisionando-lhes 12. Fernão Carrilho – "a única pessoa que se resolveu a estas *entradas*" – continuou a perseguição aos negros na Bahia, até o rio São Francisco, "reduzindo, com o rigor das armas, todos os negros levantados".

Em 1673, o rei, em carta de 28 de junho, lhe ordenou auxiliasse Rodrigo de Castelo Branco no descobrimento das minas de prata de Itabaiana e Fernão Carrilho aderiu a essa vã empresa com a sua "pessoa, escravos, e fazenda". Depois, Fernão Carrilho acompanhou o capitão Jorge Soares de Macedo às Serras de Picaraçá, a fim de descobrir novas minas, "levando em sua companhia seus cavalos, e 12 escravos", numa difícil jornada de mais de 200 léguas. Na região habitavam índios selvagens, mas, "por sua atividade", Fernão Carrilho fez descer uma aldeia, com o cacique "e muitos arcos", e não somente os situou em local conveniente, como os conquistou para auxiliar as empresas dos brancos.

Tal era a folha de serviços do capitão Fernão Carrilho quando, em 1676, o governador Pedro de Almeida o convidou, por carta, para cabear uma expedição contra os Palmares.

2

Em fevereiro de 1676, Fernão Carrilho reunia-se em Porto Calvo com os representantes das vilas interessadas na extinção dos Palmares, a fim de assentar condições. A expedição que iria comandar deveria constar de 200 arcos e 100 armas de fogo, num total de 700$ de despesas e mais 100$ por mês para os mantimentos. Ficou combinado que Porto Calvo contribuiria com 350$, Alagoas com 150$ e Rio de São Francisco (Penedo) com 200$. Para as despesas mensais Porto Calvo daria 40$, Alagoas 25$, Rio de São Francisco (Penedo) 35$. Fernão Carrilho, por sua vez, obrigava-se a vender as presas por 12$ "de tomadia" e as crias – à exceção das de menos de três anos – pelo seu "justo valor", sempre que pertencessem a moradores das três vilas.

O acordo, porém, não foi cumprido – e já em agosto desse ano a Câmara de Alagoas avisava o capitão-mor de que, em vista da ausência das contribuições de Porto Calvo e Rio de São Francisco (Penedo), não podia suprir sozinha a *entrada* e lhe pedia viesse com os homens que aliciara para a empresa, "assim brancos como tapuias". Se Fernão Carrilho não quisesse vir, a vila estava decidida a fazer a *entrada* com gente da sua jurisdição.

Fernão Carrilho acedeu ao pedido e no dia 21 desse mesmo mês de agosto o capitão comprometia-se a pagar, com as presas que fizesse nos Palmares, os escravos condutores de mantimentos que morressem no curso da guerra.

Não se sabe exatamente quando o capitão-mor seguiu para os Palmares, mas esta primeira expedição, com base em Alagoas, obteve resultados medíocres. Os seus homens acossaram os negros, mas não alcançaram qualquer sucesso de importância.

3

O capitão-mor surgiu em Porto Calvo, em 1677, para comandar nova expedição contra os Palmares. Teve logo, porém, uma desilusão, ao ver que somente 185 homens de armas, entre brancos e índios de Filipe Camarão – e não os 400 homens prometidos pelo governador –, compunham o troço que devia atacar os redutos palmarinos. Fernão Carrilho hesitou no primeiro momento – chegou a consultar a Câmara sobre se devia ou não levar adiante a empresa –, mas afinal se decidiu e, no dia 21 de setembro, em companhia dos seus homens, ouviu missa cantada na Matriz pelo bom êxito da campanha e se fez de rumo aos mocambos dos negros. Os capitães Sibaldo e Cristóvão Lins, já experimentados nas guerras contra os Palmares, acompanharam a tropa até a orla da mata.

Ali Fernão Carrilho, teatralmente, arengou aos seus homens – "que o número não dava nem tirava o ânimo aos valorosos, que o valor próprio só faria animados os soldados; que, posto a multidão dos inimigos era grande, era multidão de escravos, a quem a natureza criou mais para obedecer que para resistir; que os negros pelejavam como fugidos, que eles os iam buscar como senhores; que as suas honras estavam perigosas pelos seus desmandos; suas fazendas pouco seguras pelos seus roubos, suas vidas muito arriscadas pelos seus atrevimentos; que nenhum dos que o acompanhavam defendia o alheio e todos pelejavam pelo próprio; que era grande descrédito para todo Pernambuco servirem-lhe de açoite os mesmos negros que por eles foram muitas vezes açoitados; que só mudavam da guerra o modo, e não o uso; por tantos anos estiveram com as armas nas mãos, sempre contra a Holanda, e ainda hoje estavam do mesmo modo contra os palmaristas; que o modo de guerrear, por não ser em campanha, era também mais fácil, por ser de assaltos; que ele não queria do seu trabalho outro prêmio mais que o bom sucesso; quem mais semeasse mais recolheria, porque as presas para eles haviam de ser; que o governador d. Pedro nem joias queria para si, que a sua melhor joia era a glória de fazer este serviço a Sua Alteza e de livrar de tão consideráveis danos estas capitanias; e que, se destruíssem os palmaristas, teriam terras para a sua cultura, negros para o seu serviço, honra para a sua estimação; que seu intento era ir buscar o maior poder, porque queria, ou acabar ou vencer; porque do contrário se seguiria terem os negros notícia do pouco poder que levava e zombarem da guerra que lhes fazia...".

A tropa chegou diante do mocambo de Aqualtune, mãe do rei, no dia 4 de outubro. Parece que os negros estavam descuidados, pois só no último momento, quando pressentiram os homens de Fernão Carrilho, abandonaram a cerca, sem tentar qualquer espécie de defesa. As forças expedicionárias mataram muitos negros e prenderam 9 ou 10, que não puderam escapar a tempo. O rei Ganga-Zumba fugiu. A rainha-mãe, ao que parece, estava ausente, mas uma das suas damas de companhia foi encontrada morta, alguns dias mais tarde.

Pelos prisioneiros, Fernão Carrilho soube que os negros se estavam arregimentando em Subupira, que então servia de praça de armas dos quilombolas – "uma grande cidade muito fortificada, na distância de três montes, de pau a pique, com baterias de pedra, e madeira". Guiada pelos prisioneiros, a tropa chegou a Subupira, mas 80 homens enviados por Fernão Carrilho a reconhecer a praça inimiga só encontraram as cinzas ainda quentes do mocambo, incendiado pelos próprios negros.

O capitão-mor assentou ali o seu arraial, "fortificou-se em baterias" e despediu dois correios ao governador, pedindo gente e mantimentos. Do arraial Fernão Carrilho mandou uma tropa bater o mato, mas este destacamento voltou à base, oito dias depois, com 25 homens a menos, e daí a poucos dias outros 25 desertavam, "podendo mais o desabrido do sítio para os levar que o brio da empresa para os deter".

O governador, ao receber as notícias de Fernão Carrilho, reuniu o Conselho e resolveu mandar um cabo, com 30 soldados pagos, a "fazer gente" pelas povoações vizinhas e, com base em Alagoas, abastecer o arraial. Foi incumbido dessa tarefa, por unanimidade, o sargento-mor Manuel Lopes.

Com os 130 homens que lhe restavam, Fernão Carrilho continuou a rasgar o mato, nos calcanhares dos negros em fuga. Um destacamento de 50 homens, sob o comando dos capitães Gonçalo Pereira Costa, Matias Fernandes e Estêvão Gonçalves, sustentou um encontro com os palmarinos e prendeu 56, inclusive o "grande corsário" Ganga-Muíça, Mestre de Campo general da gente de Angola, e matou muitos outros, inclusive os "capitães afamados" João Tapuia e Ambrósio. Outra leva de homens, chefiada pelos capitães Estêvão Gonçalves e Manuel da Silveira Cardoso, investiu contra o mocambo do Amaro, uma cidade de mil casas, de cerca de uma légua de extensão, a 9 léguas de Serinhaém. Este foi o acontecimento mais importante da *entrada*, pois, durante os combates, as forças expedicionárias capturaram o "potentado" Acaiuba, dois filhos do rei, Zambi e Acaiene, e cerca de 20 netos e sobrinhos de Ganga-Zumba, trazendo de volta ao arraial 47 negros, duas negras forras e uma mulatinha, "filha natural de um morador nobre de Serinhaém", raptada pelos negros. Nos combates perderam a vida Toculo, filho do rei, e o chefe Pedro Capacaça. O rei Ganga-Zumba deixou para trás, na precipitação da fuga, uma pistola dourada e a espada que trazia, escapando-se para o mato ferido de flecha. Em perseguição às "relíquias" do mocambo do Amaro partiu outra leva de 50 homens, comandada pelos capitães José de Brito, Gonçalo de Siqueira, Domingos de Brito e Gonçalo Reis de Araújo. Estes homens encontraram um grupo de negros desorientados, "sem domicílio certo, nem descanso seguro", mataram muitos, inclusive o "potentado" Gone, e aprisionaram 36. Outro destacamento de 20 homens, sob o comando do capitão Matias Fernandes, matou alguns negros e prendeu 14.

Este capitão Matias Fernandes, sozinho, conseguiu capturar, durante a campanha, 21 negros, além de matar muitos outros. A mesma coisa aconteceu com os capitães Antônio Velho Tinoco e Filipe de Melo Albuquerque.

Fernão Carrilho supôs que, com perdas tão graves, os negros estivessem destruídos: "Nos Palmares ficou tão pouca [gente], e dividida por várias partes, que qualquer tropa de vinte, ou trinta soldados, acabaria de destruir o inimigo..." Em consequência, o capitão-mor despachou dois prisioneiros velhos, Matias Dambi e Madalena, negra de Angola, sogros de um dos filhos do rei, com o recado de que, se os palmarinos depusessem as armas, as hostilidades cessariam.

No dia 29 de janeiro de 1678 o capitão-mor deixava o arraial, para ser recebido em Porto Calvo como um triunfador. Dos seus homens, somente um morrera, alguns outros estavam feridos. Acompanhada pela nobreza e pelo povo da vila, a tropa, tendo à frente o seu comandante, seguiu para a capela do Bom Jesus, onde se cantou uma missa solene em ação de graças pelos sucessos obtidos.

Mais tarde fez-se a repartição das peças pelos soldados, a cargo de seis homens "desinteressados", depois de devidamente separados os quintos de Sua Majestade.

4

Entrementes, um destacamento sob o comando de João Coelho e Manuel de Sampaio, que incursionava pelos Campos de São Miguel a mando do sargento-mor Manuel Lopes, que de Alagoas dirigia o transporte dos mantimentos para Fernão Carrilho, encontrou uma coluna de negros que fugia da *entrada*, sob a chefia do Gana-Zona, irmão do rei, "negro valoroso, e reconhecido daqueles brutos como rei também". A tropa atacou os negros, matando muitos e prendendo 15, entre os quais, provavelmente, o Gana-Zona.

Na mesma região, o capitão Francisco Álvares Camelo, com 130 homens, à sua custa, acossava os negros. Em certa ocasião, nas proximidades do Mundaú, os homens do capitão Álvares Camelo encontraram uma leva de negros, escondidos entre os matos e os rochedos da beira do rio, mas os negros os pressentiram e escaparam, deixando alguns mortos.

O sargento-mor Manuel Lopes encontrava dificuldades para conquistar a boa vontade dos moradores. No dia 7 de dezembro de 1677, por exemplo, os habitantes de Alagoas negaram-se, em reunião no Paço da Câmara, a fornecer negros para os comboios de mantimentos para os Palmares, ameaçando, caso fossem forçados a fazê-lo, "desprezar" a terra. Somente a 16 de janeiro do ano seguinte, o capitão Álvares Camelo conseguiu que os moradores contribuíssem com os negros necessários, com a promessa de pagar, com as presas feitas no quilombo, os que morressem.

5

O governador Pedro de Almeida mandou, mais tarde, um alferes aos Palmares, para reiterar aos negros as promessas de Fernão Carrilho. Nem por isso o governador deixou de publicar bandos, com data de 14 de fevereiro de 1678, em que declarava que os moradores agora podiam "acabar com muita suavidade aqueles bárbaros" e oferecia presas livres – sem mesmo descontar os quintos reais – aos voluntários que penetrassem o mato para reduzir os negros aquilombados. No dia 18 de junho de 1678 – um sábado à tarde –, o alferes regressava ao Recife, trazendo consigo três filhos do rei e mais uma dúzia de negros, que vinham prestar vassalagem e pedir a paz, argumentando que estavam "sem cidades, sem mantimentos, sem mulheres, nem filhos", e não queriam mais guerra. A chegada dos palmarinos provocou enorme alvoroço na cidade. Os negros vinham com os seus arcos e flechas, um deles com arma de fogo, quase inteiramente nus, com os órgãos genitais cobertos de panos ou de peles, tendo à frente, a cavalo, por estar ferido da guerra, o filho mais velho do rei.

Entre a partida e a chegada do alferes, porém, Pedro de Almeida tinha passado o governo a Aires de Souza de Castro. Assim, ao receber a embaixada, remeteu-a logo ao novo governador, diante de quem os negros se prostraram, batendo palmas, em sinal de vassalagem. No dia 20, os dois governadores chegavam à Matriz do Recife, levando à sua frente os embaixadores dos Palmares, a fim de assistir à missa solene em ação de graças pela paz.

No dia seguinte, Aires de Souza de Castro reuniu o Conselho, convidando especialmente Pedro de Almeida. Da reunião participaram o Ouvidor-Geral Lino Camelo, o Provedor da Fazenda Real João do Rego Barros e os sargentos-mores Manuel Lopes e Jorge Lopes Alonso. O governador pôs em discussão o pedido do rei Ganga-Zumba por liberdade, paz, entrega das mulheres e local. Pedro de Almeida tomou a palavra e foi de parecer "que lhes dessem para vivenda o sítio que apontassem, e a paz para a sua habitação, e plantas; que se assentasse a paz; e que o rei se recolhesse a habitar o lugar determinado; que fossem livres os nascidos nos Palmares; que teriam comércio, e trato com os moradores". O Conselho levantou a questão de se o rei tinha poderes para fazer com que outros chefes, "que viviam distante das suas cidades", obedecessem ao governador. Um dos filhos do rei declarou que sim e que, se não pudesse submeter algum dos seus cabos de guerra, o rei forneceria homens para guiar as forças portuguesas expedidas para destruí-lo.

A paz foi então assentada.

O governador concedeu ao rei Ganga-Zumba o título de Mestre de Campo e determinou que os negros que lhe obedecessem ficassem situados no Cucaú, para onde enviou também dois padres da Recoleta de Santo Amaro.

Parece, porém, que os círculos oficiais tinham as suas dúvidas – a despeito de todo este aparato exterior – sobre o sossego a tanto custo conseguido. Um indício dos seus receios pode ser encontrado na benevolência dos termos de paz capitulados com os negros, que mais parecem ditados pelos palmarinos.

O governador mandou lavrar por termo as deliberações tomadas e encarregou um sargento-mor do Terço de Henrique Dias, que sabia ler e escrever, de seguir para os Palmares, em companhia dos negros, para comunicá-las ao rei Ganga-Zumba e aos seus auxiliares. O filho mais velho do rei, que não podia viajar, ficou no Recife, sob cuidados médicos, em companhia de dois dos negros da embaixada, sustentados pelo governo.

6

A vitória de Fernão Carrilho foi comemorada com festas populares e cerimônias religiosas em ação de graças pela volta da paz.

Várias pessoas – inclusive alguns chefes de *entrada* – pediram sesmarias e datas de terras "em todas estas capitanias de Pernambuco", num total de 191 léguas e meia, depois de "cessado o prejuízo que faziam os negros dos Palmares". Tal era a segurança da tranquilidade. Entre os beneficiados, encontravam-se o sargento-mor Manuel Lopes "e outras pessoas", a quem se deram 8 léguas de terras, o capitão João de Freitas da Cunha, contemplado com 50 léguas, o maior quinhão da lista, o capitão-mor Gonçalo Moreira da Silva, que recebeu 6 léguas, e o vencedor dos Palmares, o capitão-mor Fernão Carrilho, premiado com 20 léguas.

Mais tarde, em 1692 ou 1693, Fernão Carrilho requereu à justiça o pagamento de dois padrões de tenças de 88$, de que Sua Majestade lhe fizera mercê nos dízimos das terras que conquistara nos Palmares, para si e para seu filho Feliciano Prudente. O requerimento arrastou-se muito tempo nos tribunais, até que o Provedor da Fazenda Real João do Rego Barros, embora não inteiramente convencido da procedência das alegações do capitão-mor, e alarmado com a "considerável" quantia a que montavam os atrasados, lhe mandou pagar 450$ por conta das tenças, à espera de resolução de Sua Majestade. O despacho real na questão alegava que as sentenças da Relação da Bahia, favoráveis a Fernão Carrilho, eram nulas "por defeito de jurisdição" e mandava que o capitão-mor repusesse o dinheiro recebido, até que se resolvesse em definitivo o seu caso.

7

O acordo entre o governador e os negros não foi aceito pelos chefes mais resolutos dos Palmares e, embora o governador Aires de Souza de Castro, em junho de 1678, declarasse que somente um mocambo não se rendera, o fato é que o negro Zumbi, sobrinho do rei, certamente com outros chefes de mocambo mais jovens, se internou no mato, a fim de continuar a luta.

O governador mandou aos Palmares "um maioral dos negros", o Gana-Zona, irmão do rei, a fim de chamar à razão o negro Zumbi, com quem estava "a melhor gente". A embaixada, entretanto, obteve resultado negativo.

Enérgico, resoluto, obstinado, Zumbi iria dar à luta o caráter heroico que a celebrizou entre as insurreições de escravos no Brasil.

8

Com efeito, a trégua não demorou muito.

Os negros situados no Cucaú, esquecendo o juramento de vassalagem que haviam prestado, começaram a fugir e a engrossar as fileiras dos combatentes palmarinos, levando consigo mantimentos e munições. Os negros do Cucaú serviam de estafetas e faziam espionagem para os homens do Zumbi, ao mesmo tempo que recrutavam escravos das vizinhanças para os Palmares.

O governador, em vista disso, resolveu castigar os negros, enviando uma expedição contra o sítio do Cucaú.

9

A tarefa de reduzir os negros levantados do Cucaú foi entregue ao capitão-mor Gonçalo Moreira, que em 1679 seguiu as pegadas de Fernão Carrilho, penetrando o sertão.

Pelas declarações do soldado Manuel da Rocha Lima, do Terço do Mestre de Campo Manuel Lopes, a força de Gonçalo Moreira encontrou despovoada a "cerca" do Zumbi, mas, continuando a marcha, deu com alguns mocambos de negros, "derrotando-lhes as plantas". Provavelmente, sem pouso, vagando no mato, vários negros foram presos por "outras tropas". O capitão ordenou, então, uma marcha contra a aldeia de Una e cercou a aldeia do Cucaú, "prendendo todos os negros rebeldes que nela estavam situados, que eram perto de 200 peças, entre famílias e negros de armas". O soldado Manuel da Rocha Lima dizia que, entre os prisioneiros do Cucaú, se contavam "os principais motores da rebelião" – os chefes João Mulato, Canhonga, Amaro e Gaspar. O rei Ganga-Zumba tinha sido envenenado pelos negros.

Esta *entrada* demorou três meses no mato.

Parece que desta expedição participou o soldado Constantino de Abreu, com cerca de 50 anos de serviço nas guerras de Pernambuco, que, em 1697, contava que tomara parte "nas duas *entradas* que se fizeram aos Palmares, a fazer guerra aos negros levantados, em demanda do negro Zumbi, em que se lhe destruíram as suas plantas, e mantimentos, indo também à aldeia de Cucaú a prender os negros que nela estavam situados, em que se aprisionaram mais de 200 peças, sendo nomeado por cabo de uma tropa...". Constantino de Abreu, soldado do Terço do Mestre de Campo Zenóbio Accioly de Vasconcelos, dois anos mais tarde dizia ter acompanhado o capitão João de Freitas da Cunha à aldeia do Cucaú, reproduzindo o episódio, mas é possível que se trate de um lapso de memória, pois o Conselho Ultramarino falava nos "seus muitos anos" e citava a informação do governador Caetano de Melo e Castro, de que "este sujeito não era para muito". Outra circunstância, contra Constantino de Abreu, "mui honrado soldado, mas tão carregado de anos" que se via preterido em todos os postos para que se propunha, é a de que João de Freitas da Cunha atacou o sítio do Gongoro e não a aldeia do Cucaú, destruída por Gonçalo Moreira. (Somente em 1700, talvez por antiguidade, Constantino de Abreu conseguiu uma promoção a capitão de infantaria do Terço do Mestre de Campo Jorge Lopes Alonso.)

As declarações do soldado Carlos da Cunha, do Terço do Mestre de Campo Zenóbio Accioly de Vasconcelos, concordam na descrição dos acontecimentos desta *entrada*.

10

Parece que o sargento-mor Manuel Lopes continuou a dirigir, de Alagoas, os comboios de mantimentos para as tropas no arraial.

O capitão-mor de Alagoas, João da Fonseca, tendo recebido ordem do governador Aires de Souza de Castro para atender em tudo ao sargento-mor, mandou fintar, a 26 de janeiro de 1680, 20 arrobas de carne, 500 curimãs, 2 000 tainhas e 50 negros para o carreto dos mantimentos, que deviam estar no arraial até 10 de fevereiro.

A vila estava obrigada a contribuir, mensalmente, com 50 alqueires de farinha para o sustento das forças expedicionárias.

11

O governador Aires de Souza de Castro, por carta-patente de 16 de fevereiro de 1680, concedeu a André Dias, "morador em São Miguel", o posto de capitão-mor da guerra dos Palmares, em vista do valor, da resolução e "do bem com que serviu sempre em muitas *entradas* que fez aos sertões" palmarinos.

O governador dava-lhe poderes para prender negros fugidos onde quer que os encontrasse, mesmo em casa dos moradores, e matá-los em caso de resistência.

Provavelmente, protegida de flanco pelas forças de Manuel Lopes, esta expedição não passou de uma simples caçada ao negro, mais uma escaramuça sem consequências. Entretanto, os negros estavam tão enfraquecidos e dispersos que os homens de André Dias chegaram até o Oiteiro do Barriga e, pelas declarações do soldado Carlos da Cunha, veterano das guerras nos Palmares, investiram contra o portão e "romperam" a estacada dos negros.

12

Já nesse ano, editais publicados nas Câmaras vizinhas aos Palmares convidavam o negro Zumbi e os seus auxiliares imediatos à obediência ao sargento-mor Manuel Lopes, do Terço do falecido Mestre de Campo João Soares de Albuquerque.

Por intermédio do sargento-mor, o governador Aires de Souza de Castro fazia saber, às pessoas que "por qualquer indústria" se pudessem comunicar com o "capitão" Zumbi, que o perdoara "novamente" em nome de Sua Alteza e que o chefe palmarino devia procurar o Gana-Zona para gozar da liberdade que o governo lhe oferecia.

O sargento-mor concedia ao negro Zumbi um prazo de quatro meses para apresentar-se ao Gana-Zona, sob pena de lhe fazer uma guerra sem quartel.

Os bandos de Manuel Lopes lembravam a prisão dos chefes João Mulato, Canhonga, Amaro e Gaspar, do sítio do Cucaú, que haviam combinado uma revolta com outros cativos, em 1679, faltando às pazes capituladas no ano anterior. A conspiração tinha sido descoberta pelo Gana-Zona, "que foi só o homem que soube guardar sua palavra".

13

Manuel Lopes *entrou* novamente os Palmares dois anos depois (1682), pelo lado de Alagoas, seguindo a trilha dos negros até Serinhaém.

Parece que esta expedição não foi mais do que um prolongamento da proteção aos comboios de que estava incumbido o sargento-mor, a partir de 1677. O soldado Manuel Roiz de Sá contava que marchou sertão adentro "mais de um mês", padecendo fomes e sedes, mas o soldado Antônio Garro da Câmara contava que esteve com o sargento-mor sete meses nos Palmares e que, certa vez, levou "um socorro" ao arraial. Este soldado foi encarregado de conduzir homens e mantimentos para a campanha e, em certa ocasião, recebeu a tarefa de patrulhar as "cabeceiras" de Alagoas, "com grande risco de vida", expulsando para o interior das matas o chefe Zumbi e os seus homens.

Pela primeira – e talvez única – vez, há referência, nas declarações de Antônio Garro da Câmara, ao rapto de "algumas mulheres brancas" pelos negros palmarinos.

14

Fernão Carrilho penetrou novamente as matas dos Palmares, com cerca de 300 homens, em 1683.

Com esta *entrada*, a sua boa sorte começaria a declinar.

Uma carta do governador João de Souza (1684) esclarecia que se havia decidido fazer "uma crua guerra" aos negros palmarinos, sem que se lhes admitisse qualquer proposta de paz. Fernão Carrilho, porém, mal chegado a Alagoas, escreveu "primeira e segunda carta" ao governador, pedindo a alteração desse capítulo do regimento que devia cumprir. O governador, sabendo que Fernão Carrilho tinha condescendido nas pazes que lhe haviam pedido os negros, "a fim de porem em cobro as suas bagagens e mantimentos", e até mesmo admitia "os negros contrários no arraial", tendo suspendido a guerra que lhes fazia, lhe ordenou desalojasse os negros do Oiteiro do Barriga. O governador acrescentava que Fernão Carrilho cumprira as suas ordens "tanto a seu salvo que, ao mesmo tempo que marchou, tiveram os negros aviso, e desampararam o sítio, primeiro que os acometessem as nossas tropas...".

As acusações do governador, entretanto, parecem desmentidas pelas declarações do soldado Carlos Ferreira, do Terço do Mestre de Campo Zenóbio Accioly de Vasconcelos, em 1697. Este Carlos Ferreira contava que foi nomeado cabo de uma esquadra, "indo de vanguarda", e padeceu "os descômodos de fomes, sedes, e ásperos caminhos" nas matas dos Palmares. Pelas declarações de Carlos Ferreira, sabemos que as tropas de Fernão Carrilho plantaram um arraial no sítio Mundaú e que a investida que realizaram contra o Oiteiro do Barriga não se fez como contava o governador, pois Carlos

Ferreira dizia que foi "um dos primeiros que chegaram ao portão da estacada, e saltaram dentro, até serem desalojados [os negros], queimando-lhes as suas fortificações". Pouco depois, Carlos Ferreira participou da marcha que se fez ao sítio do Gongoro, "em que se pendenciou com eles e se retiraram [os negros] com grande perda", e da marcha à Serra do Jacaré, onde entretanto não se encontravam os negros – uma jornada de 28 dias. Este mesmo Carlos Ferreira contava ainda que, comandando um troço de 25 homens, foi mandado contra "um sítio" onde os negros tinham uma roça e, sendo atacado por mais de 40 negros, sustentou a peleja mais de uma hora, com apenas cinco homens, "por o haverem desamparado os mais", e que esteve no Paraíba-Mirim cinco meses, trabalhando nas fortificações, carregando madeira "e indo muitas vezes a descobrir campo".

Outra declaração importante, a favor de Fernão Carrilho, é a de Antônio Garro da Câmara. Este soldado, que participou das *entradas* de Jácome Bezerra (1672), Manuel Lopes (1682) e Fernão Carrilho (1677 e 1683), dizia que se achou "na investida que se deu à Serra do Barriga, em que estavam fortificados [os negros], fazendo sua obrigação ao investir da porta, e ao romper da estacada, até se entrar dentro sem da nossa parte haver perda alguma", e também no ataque a um mocambo em que se encontravam "seis peças, quatro negros que se mataram, e duas negras que se aprisionaram…".

Não estava com a razão o governador João de Souza, mas Fernão Carrilho desceu dos Palmares preso e o Ouvidor-Geral teve ordem de fazer uma devassa sobre a sua conduta, resultando dos autos que "indevidamente procedera", pelo que o governador e o Ouvidor-Geral o degredaram para a capitania do Ceará, com suspensão do posto, sem vencer soldo.

Para substituí-lo, o governador nomeou o capitão João de Freitas da Cunha.

15

O novo comandante, "mal convalescido de uma doença", partiu para os Palmares, no inverno de 1684, à frente de 50 soldados.

Os negros estavam em plena retirada, de maneira que o capitão João de Freitas da Cunha seguiu no seu encalço e, ao fim de 18 dias de marcha, os atacou no sítio do Gongoro, derrotando-os, destruindo e incendiando "as casas que haviam feito". A expedição matou alguns negros e perseguiu os restantes durante trinta dias, por dentro do mato. O soldado Belchior Pinto, do Terço do Mestre de Campo Zenóbio Accioly de Vasconcelos, em documento de 1697, contava que foi preciso "romper" as estacadas dos negros no Gongoro e que, depois de os negros desampararem o sítio, as forças de João de Freitas da Cunha pelejaram com os palmarinos dois dias, a partir do dia seguinte, até que estes, desanimados, se puseram em fuga. Este soldado – mais tarde nomeado capitão do Presídio de Jaguaribe – contava que, em seguida, os negros atacaram "o lugar chamado Alama", mas as forças legais, embora os seguissem três dias, não os puderam alcançar.

As declarações dos soldados Carlos da Cunha, do Terço do Mestre de Campo Zenóbio Accioly de Vasconcelos, Constantino de Abreu, provido no posto de "ajudante" da guerra dos Palmares pelos capitães Fernão Carrilho e João de Freitas da Cunha, e Eusébio de Oliveira Monteiro, do Terço do Mestre de Campo Jorge Lopes Alonso, concordam na descrição desses fatos, ampliados pelas declarações do soldado Belchior Pinto.

O capitão João de Freitas da Cunha assentou o seu arraial no Paraíba-Mirim, demorando-se ali dez meses, até que o governador lhe mandou ordem de regressar.

Parece certo que, das tropas de Fernão Carrilho, somente o seu comandante desceu para o Recife e que a expedição de João de Freitas da Cunha foi apenas um "auxílio" de 50 soldados. O governador João de Souza dizia, sem grande entusiasmo, que as tropas do seu capitão "degolaram alguns negros...".

16

A experiência da rendição ao governador Aires de Souza de Castro foi de grande valor para os negros, que, a partir de então, se valeram de nova arma – a paz – a fim de defender o quilombo, protelando a guerra.

O governador Souto-Maior, em 1685, escreveu ao rei que os negros haviam pedido paz ao seu antecessor João de Souza, que lhe dissera "estava disposto a capitulá-la, porquanto não tinha nenhuns efeitos para se pôr em campanha". Souto-Maior acrescentava que lhe seria "forçoso" – em vista da pobreza dos moradores – aceitar as pazes que os palmarinos lhe pedissem.

Esta carta do governador levantou grande celeuma no Reino.

A despeito da declaração do governador Souto-Maior, de que João de Souza estava inclinado a capitular a paz com os negros, sabemos que, com a *entrada* de 1683, Fernão Carrilho foi instruído por esse mesmo governador no sentido de continuar a guerra "sem que se lhes admitissem proposições de pazes que oferecessem, por a experiência ter mostrado, em muitas ocasiões, a falsidade de ânimo com que intentavam semelhantes partidos". Sabemos também que Fernão Carrilho, por ter escrito a João de Souza "primeira e segunda carta" propondo a paz, foi destituído do comando dessa expedição de 1683 e substituído pelo capitão João de Freitas da Cunha.

Ora, João de Souza, consultado sobre a carta do governador Souto-Maior, voltou ao ponto de vista da não aceitação da paz, dizendo que "de nenhuma maneira" se devia admiti-la, "porque a experiência tem mostrado a cavilação com que as intentam, sendo em ordem a contemporizar com o novo governo que chega, ou quando, pela sua escandalosa culpa, os ameaça a guerra...". O parecer de João de Souza estava datado de Lisboa, longe das circunstâncias que o dispuseram a entrar em negociações com os negros.

O ex-governador Aires de Souza de Castro, também consultado sobre a carta de Souto-Maior, escrevia: "No que toca às pazes que estes negros pedem, é estilo seu fazerem-no, quando... chega governador, para gastarem tempo no ajuste delas, e não se conseguir o intento de se lhes fazer a guerra, e por isso vão gastando muitos meses nas respostas do que capitulam, e pedem, acrescendo de novo sempre embaraços para se não concluir." Aires de Souza de Castro citava, mesmo, o caso específico (1678) acontecido durante o seu governo: "E em termos o fizeram comigo; mas, pelas notícias que tomei, e conhecimento que o negócio me deu, os pus no aperto, que, se o não faziam com termo assinalado, e mui breve, mandava *entrar* a infantaria que já tinha marchado para aquelas capitanias, donde costumam fazer o maior dano; e com esta resolução veio uma grande parte deles, e a outra desculpando-se que o não fazia, com razões muito aparentes à sua cavilação; e assim lhes continuei a guerra com o maior aperto que foi possível..."

O Conselho Ultramarino, considerando a questão, resolveu que "não convém que se admita a paz com estes negros, pois a experiência tem mostrado que esta prática é sempre um meio enganoso", mas também por questões de prestígio, "pois isto são uns pretos fugidos e cativos...".

Em novembro de 1685 – sem conhecer, portanto, o despacho do Conselho Ultramarino, de fevereiro do ano seguinte – Souto--Maior comunicava a Sua Majestade que, "estando para lhes dar perdão", chegaram-lhe queixas dos moradores vizinhos de que os negros continuavam os seus ataques, "faltando à palavra de viverem quietos e subordinados".

A guerra teve de continuar.

17

Fernão Carrilho fez mais uma *entrada* – a última – aos Palmares, em 1686, por ordem do governador Souto-Maior.

Ao receber as queixas dos moradores sobre as "correrias" dos negros, Souto-Maior avistou-se com os soldados que tinham ido à guerra nos Palmares, à procura de um comandante para a empresa, mas só encontrou homens "velhos, e estropiados do trabalho das campanhas, e todos com impedimento urgente para não sair de seus quartéis". Ora, "neste aperto", Fernão Carrilho, que se achava detido por ordem do governador João de Souza, por ter condescendido nas pazes com os negros, ofereceu-se a Souto-Maior, dizendo que "queria servir a Sua Majestade, não como cabo desta facção, senão como soldado dela, e queria mostrar, com o seu valor, que, se faltou às ordens de seus maiores, foi por erro de seu entendimento, e não omissão de seu ânimo". Souto-Maior acreditou na palavra do capitão-mor e, querendo dar a Sua Majestade motivo de perdoar Fernão Carrilho, o mandou soltar sob menagem e o nomeou "capitão-mor e cabo das tropas da campanha".

Fernão Carrilho deveria plantar um arraial em certo sítio dos Palmares, de onde as suas forças se internariam no mato, em todas as direções, em busca dos negros. Para poder extinguir totalmente "esta canalha", o governador publicou bandos concedendo, a quem as tomasse, presas livres dos quintos de Sua Majestade e da joia que se pagava aos governadores.

A expedição partiu no dia 10 de janeiro, com o fito de invadir a "praça de armas" dos negros, mas estes, avisados, prepararam emboscadas para a gente branca, "distante da sua fortificação, e com reparos do mato tão inexpugnáveis que se consideraram invencíveis". O combate foi renhido, mas terminou pela fuga dos palmarinos, dos quais muitos tombaram no conflito. A tropa retomou a sua marcha para a "praça de armas" dos negros, que encontrou já despovoada. Fernão Carrilho continuou a perseguição aos negros em fuga, talando campos, queimando casas, destruindo mantimentos, "com que, já mortos de fome, vêm alguns pedir misericórdia e buscar perdão aos seus absurdos", como narrava o governador Souto-Maior.

Chegou, entretanto, o inverno, nesse ano muito rigoroso, e a campanha teve de ser suspensa.

O soldado Francisco Gil Ribeiro, do Terço do Mestre de Campo Zenóbio Accioly de Vasconcelos, contava que, nesse ano de 1686, acompanhou a Alagoas o capitão Antônio da Silva Barbosa, que, a mando do governador, foi conduzir mantimentos para a guerra dos Palmares e cobrar a finta do sal, durante o inverno, "gastando seis meses nesta jornada". Este soldado era muito hábil "nos manejos das armas, formaturas e raiz quadra", que ensinava a soldados e sargentos do Terço.

Souto-Maior, em carta ao rei, dizia que, "com a entrada do verão", poderia conseguir a redução dos negros, se tivesse "efeitos" para a guerra, pedindo que das "sobras" da Fazenda Real se destinassem verbas para a campanha dos Palmares, "porque estes povos têm suprido das suas fazendas mais do que lhes era possível, e não é justo que assistam para esta empresa com mais do que têm".

O despacho real determinava que o governador de Pernambuco escolhesse 400 soldados pagos – alguns das tropas de Henrique Dias e Filipe Camarão, heróis da guerra holandesa – e mandasse ocupar o "posto" dos negros, na ocasião em que os palmarinos tivessem recolhido os seus mantimentos, "para que com eles se possam sustentar os soldados, enquanto se não fazem outras lavouras e descobrem outros caminhos para que possam ser socorridos". Estes soldados deveriam perseguir os quilombolas de mocambo em mocambo, até que os palmarinos se vissem incapacitados de manter a guerra. Depois de reduzidos, os negros seriam mandados "livres" para o Reino e para as possessões insulares portuguesas.

Na sua carta de 1685, em que comunicava ter aceito o oferecimento de Fernão Carrilho para chefiar uma expedição aos Palmares, o governador Souto-Maior anunciava ter chamado "uns paulistas" que andavam nos sertões para a liquidação dos mocambos palmarinos.

Era a gente de Domingos Jorge Velho que surgia em cena.

18

Em carta anônima de 25 de Junho de 1687, Fernão Carrilho tentou ainda voltar aos Palmares, à frente de nova expedição.

A carta pretendia ser um "remédio ao dano do gentio dos Palmares" e, depois de dizer que Fernão Carrilho "cobrou fama de feiticeiro" entre os negros, que o temiam mais do que a outros comandantes, mesmo com forças superiores, propunha uma *casa-forte* no centro da zona conflagrada, com o número de infantes que se julgasse conveniente, apoiado por aldeias de índios de Filipe Camarão, herói da guerra holandesa, e de outros índios domesticados. Para comandante da casa forte, a carta propunha o capitão Fernão Carrilho.

O documento advogava medidas drásticas, pedindo que a infantaria e os índios tivessem ordem de enforcar todo negro que fugisse para os Palmares, onde quer que o achassem, "porque só este temor, e nenhum outro, os há de sujeitar", e pudessem vender negras e moleques como presas suas.

A carta lembrava ainda que os índios que cercavam o quilombo, pelo interior, eram "acérrimos inimigos" dos negros e "não só os desejam destruir, mas comer". Ora, se os portugueses estabelecessem contato com esses índios, e os persuadissem a atacar os negros, os palmarinos ver-se-iam cercados – e "infalivelmente antes hão de querer ser cativos, que mortos".

A sugestão da casa forte foi ridicularizada pelos ex-governadores João de Souza e Aires de Souza de Castro, consultados sobre o plano, mas o Procurador da Fazenda deu parecer favorável às ideias de Fernão Carrilho, declarando, quanto ao enforcamento dos negros, que "não pode haver o menor escrúpulo" nessa questão.

Da última vez que se ouviu falar de Fernão Carrilho foi em 1703. Promovido a lugar-tenente do governador do Maranhão (1699), substituiu o governador, durante a ausência deste no Reino, em 1701, já com o posto de tenente-general. Tantas fez, porém, na sua curta permanência à frente do Estado, que o rei (1703) mandou tirar contra ele "residência", com que definitivamente se apagou a sua estrela.

CAPÍTULO V | O assalto final

1

A carta do governador Souto-Maior aos paulistas foi levada por Luís da Silveira Pimentel, veterano das guerras contra os índios.

Domingos Jorge Velho encontrava-se "aposentado" no Piauí, nas terras tomadas ao "gentio brabo e comedor de carne humana", que os paulistas havia 16 anos lavravam e cuidavam. O bandeirante, mais tarde, explicava que fora chamado pelo governador "estando ele... e todos seus companheiros, com toda sua gente, habitando, povoando e cultivando as terras do rio dos Camarões, no reino do Gariguê, conquistadas por eles sobre o gentio brabo, e indomável, tendo agregado assim, e domesticado, quantidade de tabajares, oroazes e cupinharões, em as quais terras ele... e os mais viviam já quieta, e pacificamente, abundantes daquelas coisas que bem bastam para passar a vida humana, sem terem outro inconveniente mais que aquele da longitude das praias marítimas, a eles pouco necessárias, porque a isso supria facilmente o costume da frugalidade com que são criados neste sertão, e ser gente não acostumada a regalos, nem à política de vestir galas...".

"Por estes homens serem os verdadeiros sertanejos, e se acharem com 400 homens de armas, os roguei para esta conquista dos Palmares..." – escrevia o governador ao rei. Os paulistas, entretanto, não dispunham somente de 400 homens. O Mestre de Campo, em épocas diferentes, computava os seus homens, ora em 800 índios e 150 brancos, ora em mil homens de arco, 200 espingardas e 84 brancos, "que os dirigiam e cabeavam". Com esses homens o chefe dos paulistas iniciou a sua marcha para os Palmares.

Essa marcha foi um verdadeiro pesadelo – "a mais trabalhosa, faminta, sequiosa, e desamparada, que até hoje houve no dito sertão, ou quiçá haverá". A fome era então geral – e, de fome, de sede, "e misérias", 132 pessoas do séquito do paulista morreram, 63 foram liquidadas por doenças várias e mais de 200 fugiram, achando demasiado o sacrifício.

Os homens de Domingos Jorge Velho já se encontravam perto dos Palmares quando lhes chegou uma carta do governador-geral do Brasil, Matias da Cunha, ordenando-lhes "torcer caminho" para socorrer o Rio Grande do Norte, onde os janduins e outras tribos aliadas ameaçavam as regiões de Piranhas e do Açu. O bandeirante queixava-se, mais tarde, de não ter sido chamado antes para a guerra do Açu, com o que teria evitado a perda de gente e as misérias que os seus homens passaram e o socorro poderia ter chegado mais cedo, pois a região sublevada "lhes ficava de suas povoações muito mais perto, e menos escabroso caminho". Ao chegar ao teatro da guerra, os paulistas – inesperada tropa de socorro – levantaram o cerco em que se encontrava o capitão-mor Constantino de Oliveira, carregaram sobre os tapuias, perseguiram-nos e destruíram uma das suas aldeias, abrindo caminho para o gado, de que os homens de Domingos Jorge Velho comboiaram 6 000 cabeças para a retaguarda. Em seguida, os paulistas pendenciaram com os janduins na margem da Lagoa do Apodi. Os índios haviam reunido milhares de combatentes e durante quatro dias e quatro noites sustentaram vigorosamente o combate, com armas de fogo e flechas ervadas. A pólvora do Terço se acabou, "de sorte que, se o inimigo faz cara inda duas horas, não tinham [os paulistas] mais remédio que largar-lhes o campo...". O inimigo, que sofrera pesadas baixas, desistiu da luta, mas os paulistas nem mesmo puderam perseguir os índios, por falta de munição. Dos seus homens, 43 haviam tombado durante a refrega e cerca de 70 estavam feridos, alguns mortalmente.

De todos estes encontros participou o emissário do governador, o soldado Luís da Silveira Pimentel.

Foi então que chegou a ordem do governador-geral do Brasil para que Domingos Jorge Velho voltasse aos Palmares, deixando a campanha contra os janduins entregue a outro paulista, o Mestre de Campo Matias Cardoso de Almeida.

Os paulistas do Terço puseram-se novamente em marcha para os Palmares, enfrentando mais uma vez a fome do sertão e a "ingratidão" dos paisanos, "que mais sentiam uma rês que os soldados, para se remediarem da fome, que não tem lei, lhes matavam, cujo valor não excede 15 ou 16 tostões, que os lotes inteiros, que o inimigo lhes roubava, e matava antes". Os homens do Terço fizeram a sua marcha de "coisa de" 160 léguas para o teatro da guerra beirando as "cabeceiras" dos povoados.

2

Os índios janduins – cerca de 13 a 14 000 almas, espalhados por 22 aldeias nas capitanias de Pernambuco, Itamaracá, Paraíba e Rio Grande do Norte – tomaram armas contra os brancos em 1686. Na ribeira do Açu e no Apodi, os janduins dispunham de 5 000 homens de arco, "destros nas armas de fogo".

A gravidade da situação começou a tornar-se evidente com a derrota dos primeiros contingentes de tropas enviados ao seu encontro. Em pouco tempo, a capitania do Rio Grande do Norte pedia socorro ao governador Souto-Maior, anunciando que os índios já haviam liquidado mais de cem moradores. O socorro seguiu pelo sertão, enquanto outras tropas, com base no litoral, protegiam a retirada do gado, incendiando aldeias de índios e passando a fio de espada os prisioneiros. Por sua vez, o governador-geral do Brasil, Matias da Cunha, começava a recrutar ordenanças, em Pernambuco e na Bahia, para atacar os índios.

Entretanto, em princípios de 1688, os janduins desceram o Ceará-Mirim e chegaram a 5 léguas de Natal, destruindo as casas fortes da região. A situação tornou-se desesperadora com a proximidade dos atacantes. Os moradores foram chamados às armas; chegou-se a pensar na retirada dos colonos; o capitão-mor do Rio Grande prometeu o perdão aos criminosos que se batessem contra o gentio, enquanto o governador-geral do Brasil baixava uma proclamação convidando foragidos da justiça, criminosos e degredados das capitanias da Bahia, do São Francisco (Penedo), de Sergipe, de Pernambuco, de Itamaracá e da Paraíba a se incorporarem às tropas do coronel Albuquerque Câmara.

Nesse mesmo ano o chefe Canindé caiu em poder das forças portuguesas, que, comandadas por Agostinho César de Andrade, derrotaram vários destacamentos de índios.

Ainda assim, em meados do ano seguinte, os portugueses tinham sofrido 200 baixas e os índios haviam destruído e arrasado plantações, casas-fortes, sítios e moradias e desviado 30 000 cabeças de gado e mil cavalos, num prejuízo total avaliado em 900 000 cruzados. Do Açu a Jaguaribe, e daí para o centro de Pernambuco, os índios sublevados controlavam a região.

A guerra se arrastou, sem grandes lances, até 1694, quando o chefe Canindé se decidiu pelo batismo cristão e jurou fidelidade aos portugueses, trazendo consigo os homens que comandava. Nesse mesmo ano o paulista Matias Cardoso de Almeida – que substituíra Domingos Jorge Velho no ataque aos índios pelo sertão – "largava" a campanha.

A paz devia chegar somente em 1697, com a direção da capitania nas mãos de Bernardo Vieira de Melo. O capitão-mor, que voltava da guerra dos Palmares, aldeou e pacificou os paiacus e os carateús no Apodi e os janduins no Açu, mas a instável paz que já se conseguira foi ameaçada em 1699 pelo Mestre de Campo Morais Navarro, paulista, governador da campanha contra os índios desde o São Francisco até o Ceará, que forneceu munição aos janduins contra os paiacus, a fim de açular novamente a guerra.

Ante os protestos da população, o rei, em carta a João de Lencastre (1700), mandou que o Ouvidor-Geral da Paraíba seguisse para o Açu – "e prenda ao Mestre de Campo do Terço dos paulistas Manuel Álvares de Morais Navarro e preso o remeta à cadeia de Pernambuco ou da Paraíba, onde entender que pode estar mais seguro do risco de fugir, e que tire logo devassa do lastimoso estrago que fez com a gente do seu Terço nos tapuias da nação paiacus, que estavam situados na ribeira de Jaguaripe...".

3

Por cerca de dez anos, a partir de 1686, Pernambuco esteve sob o domínio de terrível epidemia – o *mal de bicho*, uma espécie de febre amarela –, que se abateu sobre a capitania logo em seguida a um surto de varíola.

Nesse primeiro ano, o *mal de bicho* levou consigo cerca de 700 moradores, inclusive cidadãos eminentes do tempo – o conde do Prado, o padre Antônio Vieira, o governador-geral Matias da Cunha... A moléstia grassava com maior intensidade no inverno e admitia-se, em geral, que a causa dos *males* fossem os cadáveres enterrados na zona habitada do Recife e de Olinda.

Uma das primeiras medidas tomadas pelas autoridades foi a proibição, confirmada pelo rei, de se abrirem as sepulturas por um prazo de seis anos. Mais tarde, já sob o governo do Marquês de Montebelo, intensificaram-se as medidas sanitárias. O governador mandou proceder à limpeza das moradias, das ruas e das praias – "que tão pouco se observa nestas povoações do Recife..." –, de maneira a acabar com a imundície, perfumando as casas, duas vezes por dia, antes do anoitecer e depois do amanhecer, com ervas e drogas aromáticas, e borrifando-as com vinagre. Os moradores varreriam o trecho de rua fronteiro às suas casas, mas sem molhá-lo, e entulhariam, com terra ou areia, os charcos e alagadiços que houvesse. O lixo e os excrementos seriam atirados ao rio – e não nas praias, como era costume. Cada dia, cinco moradores de cada rua alternadamente fariam fogueiras às suas portas, queimando, com a lenha, ervas cheirosas, alcatrão, aroeira etc., durante quarenta noites consecutivas, logo depois das ave-marias, desde a rua das Cinco Pontas até o fim da rua do Pilar, sem exceção de quaisquer ruas, travessas ou becos.

O governador nomeou o capitão Manuel Pinto Superintendente de Saúde, aparelhou um Hospital para o tratamento dos doentes e determinou expressamente que "nenhum médico, cirurgião ou barbeiro poderia sangrar [doentes] fora do Hospital, sendo as doenças dos *males*...".

O capitão Manuel Pinto foi instruído no sentido de tomar a rol a gente do mar, exceto das embarcações costeiras, de maneira a conduzir para o Hospital marinheiros ou passageiros atacados dos *males*. Os comandantes de navio ficavam na obrigação de comunicar os casos de doença ao Superintendente, sob pena de 20$ de multa. Os pobres seriam tratados gratuitamente, os particulares à sua custa e os soldados, marinheiros e artilheiros da frota deixariam de vencer soldo desde que adoecessem, revertendo o dinheiro em benefício do Hospital.

Além de "caiar, esfregar e limpar" as casas, os moradores deviam – em presença do Superintendente de Saúde – desfazer-se das roupas, dos vasos, dos colchões utilizados pelos doentes, quer tivessem morrido, quer não, rasgando-as, quebrando-os e desfiando-os de tal maneira que não pudessem ser aproveitados por outras pessoas.

Os comerciantes não poderiam vender mantimentos estragados.

Logo em seguida, o capitão Manuel Pinto teve ordem de tomar a rol as meretrizes e mulheres "escandalosas" do Recife, para, no caso de se não emendarem, depois de publicado o bando do governador, serem degredadas para dez léguas "para fora da terra". Nenhuma escrava, crioula ou mulata forra poderia sair à rua, depois das ave-marias, a não ser as que levassem detritos para atirar ao rio, e isso mesmo somente até as 20 horas.

Para as infrações destes regulamentos havia penas pecuniárias, correcionais e corporais, que cresciam na razão da reincidência, revertendo o dinheiro apurado em benefício do Hospital, de cuja manutenção estava encarregado o tesoureiro Amaro Gonçalves Codorniz.

As vítimas do *mal de bicho* deviam ser inumadas nas Salinas. As sepulturas teriam pelo menos cinco palmos de altura e o governador mandava que "se tapasse, e socasse bem a terra sobre a cova". Durante três dias far-se-iam fogueiras em cima das sepulturas – sempre que possível à custa da família do morto – e em seguida cobrir-se-iam com ladrilhos os túmulos, "assim para serem conhecidos como para não se tornarem a abrir".

Com estas medidas de higiene o Marquês de Montebelo pôde ver passar o ano de 1693 sem um só caso de *mal de bicho* no Recife e, a 15 de novembro, chegava a Lisboa, com toda a frota, "sem se botar um só homem ao mar".

Em 1695, porém, os "achaques" voltaram a assolar a capitania – e o governador Caetano de Melo e Castro escreveu ao rei, pedindo uma prorrogação de seis anos para a proibição de abrir as sepulturas, como medida inicial para atacar a moléstia.

O governador consultou, antes, os médicos João Ferreira da Rosa e Domingos Pereira da Gama, formados pela Universidade de Coimbra e residentes no Recife. Estes dois homens de ciência condenaram a prática de abrir as sepulturas, e, "debaixo do juramento de seus graus", recomendaram a queima de fogueiras de pau-brasil sobre os túmulos, mesmo no interior das igrejas. Os médicos declaravam ter "nova causa a que podemos atribuir esta nova alteração, ou de que podemos temer que concorra para maior contágio, como é o espantoso eclipse do sol, que houve em 16 de dezembro de 1694, o qual principiou pelas duas horas da tarde, e durou até as quatro, em que se eclipsou todo, deixando-nos às escuras; e um matemático que hoje ilustra o Brasil, o padre Estanjer [aliás, Valentim Estancer, astrólogo], da Companhia de Jesus, tem feito prognóstico de muitas doenças malignas, a quem se deve dar nesta matéria assenso, pela experiência que dele temos, no prognóstico que fez do contágio que há tantos anos sentimos...".

Em 1694, o Dr. João Ferreira da Rosa publicara, em Lisboa, o seu *Tratado único da constituição pestilencial de Pernambuco, em que traz preservativos e remédios para o dito mal*.

O novo surto da moléstia, em 1695, foi, ao que parece, prontamente debelado, com a repetição das medidas tomadas pelo Marquês de Montebelo.

O governador Souto-Maior chamara os paulistas desde 1685, mas, com as epidemias, a gente de Domingos Jorge Velho soube, no sertão, que o governador fora vitimado pelo *mal de bicho* e somente nos começos de 1687, sabendo falsa a notícia, lhe mandaram representantes para tratar da guerra dos Palmares.

4

Os delegados dos paulistas – Frei André da Anunciação, religioso carmelita calçado, o sargento-mor Cristóvão de Mendonça (que mais tarde Domingos Jorge Velho "queria muito" apartar de si, já nos Palmares) e o capitão Belchior Dias Barbosa – se avistaram com o governador Souto-Maior, em Olinda, a 3 de março de 1687, convindo sobre as condições em que o comandante dos paulistas se dispunha a "conquistar, destruir, e extinguir totalmente os negros levantados dos Palmares".

Estas *Capitulações* são as seguintes:

1) O governador prometia dar dois quintais de pólvora e dois quintais de chumbo para a primeira *entrada*, entregues no

Rio de São Francisco (Penedo), à custa da Fazenda Real. Por sua vez, o "coronel" Domingos Jorge Velho não poderia pedir mais munições.

2) O governador prometia fornecer 600 alqueires de farinha "entre milho e feijão", em três partes iguais, de dois em dois meses, postos na vila de Alagoas, de onde o "coronel" os faria conduzir pelos seus índios.

3) O governador daria aos paulistas mais de mil cruzados de fazendas, inclusive armas de fogo e outros apetrechos de campanha.

4) O governador concedia aos paulistas os quintos das presas – que deviam tocar a Sua Majestade – para serem repartidos entre a gente de Domingos Jorge Velho.

5) Os negros capturados nos Palmares não poderiam ser utilizados na capitania e Domingos Jorge Velho obrigava-se a mandá-los para a praça do Recife, para que fossem vendidos para o Rio de Janeiro e Buenos Aires. Só poderiam ficar na capitania os negros de 7 a 12 anos, cuja venda reverteria em benefício do "coronel" dos paulistas.

6) O governador prometia aos paulistas sesmarias nas terras dos Palmares.

7) Domingos Jorge Velho obrigava-se a não consentir na fuga de escravos para os Palmares, devolvendo-os imediatamente aos seus senhores.

8) Domingos Jorge Velho mandaria "cativar e extinguir" qualquer mocambo de negros, onde quer que estivesse situado "nestes sertões".

9) O governador oferecia quatro hábitos das três Ordens para Domingos Jorge Velho e os oficiais do seu Terço, que o "coronel" nomeasse.

10) Nem o governador nem o "coronel" poderiam perdoar os negros.

11) O governador prometia dar as sesmarias que os paulistas pretendiam no rio dos Camarões e na Paraíba, "da maneira que as quiserem".
12) Por negro palmarino que voltasse ao domínio dos seus senhores, estes pagariam 8$ a Domingos Jorge Velho. Os senhores "satisfariam" os mesmos 8$ ao "coronel", por escravo aprisionado pelas suas forças nos Palmares. Os "filhos do mato" – os negros nascidos nos Palmares – pertenceriam ao comandante dos paulistas, "como se em guerra os cativara".
13) O governador dava poderes a Domingos Jorge Velho para prender todo morador da capitania que socorresse os negros, "sem embargo de ser pessoa de qualquer qualidade".
14) O governador e o Ouvidor-Geral perdoavam os crimes que os paulistas tivessem cometido.
15) Os voluntários para a campanha dos Palmares teriam de submeter-se às ordens do "coronel" dos paulistas e dos seus oficiais.
16) Os homens de Domingos Jorge Velho não dariam asilo a criminoso algum nos seus arraiais.

O "coronel" dos paulistas e os seus oficiais declaravam nada querer, se deixassem de executar qualquer ponto destas *Capitulações*.

O acordo com os paulistas foi ratificado, a 3 de dezembro de 1691, pelo Marquês de Montebelo, governador de Pernambuco, fazendo uma ressalva quanto aos itens 4 e 9, sobre os quintos reais e sobre os hábitos das Ordens militares, pois esses dois capítulos "não podem ter efeito sem expressa ordem de Sua Majestade, porquanto só ao dito senhor pertence conceder semelhantes mercês, pela qualidade delas".

5

Os oficiais da Câmara de Porto Calvo, em requerimento datado de 15 de julho de 1689, pediram a Sua Majestade que ordenasse a Antônio Pessoa Arcoverde, "governador do gentio doméstico", fizesse situar três aldeias de índios, de cem casais cada, nas "cabeceiras" de Serinhaém, Porto Calvo e Alagoas, como uma barreira contra os negros palmarinos, "que hoje tinham tanto poder, e ousadia, que junto àquela vila [Porto Calvo] faziam seus assaltos, estando cada um dos moradores fazendo atalaias de sua casa, com as armas nas mãos, defendendo as vidas, e ainda assim as perdem, e à fazenda...".

O rei consultou sobre a questão o governador de Pernambuco, o Marquês de Montebelo, que, depois de se avistar com religiosos de São Bento e da Companhia de Jesus, resolveu que seriam desnecessárias as aldeias, tanto por causa do descômodo a que seriam submetidos os índios, como porque "brevemente" partiria para o sertão dos Palmares o Mestre de Campo dos paulistas, com toda a sua gente, para reduzir o quilombo.

A carta do Marquês de Montebelo está datada de 20 de julho de 1690 – um ano depois da consulta dos oficiais da Câmara de Porto Calvo.

6

Chegados aos Palmares – mais ou menos em dezembro de 1692 –, os paulistas atiraram-se afoitamente à luta contra os negros palmarinos. A tarefa, como o confessaram depois, não foi tão fácil como supunham, por lhes faltar experiência, tanto do terreno, como da espécie de guerra que deviam enfrentar – "pela pouca experiência que... tinham das traças, astúcias e estratagemas desse inimigo, e nenhum conhecimento das disposições destes países, mui fragosos, e mal penetráveis...".

Zumbi, com os seus homens, ocupava uma "cerca" distante das fortificações principais do Macaco. Os paulistas contavam com o apoio de uma tropa de 60 homens, recrutada entre os moradores de Alagoas, que subira para os Palmares por ordem do governador, o Marquês de Montebelo. O Mestre de Campo assaltou a "cerca", mas sem resultado. A peleja deve ter sido renhida – os negros certamente se defenderam com bravura e obstinação –, pois os homens de Alagoas "desmaiaram" e uma segunda tropa, de moradores de Porto Calvo, também de 60 homens, arrepiou carreira, "do meio do caminho".

Os paulistas, desamparados, sem mantimentos, com o seu Terço "muito destroçado de fomes, e marchas", desceram para Porto Calvo, situando os seus currais nas imediações da cidade.

Os moradores não gostaram da vizinhança...

7

O Mestre de Campo dos paulistas fazia questão de frisar que as suas tropas não se constituíam "de gente matriculada nos livros de Sua Majestade, nem obrigada por soldo, nem por pão de munição".

Em carta datada do Oiteiro do Barriga, de 15 de julho de 1694 – já depois de liquidado o reduto do Macaco –, Domingos Jorge Velho chamava as suas tropas de "umas agregações" que faziam os sertanistas, com os seus "servos de armas", varando o sertão, não a cativar o tapuia, mas a engrossar as suas tropas com índios, com que combatiam outras tribos mais difíceis de se deixarem conquistar. Utilizavam esses índios, em seguida, na lavoura, com o que lhes prestavam "irremunerável serviço", ensinando-lhes a trabalhar a terra para o seu sustento: "Em vão trabalha quem os quer fazer anjos, antes de os fazer homens."

O Mestre de Campo declarava que a sua "milícia" era diferente do Exército regular, tal como era conhecido em todo o mundo, acrescentando que, sem os seus índios oroazes e cupinharões, a destruição dos Palmares teria sido impossível.

8

A prática revelava-se o reverso da teoria.

Um incidente desagradável – que resultou numa carta de censura do governador do Brasil João de Lencastre a Domingos Jorge Velho – teve lugar no riacho dos Cabaços, onde paulistas do Terço cativaram alguns índios, entre os quais a mulher do "capitão" Paxicu. O capitão-mor da região tentou induzir os paulistas a desistir do intento, pois esses índios estavam em paz com os brancos, mas os homens do Terço disseram que tinham ordem do rei para cativar todos os índios que não fossem batizados nem estivessem aldeados. O governador do Brasil pedia, na sua carta, que Domingos Jorge Velho lhe mandasse essa ordem do rei, em original, para que a visse, ou, no caso de não haver essa ordem, chamasse de volta os seus homens e restituísse a mulher ao "capitão" Paxicu, baixando instruções aos seus homens para que não inquietassem os carinaiós, os jacós, os paraquiós e os paxicus:

"E isto execute Vossa Mercê logo, porque, se não há ordem expressa de Sua Majestade, a guerra que Sua Majestade manda fazer a Vossa Mercê é aos negros dos Palmares e não aos bárbaros amigos dos brancos, que em sua [própria] defesa se opõem aos que lhes vêm fazer hostilidades."

Outro incidente – desta vez afogado em sangue – verificou-se em 1691, quando os homens de Domingos Jorge Velho cercaram 200 índios, que, depois de se renderem, se negaram a acompanhar o Mestre de Campo aos Palmares e tomaram armas contra os paulistas: todos os rebeldes foram "postos ao cutelo". Desta operação – uma demonstração de força de extrema brutalidade – participou o alferes João de Montes.

Eram assim os homens de Domingos Jorge Velho. "Piores que os mesmos negros dos Palmares…"

9

O Mestre de Campo dos paulistas era um típico bandeirante – rude, enérgico, dado aos prazeres da cama e da mesa, animado pela cobiça e pela rapacidade, cruel na guerra, impiedoso na paz.

O bispo de Pernambuco, que visitou os paulistas nos Palmares, escrevia ao rei, em 1697:

"Este homem é um dos maiores selvagens com que tenho topado: quando se avistou comigo trouxe consigo *língua*, porque nem falar sabe, nem se diferencia do mais bárbaro tapuia mais que em dizer que é cristão, e não obstante o haver-se casado de pouco, lhe assistem sete índias concubinas, e daqui se pode inferir como procede no mais; tendo sido a sua vida, desde que teve uso de razão – se é que a teve, porque, se assim foi, de sorte a perdeu que entendo a não achará com facilidade –, até o presente, andar metido pelos matos à caça de índios, e de índias, estas para o exercício das suas torpezas, e aqueles para os granjeios dos seus interesses."

O Mestre de Campo tinha, no seu arraial, "um clérigo de vida desmanchada – e esta devia ser a total razão da escolha que dele fez" – completamente ignorante em assuntos teológicos. O bispo de Pernambuco declarava que os paulistas não queriam sujeitar-se às suas ordens em matéria religiosa, exigindo que o seu sacerdote estivesse isento da jurisdição dos vigários.

O rei instruiu o governador Fernando Martins Mascarenhas de Lencastre no sentido de chamar à sua presença o Mestre de Campo e fazer com que o bispo de Pernambuco "procure com as suas doutrinas reduzi-lo à razão, e apartá-lo da cegueira a que está entregue", ao mesmo tempo que, secretamente, tomaria informações sobre o procedimento de Domingos Jorge Velho e da sua gente, nos Palmares, para decisão ulterior.

10

Os moradores não desejavam essa gente tão por perto.

Ainda em 1699 o Conselho Ultramarino interpretava o sentimento geral, opondo-se à mudança do Mestre de Campo para mais perto das povoações existentes, "porque, da barbaridade, assim dos costumes, e vícios, deste Mestre de Campo, se possam seguir não só grandes escândalos, mas que também Deus se ofenda deles, de maneira que nos prive dos bons sucessos que se podem prometer das nossas armas em oposição destes contrários, não permitindo que com um tão mau instrumento se logrem os nossos triunfos...". Na ocasião, os paulistas já haviam destroçado o grande reduto do Macaco (1694), liquidado o Zumbi e o seu Estado-Maior (1695) e terminado as operações de limpeza nos demais mocambos.

O governador Caetano de Melo e Castro, em 1694, dando conta ao rei da liquidação da praça-forte do Barriga, referia-se aos paulistas como "gente bárbara, indômita, e que vive do que rouba", e anunciava ter recebido "algumas queixas" dos moradores contra os roubos que faziam os tapuias do Terço de Domingos Jorge Velho. O governador dizia, claramente: "Não julgo será útil ao Real Serviço de Vossa Majestade que aquela gente fique fazendo sua morada nos Palmares, porque experimentarão as capitanias vizinhas maior dano em seus gados e fazendas que aquele que lhes faziam os mesmos negros levantados..."

O Conselho Ultramarino, no ano seguinte, concordava com esta opinião, dizendo que, se os paulistas tivessem "habitação certa" na região, "poderão ser, pela condição dos seus naturais, e costumes, e procedimento inquieto, piores que os mesmos negros dos Palmares, e muito mais para se temerem as suas hostilidades".

Somente uma vez os moradores mostraram-se amáveis com os paulistas. Foi quando o governador Caetano de Melo e Castro, para resolver discórdias surgidas no arraial, dividiu os paulistas, deixando o Mestre de Campo no ponto em que se encontrava, em companhia de cinco capitães por ele escolhidos, e situando o sargento-mor Cristóvão de Mendonça, com os demais capitães, nas "cabeceiras" de Porto Calvo. O governador, em carta de 1697, escrevia ao rei: "Os moradores de Porto Calvo reconhecem tantas conveniências nesta vizinhança dos paulistas que me consta se... obrigaram a provê-los de todo mantimento que necessitassem, enquanto suas roças lhes não dessem o sustento de que careciam."

O Mestre de Campo não estava entre esses paulistas.

11

Era unânime, entretanto, o elogio aos paulistas quanto às suas qualidades de combatentes, no sertão brasileiro.

Bento Surrel Camilo, procurador do Mestre de Campo no Reino, não deixava de explorar esse ponto, nos seus requerimentos a Sua Majestade, referindo-se aos paulistas como "gente mais experiente e versada nessa espécie de guerra irregular, em a qual os cabos mais peritos na disciplina regular não enxergam nada, e só acham nela o desdouro de suas mais luzidas e heroicas façanhas, já antes adquiridas".

Também o Procurador da Fazenda Real acreditava na eficiência dos paulistas:

"Por várias vezes tenho dito que os paulistas são a melhor, ou a única defesa, que têm os povos do Brasil contra os inimigos do sertão; pois só eles são costumados a penetrá-lo, passando fomes, sedes, e muitos outros contrastes, a todas as outras pessoas totalmente insuportáveis; assim o acaba de mostrar a experiência na guerra dos Palmares, que se vai concluindo com o seu valor, e experiência, não bastando por tão largo tempo as incríveis despesas que pela Fazenda Real, e dos moradores, se têm feito e multiplicadas expedições, empreendidas contra os negros rebeldes, para os sujeitar; e por esta causa se fazem [os paulistas] dignos de toda honra, e mercê..."

12

Os moradores de Porto Calvo reclamaram, pois, contra a proximidade dos paulistas – o pretexto era o gado de Domingos Jorge Velho – e levaram, ou mandaram o Mestre de Campo e a sua gente para a praia deserta do riacho Parataji, "sem nunca os socorrerem de algum mantimento, nem pelo seu dinheiro".

A hostilidade dos moradores refletia-se numa série de pequenos incidentes. Por exemplo, um dos homens do Mestre de Campo, que pescava para o Terço, foi preso e multado em 6$, "por isso mesmo", pelos oficiais da Câmara.

Na praia deserta os paulistas ficaram empatados dez meses – provavelmente de janeiro a novembro de 1693 – até que, com a chegada de munição de guerra, "e nenhuma de boca", o Terço novamente demandou os Palmares, ao encontro dos negros.

A gente de Domingos Jorge Velho estava reduzida a 600 índios e 45 brancos.

13

Os quilombolas haviam abandonado a "cerca" onde, no embate anterior, os paulistas encontraram a derrota.

A gente de Domingos Jorge Velho notou, com estupefação, que o inimigo "se tinha fortificado com uma triplicada cerca no cume da... Serra [do Barriga], lugar forte por natureza, e com água perene dentro, cerca muito forte, de 2 470 braças craveiras, com torneiras a dois fogos a cada braça, com flancos, redutos, redentes, faces, e guaritas, coisas antes não usadas deles; e os exteriores tão cheios de estrepes ocultos, e de fojos cheios deles, de todas as medidas, uns de pés, outros de virilhas, outros de garganta, que era absolutamente impossível chegar alguém à dita cerca todo ao redor, em tanta distância quanto pode ser aquela desse Palácio de Vossa Majestade à

Ribeira; e por o lugar ser muito escarpado, mal aparecia um soldado na extrema da estreparia para especular, e tirar algum estrepe, que era pescado da cerca; nem lhes era possível fazerem aproches, que a espessura e ligame da raizama do mato era tanta que não dera lugar a cavar, dado que houvesse com quê...".

Esta "cerca" do Zumbi se devia – pelo que contava o governador Caetano de Melo e Castro – a um mouro que fugira para os Palmares. O governador, entretanto, atenuava o exagero de Domingos Jorge Velho, chamando de "regular fortificação" o reduto do Zumbi, que, "ainda que era de madeira, estava mui forte, com vários fojos e quantidade de agudos paus semeados a que os naturais chamam *estrepes*, ficando deste modo quase inexpugnáveis...".

A razão certamente estava com os paulistas, pois, já durante a *entrada* de Manuel Lopes (1675), o Macaco estava "fortificado com uma cerca de pau a pique, com torneiras abertas para ofender a seu salvo os combatentes; e pela parte de fora toda se semea de *estrepes* de ferro, e de fojos tão cavilosos, que perigara neles a maior vigilância". A capital do quilombo era, já naquela ocasião, um aglomerado de mais de 1 500 casas.

Era impossível, aos homens de Domingos Jorge Velho, pouco numerosos, mal equipados, alimentados com raízes de croatá, assaltar a praça-forte do Zumbi.

O Mestre de Campo teve de fazer um pedido urgente de reforços ao governador. Dessa embaixada participou o soldado Bartolomeu Simões da Fonseca, que pouco antes trouxera consigo, do Recife para os Palmares, 13 homens presos, que agregara à sua companhia, equipando-os e sustentando-os durante 80 léguas de caminho.

14

Entre o Natal de 1693 e 12 de janeiro de 1694, foram chegando tropas de socorro para o Terço dos paulistas.

Comandava as tropas auxiliares de moradores, recrutadas nas povoações alagoanas vizinhas dos Palmares, o sargento-mor Sebastião Dias.

O socorro esperado do Recife chegou a 15 de janeiro – 108 soldados de infantaria paga, fora as ordenanças, sob o comando do capitão Antônio Pinto Pereira, do Terço do Mestre de Campo Zenóbio Accioly de Vasconcelos.

Pelas declarações do soldado Plácido de Azevedo Falcão, as tropas seguiram por mar até Jaraguá, onde desembarcaram, seguindo então para a vila de Alagoas e dali para o arraial dos paulistas. Este soldado seguiu como cabo de 15 homens nessa marcha, conduzindo mantimentos.

Também faziam parte da tropa de Pinto Pereira os soldados Estácio dos Santos e Carlos Ferreira, este último um veterano das guerras nos Palmares, onde esteve pela primeira vez em companhia de Fernão Carrilho, em 1683.

No dia seguinte à chegada do destacamento de infantaria paga, o Mestre de Campo dos paulistas iniciava o sítio à "cerca" do Zumbi.

15

Pela primeira vez em toda a campanha dos Palmares, os homens de Domingos Jorge Velho viram-se na contingência de empregar artilharia para dominar as fortificações do Macaco.

O sargento Estácio dos Santos, do Terço do Mestre de Campo Zenóbio Accioly de Vasconcelos, durante o cerco à praça-forte do Zumbi foi mandado a Alagoas buscar palanquetas para uma peça de campanha, "o que fez dentro em dois dias", trabalhando depois com a peça e carregando fachina.

O alferes Gabriel de Góis, que participara da guerra do Açu nas forças do Mestre de Campo Matias Cardoso de Almeida, também conduziu uma peça de artilharia, "sem embargo do risco que corria", de Alagoas para os Palmares.

16

As fortificações do Zumbi – "de circunvalação desmedida" – ocupavam uma área de cerca de uma légua em redondo – 2 470 braças craveiras ou 5 434 metros – e os paulistas não sabiam que fazer para sitiá-las.

Foi então que o capitão-mor Bernardo Vieira de Melo, que comandava a tropa pernambucana, postada do outro lado das forças de Domingos Jorge Velho, "por indústria sua" construiu, com os seus escravos e soldados, uma cerca de 270 braças (594 metros) de pau a pique, acompanhando a dos negros. Os outros comandantes – por ordem do Mestre de Campo – foram fazendo o mesmo nas "testadas" que defendiam, envolvendo, por fim, numa contracerca de enormes dimensões, o reduto palmarino.

O Mestre de Campo ordenou o assalto geral no dia 23 de janeiro, mas sem resultado. Os seus homens não puderam romper as defesas palmarinas, nem chegar, sequer, à "cerca" do Zumbi, em vista dos inúmeros fojos e estrepes com que estava guarnecida. Outro assalto geral foi desfechado no dia 29. O capitão Bernardo Vieira de Melo carregou com vigor, aproximando-se tanto da "cerca" que os quilombolas "estreparam" cinco dos seus homens e mataram um, forçando-o a recuar para o seu posto. Entrementes, o sargento-mor Sebastião Dias, comandante da tropa alagoana, pediu socorro ao Mestre de Campo por estar com a sua gente "encostada" às fortificações inimigas, "com muitos feridos e alguns mortos", sem poder retirar-se. Bernardo Vieira de Melo mandou toda a sua gente socorrer o sargento-mor, ficando só, com as suas sentinelas, na guarda e na defesa do seu posto. Dois dos homens da tropa de socorro pernambucana ficaram feridos na operação. Do auxílio ao sargento-mor participou, com a sua companhia, o capitão Antônio Pinto Pereira, que comandava o destacamento de infantaria paga mandado do Recife.

Ainda assim, a luta parecia indecisa. Paulistas, alagoanos e pernambucanos não podiam aproximar-se da "cerca" do Zumbi sem perigo de vida... O Mestre de Campo "excogitou", então, construir nova cerca, "obliquamente, desde seu quartel a uma ponta daquela do inimigo, a qual não era defendida de posto nenhum, fiada com que se terminava em um precipício inacessível". Esta nova cerca protegia os "sacadores de estrepes" e preparava o caminho para o assalto à fortificação.

Na sexta-feira, 5 de fevereiro de 1694, o Zumbi passou em revista as defesas da praça e, ao chegar a esse ângulo, notou que faltava somente "coisa de" duas braças (4,40 metros) para que a cerca oblíqua encontrasse com a sua. (Os homens de Domingos Jorge Velho só podiam trabalhar durante a noite e a manhã os surpreendera sem acabar a tarefa.) O chefe negro repreendeu severamente a guarda local e deu um "catanásio" no comandante do posto, dizendo-lhe, de acordo com a narrativa do Mestre de Campo:

– "E tu deixaste fazer essa cerca aos brancos? Amanhã seremos *entrados*, e mortos, e nossas mulheres e filhos cativos!"

(O governador Caetano de Melo e Castro contava que os negros já estavam sem munição e que uma das suas sentinelas fora presa pelos sitiantes – o que os decidira a romper o cerco, a todo custo, temendo que a sentinela confessasse a falta de pólvora no Macaco.)

Estudando com mais calma a situação, o Zumbi notou que, no setor oposto à cerca oblíqua, havia uma brecha de 7 ou 8 braças na contracerca, na parte defendida pelos homens de Bernardo Vieira de Melo – o trecho que faltava para fechar o bloqueio e chegar à borda do precipício.

E, "no quarto da modorra da noite" de 5 para 6, o Zumbi "furou arrebatada, e tumultuosamente, com toda sua gente, e bagagem, que seguir o pôde por ali".

Eram duas horas da manhã. Parece que a operação se fez dentro do maior silêncio, porque as sentinelas do posto só pressentiram os negros "já no fim da sua retaguarda". Entre os últimos a abandonar o reduto do Macaco estava o próprio Zumbi, que na ocasião levou duas pelouradas das sentinelas. Os homens de Bernardo Vieira de

Melo despejaram "uma carga de espingardaria" sobre os negros em fuga. Fazia escuro, os combates travavam-se à beira do precipício, e cerca de 200 negros rolaram no abismo e outros tantos foram liquidados durante a refrega...

A tropa, despertada, saiu no encalço dos quilombolas.

17

O número de feridos era tão elevado que – pelo que contava Caetano de Melo e Castro – "o sangue que iam derramando serviu de guia às tropas...".

Os negros haviam rompido o cerco, "abalroando por duas partes", no setor defendido pelos homens de Bernardo Vieira de Melo. O capitão-mor os rechaçou, carregando com tal ímpeto que muitos quilombolas rolaram pelo despenhadeiro e outros, na confusão da batalha, se deixaram matar. Os homens do Zumbi contra-atacaram e feriram três homens da tropa pernambucana, dois a bala e um de flecha, mas o pensamento geral era a fuga. Os pernambucanos caíram sobre os negros, "sacudindo-os" com as suas cargas, matando, ferindo e aprisionando os que puderam. Dois pernambucanos se "estreparam" durante a perseguição.

Bernardo Vieira de Melo, que desde as duas horas da manhã se encontrava com os seus homens nos calcanhares dos palmarinos, voltou às fortificações do Macaco para buscar o Mestre de Campo dos paulistas, "para que desse pessoalmente calor" às operações. Ao pôr do sol, o capitão-mor regressava trazendo consigo 58 negros, que mandou entregar a Domingos Jorge Velho. No dia seguinte, um destacamento pernambucano foi mandado pelo capitão-mor correr as brenhas à busca de negros fugidos do Macaco. Estes homens vararam o mato durante dois dias, degolaram muitos negros e trouxeram prisioneiras duas negras, "que por mulheres lhes perdoaram a vida".

No dia 9, o Mestre de Campo fazia entrega de 85 peças, inclusive "negros facinorosos", ao comandante pernambucano.

Os defensores do Macaco deviam ser mais ou menos mil, pois cerca de 200 despenharam-se no abismo, outros tantos foram mortos pelos pernambucanos e as tropas, em conjunto, fizeram 519 prisioneiros que enviaram a Pernambuco para se quintarem pela Fazenda Real.

Ao raiar o dia 6 de fevereiro de 1694, paulistas, alagoanos e pernambucanos penetraram as fortificações do Zumbi, capturando a bagagem dos quilombolas e a população não combatente – mulheres e crianças – do Macaco.

A capital dos Palmares suportara um sítio de 22 dias.

18

Entre os homens que sitiaram a "cerca" do Zumbi contavam-se Luís da Silveira Pimentel, emissário do governador Souto-Maior aos paulistas, combatente das guerras do Açu e dos Palmares; o soldado Carlos Ferreira, veterano das guerras nos Palmares desde a terceira *entrada* de Fernão Carrilho (1683); o alferes e capitão de infantaria Bartolomeu Simões da Fonseca, que participou da expedição de descoberta das minas de salitre do São Francisco; o sargento Estácio dos Santos, do Terço do Mestre de Campo Zenóbio Accioly de Vasconcelos; o alferes João de Montes, das guerras do Açu e dos Palmares, nomeado em 1699 capitão de infantaria do Terço dos paulistas; o paulista Gabriel de Góis, do Terço do Mestre de Campo Matias Cardoso de Almeida, e o soldado Plácido de Azevedo Falcão, que vinham da guerra do Açu, e, provavelmente, Sebastião Pimentel, sargento-mor do Terço dos paulistas desde 1688, por patente do governador-geral do Brasil Matias da Cunha, mais tarde nomeado capitão-mor do Rio Grande do Norte.

19

O triunfo das armas coligadas contra os Palmares foi festejado em todas as capitanias vizinhas ao quilombo e no Recife com seis dias de luminárias e outras "muitas" manifestações de alegria, "sem que nada disto se lhes ordenasse".

O governador Caetano de Melo e Castro exprimia a opinião geral, dizendo que o bom sucesso de paulistas, alagoanos e pernambucanos contra a praça-forte do Zumbi "se não avalia por menos que a expulsão dos holandeses".

Os negros haviam defendido a sua "rochela" durante cinquenta anos.

20

Em carta para o rei, ainda em 1694, Caetano de Melo e Castro, que pouco antes do assalto ao Macaco visitara pessoalmente a frente de batalha, achava que Sua Majestade não devia dar terras aos paulistas nos Palmares, considerando prêmio suficiente para o Mestre de Campo um Hábito de Cristo com "alguma tença". Entre os seus motivos, o governador notava que os paulistas haviam combinado fazer a guerra à sua custa, mas na realidade todas as despesas tinham sido feitas pela Fazenda Real e pelos moradores, e que, embora os paulistas contassem "setecentas e tantas almas", somente 300 se acharam "capazes de armas" – um número tão reduzido de gente que lhes não seria possível conseguir coisa alguma contra o Zumbi.

Os paulistas eram apenas um quarto das forças atacantes, pois as tropas empenhadas na liquidação do reduto do Macaco contavam-se por cerca de três mil homens.

21

O comandante pernambucano, representante da nobreza rural, era dotado de virtudes de desinteresse pessoal, de rijeza de caráter, de lealdade, de urbanidade para com os desprotegidos.

Capitão de infantaria, capitão e tenente-coronel de cavalaria, capitão-mor da vila de Igaraçu e do Rio Grande do Norte, posto a que foi "reconduzido" por Sua Majestade a pedido dos moradores, vereador da Câmara de Olinda, em 1709 nomeado por patente real sargento-mor do Terço dos Palmares, Bernardo Vieira de Melo tinha uma vida agitada, de político e de combatente. Quando Fernão Carrilho se preparava para atacar os Palmares, o capitão-mor abriu os seus currais às suas tropas. Concorreu com uma boa quantia para a campanha dos Palmares, atendendo ao apelo do governador Souto-Maior, por não poder com as despesas a Fazenda Real. Em 1689, seguiu para o Limite do Sapato e de São João, para entregar terras e gado aos padres da Congregação do Oratório. Socorreu a povoação de Ararobá, no interior da capitania, atacada pelos índios, que derrotou. Contribuiu para a campanha do Açu com 80$ e pôs o seu gado à disposição da infantaria. Durante o assalto final ao reduto do Zumbi, sustentou à sua custa os seus soldados e a infantaria paga vinda do Recife, sob o comando do capitão Pinto Pereira. Governando o Rio Grande do Norte, em combinação com os "principais" da capitania mandou construir um presídio no Açu, para a defesa do gado, e ajustou a paz com os canindés e as demais tribos levantadas.

Em 1710, durante a explosão nativista contra os *mascates* do Recife, Bernardo Vieira de Melo tomou armas contra os portugueses, batendo-se valentemente na Barrela, em Sibiró, nos Afogados, em Ipojuca. Na Câmara de Olinda, propôs a instauração, no Brasil, de uma República patrícia, nos moldes da de Veneza. Destroçado o movimento, Bernardo Vieira de Melo refugiou-se em companhia do filho, o alferes André Vieira, no reduto palmarino que ajudara a esmagar. Mais tarde entregou-se, preso, ao capitão-mor de Porto

Calvo, que o enviou ao Recife, e dali o mandaram para Lisboa, onde morreu no cárcere.

Na carta-patente de sargento-mor do Terço dos Palmares, Sua Majestade reconhecia, em Bernardo Vieira de Melo, um vassalo "muito reto na justiça, limpo de mãos e desinteressado", fazendo-se um simples eco da opinião geral.

22

Em seguida à destruição do reduto do Barriga, os homens de Domingos Jorge Velho espalharam-se pelo mato, visando à liquidação dos poucos mocambos que restavam.

Tudo indica que não houve grandes dificuldades a vencer nessas operações de limpeza.

O soldado Luís da Silveira Pimentel, capitão do Terço dos paulistas, tomou parte no ataque aos mocambos de Una e do Engana--Colomim. O soldado Bartolomeu Simões da Fonseca – genro de Bento Surrel Camilo, procurador dos paulistas no Reino, a quem acompanhou no "primeiro descobrimento" das minas de salitre do São Francisco – seguiu dos Palmares para o Recife, com o capitão Miguel de Godoy, escoltando 80 prisioneiros dos mocambos de Pedro Capacaça e do Guiloange. Os alferes Gabriel de Góis, paulista, e João de Montes participaram do assalto contra o mocambo das Catingas, em que se aprisionaram 45 peças, e de outros encontros menores, capturando, respectivamente, 18 e 23 negros.

Ainda em 1697 o governador Caetano de Melo e Castro comunicava ao rei terem chegado à praça do Recife, por mar, "cento e tantos escravos", dos quais mandara 80 para o Rio de Janeiro. Os demais eram menores e, de acordo com as ordens reais, não podiam ser extraditados.

É provável que, na praça-forte do Zumbi, estivesse o grosso dos combatentes palmarinos e que, como o indica o reduzido número de presas, nos demais mocambos houvesse apenas guarnições reduzidas, talvez mesmo casais de negros entregues às atividades pacíficas da agricultura.

23

Os moradores do Rio de São Francisco (Penedo) conseguiram prender um dos auxiliares imediatos do Zumbi – "um mulato de seu maior valimento", como dizia o governador Caetano de Melo e Castro.

O prisioneiro estava a caminho do Recife, sob escolta, quando o grupo deu com uma tropa, "que acertou ser de paulistas", comandada pelo capitão André Furtado de Mendonça. Provavelmente os paulistas torturaram o mulato, pois este, "temendo... que fosse punido por seus graves crimes", prometeu que, se lhe garantissem a vida em nome do governador, se obrigava a entregar o "traidor" Zumbi. A oferta foi aceita – e o mulato cumpriu a palavra, guiando a tropa ao mocambo do chefe negro.

O chefe dos Palmares já se tinha desembaraçado da família e se encontrava apenas com 20 negros. Destes, distribuiu 14 pelos postos de emboscada e, com os seis que lhe restavam, correu a esconder-se num sumidouro "que artificiosamente havia fabricado". A passagem, porém, estava tomada pelos paulistas. O Zumbi "pelejou valorosa ou desesperadamente, matando um homem, ferindo alguns, e não querendo render-se, nem os companheiros, foi preciso matá-los...".

Somente um dos homens do Zumbi foi apanhado vivo.

Domingos Jorge Velho, mais tarde, em requerimento a Sua Majestade, dizia, expressamente, que o Zumbi fora liquidado por "uma partida de gente" do seu Terço, que topara com o chefe negro a 20 de novembro de 1695.

A carta do governador, em que contava detalhadamente o episódio, está datada de 14 de março de 1696, mas Caetano de Melo e Castro conhecia a notícia muito antes, pois já recebera dos Palmares a cabeça do Zumbi e a mandara espetar num poste, "no lugar mais público desta praça" (o Recife), para satisfação dos ofendidos e para atemorizar os negros, que consideravam "imortal" o chefe palmarino. O atraso certamente decorreu das dificuldades de navegação: o governador viu-se forçado a mandar a sua carta por um patacho que seguia para a ilha da Madeira, na esperança de que ali houvesse navio que "com maior brevidade" chegasse a Lisboa, pois não queria "dilatar" a nova a Sua Majestade.

A morte do Zumbi teve lugar, como o indicam esses documentos, a 20 de novembro de 1695 – quase dois anos depois de destroçado o reduto do Macaco.

24

A morte do Zumbi passou a ser o acontecimento mais importante da carreira militar de André Furtado de Mendonça.

O paulista, em 1697, tratou de obter "satisfação" dos seus serviços no Reino, embora não tivesse o tempo necessário (12 anos) para fazê-lo, argumentando que estava isento dessa obrigação pelo fato de ser capitão por patente real e já ter exercido o cargo de sargento-mor do Terço dos Palmares e porque "os serviços que tinha obrado eram tão particulares que mereciam toda a atenção". Um desses serviços era a "valorosa ação" de matar o chefe palmarino. O Conselho Ultramarino deu parecer favorável a André Furtado de Mendonça, que o rei confirmou.

Nesse mesmo ano, o paulista pediu uma ajuda de custas, "por ser muito pobre" e não ter com que voltar ao seu Terço, e novamente o Conselho Ultramarino votou a seu favor, considerando que "concorre na sua pessoa dever-se-lhe a maior parte da conclusão da guerra dos Palmares, por ser ele o que cortou a cabeça ao negro Zumbi...". Foi-lhe dada, por despacho real, uma ajuda de custas de 50$.

Era o prêmio da sua "valorosa ação" nos Palmares.

25

Já depois de liquidado o quilombo, a 18 de agosto de 1696, o Mestre de Campo dos paulistas, em carta para o governador do Brasil João de Lencastre, pedia ainda munições, das que se tinham remetido para a vila de Alagoas.

A carta de resposta era terminante:

"Creio que Vossa Mercê as não pediu ao governador de Pernambuco Caetano de Melo e Castro, porque entendo que, se ele as não mandou a Vossa Mercê, deve ter alguma ordem expressa de Sua Majestade para o não fazer, correndo tanto pela sua obrigação essa conquista dos Palmares. Vossa Mercê lhe escreva, e lhas peça..."

26

"Por evitar a ruína que de suas discórdias se receava", o governador Caetano de Melo e Castro teve de separar os paulistas em dois arraiais, em 1697.

O Terço dos paulistas se desagregara – uns estavam com o Mestre de Campo, outros com o sargento-mor Cristóvão de Mendonça –, e era de esperar que os dois grupos um dia se chocassem, com prejuízo para as capitanias vizinhas.

O governador deixou Domingos Jorge Velho, com cinco capitães por ele escolhidos, "no mesmo lugar em que estava", o arraial da Senhora das Brotas, e situou os demais, com o sargento-mor – que o comandante dos paulistas "desejava muito apartar de si" –, nas imediações de Porto Calvo, no arraial de São Caetano, onde se pretendia situar uma aldeia de índios.

No apaziguamento destas "discórdias" teve papel saliente a intervenção de Bernardo Vieira de Melo, comandante do destacamento pernambucano.

27

Tudo parecia em calma, afinal.

O governador Caetano de Melo e Castro escrevia ao rei, em 1697, que "não chegam a 30 os [negros] que se ocultam naqueles matos; e nem este limitado número se conservará muito tempo...".

O Mestre de Campo, entretanto, não concordava com essa opinião – talvez porque estivesse tratando de obter as compensações que lhe eram devidas pela campanha dos Palmares, que o governo real, com sofismas e escusas, ia protelando indefinidamente, com evidente má vontade contra a gente bandeirante. Domingos Jorge Velho respondia ao otimismo do governador dizendo que, a não ser que se tratasse dos cabeças, "os tais negros... sempre serão 30 vezes 30, pelo menos...".

Era mais do que um exagero.

O Quilombo dos Palmares estava totalmente esmagado.

CAPÍTULO VI | Uma questão de terras

1

Liquidado o reduto do Barriga, os homens de Domingos Jorge Velho, "vendo o pouco que lhes rendia esta guerra, que nem para se sustentarem lhes dava", dispersaram-se em busca de novas conquistas. Dos 84 brancos que haviam descido para os Palmares, restavam 60 em 1694 e, mais ou menos no ano seguinte, somente 43, sem contar os índios e "servos de armas" que os paulistas perderam nas campanhas do Açu e dos Palmares. O Mestre de Campo tratou, portanto, de obter as recompensas prometidas, em nome de Sua Majestade, pelo governador Souto-Maior, declarando que, sem isso, se veria "obrigado a imitar o Mestre de Campo Matias Cardoso de Almeida, e largar a campanha como ele fez [no Açu], mas com aquela diferença que ele a largou antes de se perder, e arruinar, e eu a largarei depois de perdido, e arruinado de remate... E no estado a que estou reduzido já o tivera feito...".

Os paulistas jogavam com o receio geral de que o quilombo pudesse renascer das suas cinzas.

Um parecer anônimo – certamente posterior a 1694 – lembrava a conveniência de se manter "um pé de Exército" nos Palmares, com o levantamento de dois arraiais, um na Serra do Barriga, outro no Gongoro, "principais sítios onde [os negros] colhem os seus mantimentos silvestres, que constam de cocos, palmitos e mel", acrescentando que, depois de totalmente aniquilado o quilombo, os paulistas, "que não costumam estar ociosos", podiam incursionar pelos Campos de Garanhuns para domesticar e trazer à fé cristã os índios de cabelo corredio que ali habitavam.

Temia-se a volta da situação anterior às *entradas* de Fernão Carrilho, quando Ipojuca, Serinhaém, Alagoas, Una, Porto Calvo e São Miguel, povoações que forneciam às vilas e freguesias à beira-mar farinha, cabeças de gado, açúcar, fumo, legumes, peixe, madeiras e azeites, estavam diretamente ameaçadas pelas incursões dos negros.

Contra esta sombria perspectiva o Mestre de Campo acenava com a criação, pelo seu Terço, de "um muro contra o gentio brabo de cima e o negro fugido de baixo, mais forte, e permanente, que aquele tão afamado de entre a Tartária e a China, o qual, apesar da sua fortaleza, está sujeito à ruína das inclemências do tempo, e este, pelo contrário, o mesmo tempo o acrescentará, e o fará cada dia mais forte, e permanente". O procurador dos paulistas, Bento Surrel Camilo, explorava esse ponto, declarando que o sossego de que se beneficiavam os moradores vizinhos não poderia continuar, se os paulistas se vissem forçados a "largar esta fronteira" – coisa que "infalivelmente" fariam, se Sua Majestade não usasse da benignidade a que estava obrigado para com os vassalos que bem serviam a Coroa.

O rei decidiu-se pela Muralha da China, com a criação, mais ou menos em 1695, do Terço dos Palmares.

Os paulistas iniciavam uma nova guerra – a das palavras.

2

As presas feitas nos Palmares – pelo que rezavam as *Capitulações* – pertenciam aos paulistas. Em 1693, porém, o Conselho Ultramarino fez uma ressalva importante, determinando que essa condição se entendesse "somente nos que eram cativos antes de fugir para os Palmares, e não nos que eram livres antes de ir para esta parte, e bem assim nos que descenderem destes", e Sua Majestade, em 1695, deferindo um requerimento dos paulistas, excetuou os negros cativos "a que se achar senhor", que deviam ser devolvidos aos seus donos, contra 8$ "de achado".

Com a destruição do reduto do Macaco, os paulistas entregaram às forças auxiliares 519 negros "de todos os sexos e idades" para que os conduzissem ao Recife, a fim de serem quintados pela Fazenda Real. Entretanto, apenas 374 peças chegaram ao destino, desencaminhando-se o resto. Passava de 10 000 cruzados o dinheiro apurado com a venda desses negros, mas os paulistas receberam somente 560$ em dinheiro e 440$ em fazendas, "por preços assaz crescidos". O Mestre de Campo dizia que o dinheiro mal chegou para pagar os mantimentos comprados durante a permanência do Terço no Parataji e que as fazendas só deram para uma camisa e calções para os seus homens: "E com isto a glória, e o proveito foram para outros, e os trabalhos, as misérias, e as perdas foram para [os paulistas], os quais, se nus, mortos a fome, e perdidos estavam na guerra, famintos, e nus, e perdidos ficaram depois da vitória".

Em agosto de 1694, o governador Caetano de Melo e Castro noticiava ao rei que já tinham chegado ao Recife, para se quintarem, 450 peças, acusando os paulistas – "gente bárbara, indômita, e que vive do que rouba" – do extravio de "grande número" de presas.

Nessa mesma carta, o governador propunha o problema da extradição das negras capturadas nos Palmares. O Procurador da Fazenda, consultado sobre a questão, argumentava que, embora as negras, por si mesmas, não pudessem oferecer resistência, "por estarem habituadas à liberdade facilmente persuadirão negros que com elas fujam para os matos, onde poderão renovar as hostilidades que até agora fizeram...".

O procurador dos paulistas, Bento Surrel Camilo, interveio em favor das negras, em benefício do Terço. Se as negras eram nascidas nos Palmares, os compradores davam somente a quarta parte do seu valor. Se eram cativas da Costa dos Escravos, e tinham crias, era "grande crueldade arrancar-lhas dos peitos, porque pertencem ao Terço... e não é justo que [os paulistas] as percam". (Ficara estabelecido, nas *Capitulações*, que as presas menores de 12 anos seriam vendidas para os paulistas.) O procurador do Terço perguntava quem compraria essas crianças, sem as mães para as criarem, e pedia que as mulheres não fossem obrigadas a ir "de mar em fora". Este ponto de vista conseguiu a adesão do Procurador da Fazenda, que sugeriu ao rei que se prorrogasse o tempo de extradição das negras que tivessem crias até que estas chegassem aos três anos, "em que poderão viver sem o leite de suas mães".

O procurador dos paulistas, discutindo a questão dos quintos das presas, lembrava "o indizível descômodo, dispêndio e risco" do envio dos prisioneiros, por mais de 70 léguas de caminho, para se quintarem no Recife, especialmente por causa das escoltas que o Mestre de Campo devia fornecer e das crianças que pereciam durante a marcha. Se o rei não quisesse "largar" os quintos, poderia determinar que as presas se quintassem mais perto. Sua Majestade resolveu que, nas vilas de Alagoas e Porto Calvo, fossem quintadas as presas dos Palmares.

Entretanto, ainda em 1697, chegavam ao Recife "cento e tantos" negros palmarinos. Destes, o governador mandou 80 para o Rio de Janeiro e deixou os demais na capitania, por serem menores de 12 anos.

3

O Mestre de Campo lutou, em vão, por obter que Sua Majestade abrisse mão dos quintos das presas feitas nos Palmares.

A concessão dos quintos reais era uma das condições acordadas entre o governador Souto-Maior e os paulistas em 1687, mas o novo Governador, o Marquês de Montebelo, ao ratificar as *Capitulações*, em 1691, excetuou esse artigo, declarando que só podia vigorar "por ordem expressa" do rei. No seu alvará de confirmação de 1693, Sua Majestade manteve esse ponto de vista, conservando para si os quintos.

O procurador dos paulistas, em longo memorial, salientava que o Mestre de Campo e os seus homens já haviam metido mãos à obra, de maneira que Sua Majestade já não podia alterar o contrato, pois "os contratos no princípio não pedem mais que a vontade dos contraentes, mas, depois de feitos, estão sujeitos à necessidade de serem observados". Os paulistas já estavam tão empenhados na campanha dos Palmares, quando tiveram ciência da resolução real, que, se tivessem suspendido a guerra, ficaria "destruída" a esperança de se acabar com o quilombo. O procurador dizia que, em vista da concessão dos quintos reais, o governo de Pernambuco limitara-se a fornecer dois quintais de pólvora e quatro quintais de chumbo a Domingos Jorge Velho, como estava estabelecido no art. 1º das *Capitulações*, e alegava que, se Sua Majestade anulava a condição dos quintos, os paulistas podiam anular a condição das munições:

"Ele [o Mestre de Campo] não pode fazer a guerra sem munições, nem as pode comprar senão desses quintos; porque os quatro quintos que a ele e aos seus lhes ficam lhes rendem tão pouco que nem para se fardarem lhes chegam, e mal para a ração cotidiana…"

O procurador lembrava a alternativa de se darem mais munições à gente do Terço, mas votava pela concessão dos quintos, para que se evitassem questões sobre a quantidade de pólvora realmente necessária para a guerra.

Bento Surrel Camilo perdeu, entretanto, o seu tempo e o seu latim. O rei não cedeu. E, alguns anos mais tarde, chegavam a Lisboa negros palmarinos, dos quintos reais, para trabalhar no Estanco do Tabaco e na Ribeira das Naus.

4

A decisão real, de formar com os paulistas o Terço dos Palmares, levou Bento Surrel Camilo a pedir a confirmação real da patente de Mestre de Campo que o governador-geral do Brasil passara a Domingos Jorge Velho ou uma nova patente, de Mestre de Campo dos paulistas e de "governador das armas" dos Palmares e do Açu, no caso de Sua Majestade desejar a assistência dos bandeirantes – depois de liquidado o quilombo – na guerra do Açu.

Os paulistas pediam ainda nove patentes de capitão, em branco, para que o Mestre de Campo as preenchesse com os nomes dos seus subordinados que mais se tivessem distinguido na campanha dos Palmares. O procurador argumentava que, se as patentes já trouxessem, de Lisboa, o nome dos capitães, podia acontecer que os contemplados tivessem morrido ou desistido de servir no Terço, quando as patentes chegassem ao Brasil. Os paulistas também admitiam a alternativa de que Sua Majestade desse poderes ao governador de Pernambuco para passar as patentes, por indicação do Mestre de Campo. Os capitães do Terço ficariam obrigados a formar companhias de 10 homens brancos, a que se agregariam 40 índios de guerra, doados por Domingos Jorge Velho.

Luís da Silveira Pimentel, em quem Bento Surrel Camilo subestabelecera a sua procuração, lembrava que Sua Majestade costumava permitir que os "governadores das armas" recebessem patentes em branco, para honrar os seus melhores soldados, e pedia novamente as patentes, com a circunstância de que a do Mestre de Campo e a sua, de capitão do Terço, "visto serem presentes a Sua Majestade seus merecimentos", fossem passadas com os seus nomes.

O rei deferiu o pedido, em alvará de 1695, mandando passar patentes de Mestre de Campo para Domingos Jorge Velho, de capitão para Luís da Silveira Pimentel, e mais 8 patentes de capitão, 1 de sargento-mor, 2 de ajudantes, 9 de alferes, 20 de sargentos, com os nomes em branco, para que o comandante dos paulistas os colocasse.

O Procurador da Fazenda, estudando o requerimento dos paulistas, sugeriu que Domingos Jorge Velho formasse uma companhia de 10 homens brancos e 60 índios e que as demais companhias se formassem com 10 brancos e 40 índios. Na base desta sugestão – que coincidia com o desejo dos paulistas –, o rei ordenou que o Terço se compusesse de 9 companhias de 60 soldados cada, ou seja, um total de 540 homens, exclusive a tropa agregada ao Mestre de Campo.

O posto de sargento-mor foi ocupado por Cristóvão de Mendonça até 1709, quando, com a sua promoção, o rei nomeou, para substituí-lo, o capitão-mor Bernardo Vieira de Melo, comandante do destacamento pernambucano durante o assalto final ao reduto do Macaco (1694).

Talvez em fins de 1697, Luís da Silveira Pimentel foi transferido para o Recife, para o Terço do Mestre de Campo Manuel Lopes, e Bento Surrel Camilo procurou obter, no Reino, que, para preencher a vaga, Sua Majestade passasse patente em branco para que a preenchesse o Mestre de Campo. O Conselho Ultramarino, porém, votou contra a petição e Domingos Jorge Velho teve de apresentar à aprovação real três nomes para o posto, entre os quais Sua Majestade escolheu o do alferes João de Montes, veterano do Açu e dos Palmares, "um dos melhores sertanejos e mais valorosos soldados que assistiam naquela conquista".

5

Um novo problema – o dos soldos – se desenhou.

O Conselho Ultramarino (1695) achava que a todos os componentes do Terço dos Palmares se devia dar "a metade dos soldos que atualmente recebem os oficiais da milícia..., pagos pelos sobejos dos efeitos que administram as Câmaras de Pernambuco", enquanto estivessem os paulistas empregados no serviço real.

O Procurador da Fazenda era de opinião que se desse "alguma soldada" ao Mestre de Campo e aos seus oficiais, dos "efeitos" administrados pelas Câmaras de Pernambuco, mas não igual à da milícia, sem direito a farda, "porque... contrataram fazer esta guerra sem soldos, e sem fardas...".

Esta foi também a opinião do rei, no seu alvará de 1695.

O Mestre de Campo queixava-se de que os paulistas não podiam viver com meio soldo e sem fardas e reivindicava o soldo integral para a sua gente, pago não pelos "sobejos" das Câmaras, mas por "efeitos" permanentes: "Tirada a Câmara da cidade de Olinda, nenhuma das outras administra efeitos de que possa haver um tostão de sobra; e, se aquela da dita cidade administra muitos, raras vezes há sobras, e quando as há não lhe faltam outras consignações para onde vão." O paulista advogava, para os seus índios, o pagamento de dois cruzados por ano, "para seu pano", e, de uma vez por todas, um machado, uma foice, um cavador e uma enxada ou, em vez dos dois cruzados, cinco varas de pano de estopa. Estas mesmas razões foram repetidas pelo seu procurador no Reino, Bento Surrel Camilo.

O soldo do Terço foi uma dor de cabeça em dois sentidos. O governador de Pernambuco chegou a propor a criação de um imposto sobre o fumo que, de Alagoas, pelo São Francisco, navegava para a Bahia, para efetuar o pagamento. O procurador dos paulistas, em começos de 1698, representou junto ao Conselho Ultramarino contra a transferência de Luís da Silveira Pimentel, do Terço dos Palmares para o Recife, "porquanto, com este exemplo, como o soldo... é dobrado daquele que se dá... ao Terço paulista, todos os oficiais dele aspiraram a serem permutados", e pediu que Sua Majestade não mais consentisse em tais permutas.

Os paulistas pediram e obtiveram, em 1699, meio soldo para os 10 homens brancos de cada companhia do Terço, que já recebiam meia farda por ano.

6

Não foi muito difícil aos paulistas conseguir a satisfação da cláusula nona das *Capitulações* com o governador Souto-Maior – a concessão dos hábitos das Ordens militares.

Havia, naturalmente, forças contrárias aos paulistas. O governador Caetano de Melo e Castro (1694) achava que o Mestre de Campo seria suficientemente recompensado pela sua atuação nos Palmares se recebesse um Hábito de Cristo com "alguma tença" e o Conselho Ultramarino concordou com a sugestão, arbitrando em 50$ a tença, e propôs que o governador de Pernambuco chamasse à sua presença os demais paulistas e lhes agradecesse, verbalmente, os serviços prestados, que ficavam "muito na lembrança" de Sua Majestade. O Procurador da Fazenda (1697) opinava que a aprovação do governador de Pernambuco devia intervir, "de algum modo", na distribuição dos hábitos entre a gente paulista.

Domingos Jorge Velho, ao reivindicar os 12 hábitos (1698), tinha consigo apenas 43 capitães, dos 84 que haviam descido para os Palmares. O Mestre de Campo, o sargento-mor Cristóvão de Mendonça e o capitão Simão Jorge não se propunham para a obtenção dos hábitos, os dois primeiros porque esperavam que Sua Majestade os "singularizasse" no seu favor e o terceiro porque desejava concessões especiais pelos seus serviços e pelos do pai, morto na guerra. Entre os 12 nomeados pelo Mestre de Campo, somente dois não pertenciam ao Terço – o alferes João de Araújo Lima, dono do engenho do Pilar, de Alagoas, que fornecera mantimentos aos paulistas, e o tenente Antônio de Siqueira Varejão, natural da ilha Terceira, morador e comerciante no Recife, que suprira de fardas os homens do Terço: "Vossa Majestade haja por bem permitir [aos paulistas] este agradecimento."

O Mestre de Campo excluía do número os dois hábitos que Sua Majestade concedera ao capitão Luís da Silveira Pimentel, "pois se lhe deram por seu requerimento particular".

7

Este Luís da Silveira Pimentel era, sem dúvida, um homem de sorte, um homem que sabia tirar partido das ocasiões.

Emissário do governador Souto-Maior (1687) aos paulistas, em companhia do Mestre de Campo marchou mais de 300 léguas, primeiro para os Palmares, depois para o Açu, "padecendo grandes fomes e sedes". No Rio Grande do Norte, combateu contra os jaicós, os janduins, os jucurus, os icós e os índios algodão. Participou da batalha da margem da Lagoa do Apodi, que se prolongou por quatro dias e quatro noites, e do reencontro com os jucurus, durante sete horas. Quando o Mestre de Campo partiu de Piranhas comboiando 2000 cabeças de gado, permaneceu no arraial, defendendo-o contra os incessantes assaltos dos índios. Depois do combate da Lagoa do Apodi, foi mandado buscar pólvora e balas no Recife, "o que fez com grande risco de vida, à sua custa, e em cavalos seus, por mais de cem léguas de distância". Mais tarde voltou a Pernambuco, para dar conta da marcha da campanha ao governador, e de torna-viagem trouxe "muitas coisas" de que se necessitava no arraial. Novamente no Rio Grande do Norte, comboiou 200 prisioneiros índios, "que com mulheres e meninos passavam de 800 almas".

Luís da Silveira Pimentel foi encarregado da condução de mantimentos, munições e fardas, do Recife para os Palmares, que entregou "sem diminuição alguma"; esteve nos combates junto ao rio Una e no assalto ao mocambo do Engana-Colomim e trabalhou no sítio do Macaco, carregando madeira com os seus soldados e escravos e com quatro homens que levara para a guerra, à sua custa.

O governador de Pernambuco o considerava "homem honrado e benemérito", que se mostrara "zeloso" na guerra dos Palmares.

Valendo-se de uma circunstância fortuita – a de ser nomeado procurador do Terço dos paulistas no Reino, no impedimento de Bento Surrel Camilo –, Luís da Silveira Pimentel se embarcou para Lisboa, em 1695, e conseguiu a sua nomeação, diretamente pelo rei, de capitão de infantaria. Mais tarde, requereu e obteve dois hábitos das Ordens militares. E, finalmente, em fins de 1697, obtinha a sua transferência do Terço dos Palmares para o Recife, no Terço do Mestre de Campo Manuel Lopes.

8

O art. 6º das *Capitulações* era muito vago, embora Domingos Jorge Velho, mais tarde, declarasse que o governador Souto-Maior prometera aos paulistas "toda aquela corda de matas assaz agrestes que corre desde o rio Paraíba, que vai desembocar na Lagoa do Sul, até aquele [rio] de Ipojuca, desde o meridiano da Serra da Acah, em os Campos de Garanhuns, para o sertão, até o fim da largura das ditas matas" – terras que não tinham outra utilidade senão servir de covil para negros fugidos.

Com efeito, o Marquês de Montebelo, governador de Pernambuco, pedindo em 1692 a ratificação real das *Capitulações* com os paulistas, dizia que, depois de destroçado o quilombo, se estudaria a maneira mais conveniente de ocupar e povoar "a corda daquelas terras que corre direita da capitania de São Lourenço [da Mata] até a do Rio São Francisco" (Penedo) – certamente a região ocupada pelo Estado negro.

O Procurador da Fazenda, estudando esse pedido de ratificação, achou que as sesmarias se deviam dar com as cláusulas costumeiras, "limitando a cada um o que puder povoar", com a ressalva de que Sua Majestade poderia dar terras a outras pessoas, como prêmio dos seus serviços na guerra dos Palmares ou em outras ocasiões, "porque não será conveniente que só a paulistas se restrinja tão larga terra".

Este foi o ponto de vista real, no alvará de confirmação de 1693.

O Conselho Ultramarino, dois anos mais tarde, concordava em que se dessem aos paulistas "algumas terras, como se dão aos mais moradores, para eles as poderem aforar, e não para que eles as possam cultivar". Um dos conselheiros, Bernardim Freire de Andrade, achava conveniente dar-lhes terras "interpoladamente com as que se houverem de dar aos moradores de Pernambuco, que assim ficarão divididos, e livres da objeção do receio". Era voz geral, no Conselho Ultramarino, que, se os paulistas tivessem "habitação certa" nos Palmares, poderiam ser mais prejudiciais do que os negros aquilombados.

O rei, primeiro em despacho, depois em alvará de 1695, concedeu as terras dos Palmares aos paulistas e aos oficiais e soldados que os ajudaram na guerra contra o quilombo, com preferência dos paulistas, observadas as seguintes condições: (1) a repartição far-se-ia pelo governador, com a assistência do Ouvidor-Geral e do Provedor da Fazenda, levando em conta a qualidade das terras e os serviços dos pretendentes; (2) a distribuição das terras seria submetida à aprovação do Conselho Ultramarino, para que o rei a confirmasse ou alterasse, sem que por isso se suspendesse a sua execução; (3) as sesmarias seriam dadas na forma de costume, ressalvados os prejuízos de terceiros, quanto a pessoas que tivessem doações antecedentes e, tendo cultivado as terras, as perderam ou as deixaram de cultivar por causa da rebelião dos negros.

O alvará baseava-se em dois pareceres do Procurador da Fazenda, em que este punha nos seus justos termos a questão dos terceiros: "Neste particular das sesmarias, é certo que se tem dado mais terras do que se tem descoberto; porque os homens as pedem com largueza, e como estão incultas, e inabitadas, se dão com liberalidade, e os donatários não cumprem a condição de as povoar no termo da lei, e se deixam estar com as datas até que haja pessoas que lhas aforem para currais, ou outros misteres, de que muitos têm tirado grandes proveitos sem despesa alguma sua; e assim não duvido que nos Palmares estejam dadas muitas terras, e mais do que neles há..." O Procurador da Fazenda achava que a cláusula dos terceiros só se devia entender com aqueles que tivessem a sua data de terras cultivada e povoada no prazo legal. Os soldados da infantaria paga também deviam ser contemplados na distribuição, de que se excetuariam "as ribeiras, lagoas, e terras infrutíferas", que pertenceriam à Coroa.

Bento Surrel Camilo, representante dos paulistas no Reino, discordava do alvará, lembrando que os paulistas não teriam abandonado "outras terras muito melhores ... e de muito maior estendida, e de melhores ares que aqueles dos Palmares", se tivessem de ser recompensados com sesmarias, sem prejuízo de terceiros: "Isso não será dar-lhes terras onde habitem pacificamente, senão uma ocasião perpétua de as conquistar segunda vez, com mais risco e mais prolongada porfia que com os negros; porquanto, nessa paragem do Palmar, não há palmo de terra que não tenha um pretendido dono..."

O Mestre de Campo dizia que talvez fosse melhor, aos paulistas, desistir da esperança de obter "alguns pedaços de terra ruim, que não têm nenhuma comparação com aquelas que eles largaram", e destruía as três condições reais com a seguinte argumentação: (1) Não era costume a presença de tão altos funcionários para a repartição das terras. E, além disso, quando, como e à custa de quem iriam o governador, o Ouvidor-Geral e o Provedor da Fazenda, do Recife aos Palmares, "algumas setenta léguas de caminho bem escabroso"? (2) Se o rei pudesse alterar a distribuição das terras, isso implicaria uma nova distribuição e daria ensejo a "infinitas cavilações" dos bacharéis – e nesse meio-tempo os paulistas ficariam sem as terras, que entretanto lhes haviam sido prometidas, "não por mercê", mas em recompensa das que haviam abandonado e da sua atuação na guerra dos Palmares. Os paulistas, aliás, tinham feito também a guerra do Açu. (3) Os "terceiros" não existiam: (*a*) Ninguém havia cultivado ou povoado as terras dos Palmares, antes de existir o quilombo, nem poderia valer a alegação de que o não fizeram por causa dos negros. "Se eles as houvessem cultivado quando deviam, é indubitável que os tais negros nunca as ocupariam, nem haveriam feito nelas seus covis; antes, porque as acharam despovoadas, e incultas, lhes deram a ocasião de os fazer, e aos mais de fugir para lá ao depois; ajuntando-se a esta razão de as perderem aquela de que, não obstante as tais terras serem então suas, e serem eles então os [únicos] prejudicados, negligenciaram o defendê-las, e obviar aos negros o apossarem-se delas; coisa que nesse princípio da rebelião deles lhes houvera sido muito fácil..." (b) Os que obtiveram sesmarias nos Palmares, depois de os negros ali estarem aquilombados, não tinham qualquer direito às terras, pois os que pediam não as podiam cultivar nem povoar, e os que as concediam não as dominavam, para podê-lo fazer. (c) O Mestre de Campo negava que alguém tivesse cultivado as terras antes dos negros e propunha, em vez de recompensas, "um severo castigo" para os que as cultivaram depois, pois estes se faziam "colonos" dos negros e lhes pagavam tributo de ferramentas, de pólvora, de chumbo, de armas, e, quando as "largavam", era porque "faltavam com estas coisas, ou à lealdade, que com eles professavam, e não pela mera rebelião dos negros".

O Mestre de Campo exigia, por fim, que as terras fossem dadas aos paulistas "sem mais condição que aquelas do dízimo a Deus e obediência a Sua Majestade".

Somente em 1698 a questão seria resolvida definitivamente, pelo Conselho Ultramarino, de acordo com o parecer do Conselho da Fazenda. O Mestre de Campo foi contemplado com 6 léguas quadradas, no local que escolhesse, o sargento-mor Cristóvão de Mendonça com 4 léguas quadradas "em sítio apartado", os capitães de infantaria com 3 léguas, os alferes 2, os sargentos e os soldados brancos um, os índios de cada companhia 4 léguas quadradas, para a sua aldeia –, mais de 200 léguas quadradas para o Terço dos Palmares.

Sua Majestade estabeleceu que o governador de Pernambuco daria posse das terras aos paulistas, "sem embargo de qualquer direito que outras pessoas por antecedentes [doações de] sesmarias pretendam". Estas, se se considerassem prejudicadas, poderiam recorrer à justiça e, se ficasse provado o seu direito, seriam acomodadas em "outras" terras equivalentes às dos Palmares.

O rei fez apenas a ressalva de que o governador não poderia aumentar as datas de terras e, pelo contrário, se não coubessem nos Palmares, deveria diminuí-las proporcionalmente, procurando deixar bem situados o Mestre de Campo e o sargento-mor.

Era muito menos do que os paulistas pretendiam.

9

Com efeito, Domingos Jorge Velho exigia, em nome do seu Terço, "um paralelogramo de terra" de 1 060 léguas quadradas, começando na Serra da Acah, nos Campos de Garanhuns, 10 léguas para o sudoeste, até o rio Paraíba, e 42 léguas para o nordeste até encontrar o rio Ipojuca, com 20 léguas de largura. O Mestre de Campo achava que não era "nenhuma exorbitância" a concessão dessas terras a mais de mil pessoas, tanto porque, nesse paralelogramo, havia muitos tremedais, lagoas, charnecas, areais e pedregais, como porque essa área cobria "todo o país que... os negros ocupavam, e habitavam, e assujeitavam, e dominavam".

Os paulistas haviam libertado essas terras e, portanto, as mereciam mais do que, por exemplo, o desembargador Cristóvão de Burgos, que, por ter plantado "um curralinho de vacas" nos Palmares, sob a gerência de certo Manuel de Souza, pediu e obteve "um quadro de 30 léguas de terra" – 900 léguas quadradas – tendo por peão as nascentes do Mundaú, "sem lhe haver custado mais que o pedi-las".

O comandante dos paulistas exigia essas terras "sem nenhuma cláusula, nem mais controvérsias".

10

Para povoar esse mundo, os paulistas tinham a intenção – contida nas declarações de Domingos Jorge Velho e do seu procurador

Bento Surrel Camilo – de trazer para os Palmares "muitos moradores seus patrícios", sob a alegação de que "em São Paulo já não há onde lavrem e plantem". O Mestre de Campo chegava a dizer que a região dos Palmares "não se pode povoar melhor, nem mais conveniente, e apropriadamente, que de gente paulista, assim com aquela do... Terço como com outra mais, que de São Paulo há de vir, a qual somente espera ser chamada para isso...".

O Procurador da Fazenda achava que, levando em conta a "desatenção" com que se davam sesmarias no Brasil, não era muito o que os paulistas pediam, embora fosse "mais de muito" para a forma em que se deviam conceder. Os paulistas não tinham mil homens no Terço no começo da campanha e, com as guerras do Açu e dos Palmares, eram agora menos da metade dos efetivos originais: "E como é possível que estes possam povoar tanta imensidade de terra no termo da lei?"

Em outro parecer, o Procurador da Fazenda dizia que os paulistas – "que serão 400 até 500 homens" – não podiam ter todas as terras dos Palmares, pois lhes seria impossível povoá-las e cultivá-las no prazo legal: "Seria obrar com eles o que eles mesmos acusam nos outros." Se se haviam de dar terras aos "patrícios" dos paulistas, que as não mereciam, "com maior razão se devem dar aos soldados e cabos, que as ajudaram a restaurar; e ainda aos moradores vizinhos, que com suas fazendas assistiram às *entradas*, que nelas se fizeram". O Procurador da Fazenda achava de justiça a concessão das terras aos paulistas, "mas acompanhados, e misturados com outras pessoas", declarando que "sempre convém que nestas terras haja outros povoadores mais que os paulistas, e mais quando a sua vastidão e fertilidade o permite".

11

Nem tudo estava perdido.

O governador Caetano de Melo e Castro, em carta para o rei (1697), dizia que os oficiais do Terço paulista, casados, desejavam trazer as mulheres e as famílias para a região que habitavam, mas não dispunham de dinheiro para fretar uma embarcação. O governador considerava "útil e acertado" que Sua Majestade lhes mandasse fretar uma sumaca ou permitisse que "esta fragatinha inglesa" – que levava a sua carta ao Reino – fosse buscar as mulheres dos paulistas, "para bem da consciência destes homens".

O Mestre de Campo sugeria, por sua vez, que se carregasse um patacho de sal para o porto de Santos, que na ida tomasse a bordo, na Bahia, os seus representantes e de volta trouxesse as mulheres e as famílias dos paulistas "e os mais colonos", até o lagamar de Santo Antônio Grande.

O Conselho Ultramarino (1698) achava "de grande conveniência" que os oficiais do Terço, casados, tivessem consigo as suas mulheres, "porque este será o caminho de se ajudar a povoar os sertões", e recomendou que o governador de Pernambuco fretasse uma sumaca, por conta da Fazenda Real, para satisfazer o desejo dos paulistas.

O rei concordou com a sugestão.

12

Os paulistas tentaram livrar-se até mesmo dos dízimos a Deus – a condição única que onerava as suas sesmarias nos Palmares.

Esses dízimos, em 1697, eram "coisa bem pouca", mas o bispo de Pernambuco não achava conveniente isentar os paulistas desse dever, pois, com o cultivo das terras, já iniciado, muito rendimento delas poderia retirar a Fazenda Real.

O Mestre de Campo nem mesmo queria reconhecer a jurisdição do bispo em assuntos religiosos. Dos dois arraiais dos paulistas, nas proximidades de Alagoas e de Porto Calvo, vinham constantes pedidos por sacerdotes, mas sem prestar obediência aos vigários, e com a exigência de que a côngrua desses sacerdotes fosse descontada dos dízimos a Deus. O bispo de Pernambuco não concordava com os paulistas e lhes mandava sacerdotes sujeitos à jurisdição dos vigários, a quem recorriam para casamentos e para a desobriga, durante a Quaresma. Os homens do sargento-mor Cristóvão de Mendonça, das "cabeceiras" de Porto Calvo, se deram por satisfeitos com isso, mas Domingos Jorge Velho insistia e até mesmo queria escolher o sacerdote a ser destacado para o seu arraial: "E com efeito me apresentou um clérigo... de vida desmanchada – e esta devia ser a total razão da escolha que dele fez..."

O Conselho Ultramarino apoiou a sugestão do bispo, no sentido do levantamento de duas igrejas nos arraiais dos paulistas, pagando-se a côngrua aos sacerdotes pela Fazenda Real de Pernambuco ou da Bahia, mas sem se "largarem" os dízimos aos paulistas, pois esses dízimos pertenciam à Fazenda Real, que sempre os aplicava com a Igreja "e outros atos mui pios".

A Junta das Missões resolveu que o Mestre de Campo devia reconhecer a jurisdição do bispo e procurar emendar-se dos seus erros, com a advertência de que, em caso contrário, Sua Majestade deixaria de empregá-lo no serviço real. Esta foi também a atitude tomada, afinal, pelo Conselho Ultramarino, que achava que se devia escrever ao governador de Pernambuco para que advertisse ao Mestre de Campo que "se emendasse, e apartasse de seus erros, vivendo com maior temor de Deus, largando os vícios em que tão cega e barbaramente tem andado", sob pena de não mais ser chamado para o serviço real e de receber "castigo condigno às suas culpas".

13

Ainda em 1699, porém, a situação era praticamente a mesma.
Havia duas missões nos Palmares – uma de São Caetano, a 6 léguas de Porto Calvo, "situada entre engenhos e moradores brancos, em terra fértil, e abundante", onde habitava o sargento-mor com os seus soldados e índios; outra dos Palmares, "no Oiteiro do Barriga, no lugar em que se deu a batalha", onde vivia Domingos Jorge Velho com os brancos e índios da sua tropa. Os paulistas tinham ali uma capela, "com missionário que lhe assiste violentado da obediência do bispo".

O Conselho Ultramarino, consultado sobre duas cartas do bispo de Pernambuco para Roque Monteiro Paim, secretário da Junta das Missões, dizia que Deus poderia privar as armas reais dos bons sucessos na guerra contra os negros – "não permitindo que com um tão mau instrumento se logrem os nossos triunfos" – e propunha que o governador de Pernambuco chamasse à sua presença Domingos Jorge Velho, para que o bispo de Pernambuco o doutrinasse no caminho do bem, ao mesmo tempo que, secretamente, se tomassem informações sobre o seu procedimento no arraial para resolução posterior. Havia muitos anos que se conhecia, no Conselho Ultramarino, a "dissolução de costumes e distraimento de vida" do Mestre de Campo e da sua gente.

Campeava a "indecência" na capela dos paulistas, mas o bispo de Pernambuco salientava "a grande diferença" que notara no arraial de Cristóvão de Mendonça, onde havia encontrado, "não só trato de homens, mas de cristãos, sem os vícios, e torpezas, que experimentara no de Domingos Jorge Velho".

O padre Miguel de Carvalho, enviado pela Junta das Missões (1700) para resolver uma contenda entre os religiosos e o bispo de Pernambuco sobre as missões dos Palmares, achava que os religiosos lucrariam se se transferissem para certas ilhas do São Francisco, em vez dessas duas missões, "que, sendo muito menores, basta serem de paulistas para não serem frutíferas, e permanentes...".

14

Os oficiais da Câmara de Alagoas – Manuel Barbosa Cerqueira, Pedro Ferreira Braga, Simão Teixeira Ferrão, João de Araújo Carneiro e Antônio Cardoso – pediram a Sua Majestade, em 1699, que os homens de Domingos Jorge Velho não se pudessem situar senão 10 léguas para além das "cabeceiras" da vila, "naqueles mesmos lugares que o negro dominava".

Os moradores desejavam esse afastamento dos paulistas, tanto por causa do "grande prejuízo" que poderiam ter com os roubos dos índios do Terço, como porque poderiam "aproveitar as cabeceiras das suas situações", para seu lucro e da Fazenda Real. Os oficiais da Câmara esperavam que Sua Majestade desse as terras compreendidas nessa faixa de 10 léguas para serem repartidas com os moradores que haviam contribuído para a extinção dos Palmares.

O governador de Pernambuco, consultado sobre a dissidência entre os paulistas e a nobreza e o povo de Alagoas, procurou ouvir os interessados, mas não pôde tomar uma resolução, "por julgar a todos apaixonadíssimos, compelidos, e animados das razões da própria conveniência", e decidiu enviar dois cabos da guerra nos Palmares, que conheciam a região mas não tinham ali parentes nem haveres, para, à vista da sua informação imparcial, fazer o seu relatório final a Sua Majestade.

Nesse mesmo ano o Conselho Ultramarino, consultado sobre a pretensão do Mestre de Campo de se aproximar da vila de Alagoas, resolvia que "esta [mudança] de nenhuma maneira se lhe deve permitir, pelas grandes consequências que disso se podem seguir; antes, que o governador de Pernambuco lhe escreva [a Domingos Jorge Velho] que em nenhum caso o faça, pois o contrato que se fez com [os paulistas] é terem a sua assistência nos mesmos Palmares, para dali fazerem guerra aos negros levantados, sendo esta a causa principal para que foram chamados; e que estando mudados ao tempo que se lhes fizer aviso, que em todo caso se restituam logo ao seu

arraial, e àquela parte que se lhes destinou para a sua assistência...".
Os vícios e os maus costumes do Mestre de Campo poderiam dar em resultado "grandes escândalos" para a Coroa.

15

A ocupação das terras dos Palmares ia-se fazendo, mas não sem choques.

Frei Manuel da Encarnação, em fins de 1699, representou junto ao rei contra as "opressões e moléstias" que sofriam os índios da aldeia de Santo Amaro, nos Palmares, "por causa de um sítio de meia légua de terra que compraram há muitos anos".

Sua Majestade ordenou ao governador Fernando Martins Mascarenhas de Lencastre que procurasse conhecer da questão e, no caso de se provar, "de alguma maneira", que os índios haviam comprado a terra, lha restituísse logo. Os prejudicados poderiam recorrer para a Relação da Bahia.

O governador de Pernambuco considerava "convenientíssimo" que Sua Majestade nomeasse, como juízes privativos desses índios, em Pernambuco o Ouvidor-Geral, na Bahia o Corregedor, no Rio de Janeiro o Ouvidor, para que a ação corresse de maneira a evitar "as dilações em que assistem o tempo que não devem, e gastam o que não podem".

16

A transferência de Luís da Silveira Pimentel, dos Palmares para o Recife, levantou uma nova questão.

O procurador dos paulistas, Bento Surrel Camilo, representou contra a medida, embora, no mesmo requerimento, pedisse a Sua Majestade que não proibisse aos soldados do Recife a sua incorporação ao Terço. O Conselho Ultramarino (1698) concordou na primeira parte, contra a transferência, sob a alegação de que os que serviam nos Palmares podiam não ser tão úteis em outras praças, "por ser mui diferente o exercício e manejo da guerra naquele sítio", mas, quanto à última parte, lembrou "as mesmas razões" para discordar, "porque será encher os Terços nestas partes de soldados menos úteis, e infeccionar por este caminho aos mais".

Os oficiais e praças do Terço de Homens Pretos – que, sob o comando do negro Henrique Dias, tanto se havia ilustrado na campanha contra os holandeses – pediram a Sua Majestade, em 1699, que se lhes pagassem soldos e fardas sempre que tivessem de seguir para a guerra nos Palmares e no Açu ou fossem mandados para os presídios de Jaguaribe e do Ceará. O governador de Pernambuco elogiava o Terço de Homens Pretos e era de parecer que se devia deferir o seu requerimento "na forma que pedem", acrescentando que os soldos poderiam ser pagos pelos "efeitos" da Câmara de Olinda. Outro parecer concordava em que se lhes dessem soldos pela Câmara de Olinda e fardas pela Fazenda Real, quando em campanha. A decisão final, porém, não foi tão favorável, pois ficou resolvido que, sempre que fossem mandados em campanha ou aos sertões, os Homens Pretos receberiam "os mesmos meios soldos que se dão aos oficiais do Terço do Mestre de Campo Domingos Jorge Velho, que assiste nos Palmares, porque, se se lhes der mais, terão os mesmos paulistas exemplo nesta graça para pretender o mesmo; o que não convém deferir-se pelo estado em que se acha ora a Fazenda Real – o de não poder sofrer maiores encargos".

O Terço de Homens Pretos, na ocasião, estava sob o comando do Mestre de Campo Domingos Roiz Carneiro.

17

Desde 1697, os paulistas de Domingos Jorge Velho e de Cristóvão de Mendonça pretendiam fundar duas vilas, na região conquistada aos quilombolas, pelo que escrevia o governador Caetano de Melo e Castro. E, com efeito, o Mestre de Campo, nesse mesmo ano, pedia "licença e poder" a Sua Majestade para fundar uma vila na paragem que lhe parecesse mais conveniente, com "todos os títulos, foros, ofícios, nomeações, privilégios, e mais apropriações que é costume conceder a semelhantes fundadores".

O Conselho da Fazenda, consultado sobre a pretensão do Mestre de Campo, concordou em que se lhe dessem poderes para "prover os ofícios de justiça", como geralmente se fazia, mas "com a cláusula de que não poderá apresentar justiças, nem apurar eleições, nem outras... preeminências que tocam à correição, pois não parece conveniente se permita, em distância tanta, tão ampla jurisdição a um donatário". O Conselho Ultramarino concordou com esse ponto de vista e sugeriu que o rei também contemplasse, com a doação de uma vila, "no sítio em que tiver a sua data" de terras, o sargento-mor Cristóvão de Mendonça. Sua Majestade, finalmente, concedeu aos dois grupos de paulistas a mercê, "com a data dos ofícios e toda a jurisdição, reservando somente a correição e alçada", em despacho de 24 de janeiro de 1698.

Domingos Jorge Velho levantou uma igreja e um pelourinho – os símbolos da dominação colonial – no que seria a Vila Nova do Arraial do Palmar e mais tarde a Real Vila de Atalaia de Nossa Senhora das Brotas e Santo Amaro, termo da comarca de Alagoas, hoje cidade de Atalaia. Não pôde, no entanto, continuar a obra, que a sua morte veio interromper.

Não se sabe exatamente quando se deu a fundação do núcleo de Atalaia, mas, em outubro de 1700, Sua Majestade, em carta para Domingos Jorge Velho, denegava o pedido de que a sua vila ficasse sob a proteção da Casa de Bragança.

A vila ia crescendo – e, em 1708, o tabelião Joaquim Severiano da Costa já estava estabelecido em Atalaia com o seu cartório de notas.

A família do Mestre de Campo criava raízes na região. Em 1716, o governador de Pernambuco Lourenço de Almeida concedia seis léguas de terra à viúva ou a "alguma filha" de Domingos Jorge Velho, com as cláusulas costumeiras do dízimo a Deus, sem prejuízo de terceiros e prazo de cinco anos para povoar – "aliás se dara por devolutas". Em 1742, o capitão Alexandre Jorge da Cruz, filho de Domingos Jorge Velho, e sua mulher Bernardina Cardim, moradores na Vila Nova do Arraial do Palmar (Atalaia), doaram à igreja da Senhora das Brotas "meia légua de terra em quadro", a partir do lugar chamado Burarema, rio Paraíba abaixo, "com todos os pastos, matas, águas, logradouros novos e velhos, entradas e saídas e tudo mais pertencente à meia légua de terras, na forma [em] que as possuíam pela sesmaria e mercê que tinham de Sua Majestade". A meia légua constituiria patrimônio da igreja e o seu rendimento, calculado em 6$ por ano, destinar-se-ia a paramenta e ornatos, para que nela se pudessem celebrar missas "com decência". O tabelião Antônio Maciel de Lima, da vila de Alagoas, foi nomeado administrador dessas terras.

Os andejos e inquietos bandeirantes finalmente se detinham.

BIBLIOGRAFIA ÚTIL

O Quilombo dos Palmares tem sido estudado somente de passagem, como um incidente singular. Os historiadores em geral – Varnhagen, Oliveira Martins, Robert Southey, Rocha Pombo e outros – limitaram-se a repetir os erros de Sebastião da Rocha Pita, que propalou a lenda do suicídio do Zumbi na sua *História da América Portuguesa* (1730).

Entre os trabalhos originais sobre os Palmares, os melhores são, sem dúvida, os de Alfredo Brandão e, parcialmente, no que tange à caracterização do Estado palmarino, de Nina Rodrigues. Trabalhando com os poucos documentos que conhecia, Alfredo Brandão aproximou-se da verdade histórica em *Viçosa de Alagoas* (Recife, 1914), "Os negros na história de Alagoas" (in *Estudos afro-brasileiros*, Ariel, 1935) e "Documentos antigos sobre a guerra dos negros palmarinos" (in *O negro no Brasil*, Civilização Brasileira, 1940). Nina Rodrigues, em *Os africanos no Brasil* (Cia. Editora Nacional, 1932), destruiu definitivamente a argumentação com que alguns simplistas pretendiam que houvesse eleições à maneira republicana no quilombo.

O escritor português Ernesto Ennes selecionou, no Arquivo Histórico Colonial de Lisboa, documentos absolutamente essenciais para o entendimento da campanha, publicados sob o título *As guerras nos Palmares* (Cia. Editora Nacional, 1938), prometendo um segundo volume, com documentos sobre os primeiros ajuntamentos de escravos, exatamente a fase menos conhecida dos Palmares. A Ernesto Ennes deve-se igualmente o artigo "The Palmares *Republic* of Pernambuco – Its final destruction, 1697" (in *The Americas*, out. 1948).

O livro de Gaspar Barleus sobre o governo de Nassau, *História dos feitos recentemente praticados durante oito anos no Brasil*... etc., traduzido por Cláudio Brandão (Ministério da Educação, 1940), narra a *entrada* de Rodolfo Baro em 1644 e os planos dos holandeses contra os Palmares.

Fazem luz sobre alguns aspectos históricos e sociais do quilombo a "Relação das guerras feitas aos Palmares de Pernambuco no tempo do governador d. Pedro de Almeida, de 1675 a 1678", documento existente na Torre do Tombo (in. *Revista* do Instituto Histórico Brasileiro, tomo XXII, 1859); os documentos referentes ao período 1668-1680 em Alagoas, coligidos pelo Dr. Dias Cabral (in *Revista* do Instituto Histórico Alagoano, 1875), e o "Diário da Viagem do capitão João Blaer aos Palmares em 1645", traduzido do holandês por Alfredo de Carvalho (in *Revista* do Instituto Arqueológico Pernambucano, 1902).

Com base neste livro, Benjamin Péret publicou o ensaio "Que foi o Quilombo de Palmares?" (in *Anhembi*, abril-maio 1956, pp. 230-249 e 467-486).

Há apenas dois livros inteiramente dedicados ao quilombo, exclusive este – o romance, historicamente incorreto, de Jaime de Altavila, *O Quilombo dos Palmares* (Cia. Melhoramentos de São Paulo, s.d.), e a novela para adolescentes *Zumbi dos Palmares*, de Leda Maria de Albuquerque (Cia. Editora Leitura, 1944), dramatização do lendário suicídio do chefe palmarino.

DOCUMENTOS

RELAÇÃO DAS GUERRAS FEITAS AOS PALMARES DE PERNAMBUCO NO TEMPO DO GOVERNADOR D. PEDRO DE ALMEIDA, DE 1675 A 1678

Restituídas as capitanias de Pernambuco ao domínio de Sua Alteza, livres já dos inimigos que de fora as vieram conquistar; sendo poderosas as nossas armas para sacudir o inimigo, que tantos anos nos oprimiu; nunca foram eficazes para destruir o contrário, que das portas adentro nos infestou; não sendo menores os danos dêste do que tinham sido as hostilidades daqueles; não foi descuido a causa de se não conseguir êste negócio; porque todos os governadores, que nesta praça assistiram, com cuidado se empregaram nesta emprêsa; porém as dificuldades do sítio, a aspereza dos caminhos, a impossibilidade das conduções, fêz impossível a quem o valor não fêz poderoso; os melhores cabos desta praça, os mais experimentados soldados desta guerra, se ocuparam nestas levas e, não sendo pouco o trabalho que padeceram, foi muito pouco o fruto que alcançaram.

E para que com alguma evidência se conheça o incontestável desta emprêsa brevemente recopilarei as notícias que a experiência descobriu; estende-se pela parte superior do rio São Francisco uma corda de mata brava, que vem a fazer têrmo sôbre o sertão do cabo de Santo Agostinho, correndo quase norte a sul, do mesmo modo que corre a costa do mar; são as árvores principais palmeiras agrestes, que deram ao terreno o nome de Palmares; são estas tão fecundas para todos os usos da vida humana que delas se fazem vinho, azeite, sal, roupas; as fôlhas servem às casas de cobertura; os ramos de esteios, os frutos de sustento; e da contextura com que as pencas se cobrem no tronco se fazem cordas para todo gênero de ligaduras e amarras; não correm tão uniformemente êstes palmares que os não separem outras matas de diversas árvores, com que, na distância de sessenta léguas, se acham distintos Palmares, a saber, – a noroeste o mocambo do Zambi, 16 léguas de Pôrto Calvo; e ao norte dêste, distância de 5 léguas, o de Arotirene; e logo para a parte de leste dêstes, dois mocambos chamados das Tabocas; e dêstes ao noroeste, 14 léguas, o de Dambrabanga; ao norte dêste, 8 léguas, a cêrca chamada Subupira; e ao norte desta, 6 léguas, a cêrca real chamada o Macaco; oeste desta, 5 léguas, o mocambo do Osenga; a 9 léguas da nossa povoação de Serinhaém, para o noroeste, a cêrca do Amaro; a 25 léguas das Alagoas, para o noroeste, o palmar de Andalaquituche, irmão de Zambi; e entre todos êstes, que são os maiores e mais defensáveis, há outros de menor conta e de menor gente. Distam êstes mocambos das nossas povoações mais ou menos léguas, conforme o lançamento dêles, porque, como ocupam o vão de 40 ou 50 léguas, uns estão mais remotos, outros mais próximos.

E' o sítio naturalmente áspero, montanhoso e agreste, semeado de tôda variedade de árvores conhecidas e ignotas, com tal espessura e confusão de ramos, que em muitas partes é impenetrável a tôda luz; a diversidade de espinhos e árvores rasteiras e nocivas serve de impedir os passos e de intrincar os troncos. Entre os montes se espraiam algumas várzeas fertilíssimas para as plantas e, para a parte do oeste do sertão dos palmares, se dilatam campos largamente estendidos, porém infrutíferos e só para pastos acomodados.

A êste inculto e natural couto se recolheram alguns negros, a quem ou os seus delitos ou a intratabilidade de seus senhores fêz parecer menor castigo do que o que receavam; podendo nêles tanto a imaginação que se davam por seguros onde podiam estar mais arriscados. Facilitou-lhes a comédia a estância e com prêsas, que começaram a fazer, e com persuasões de liberdade, que começaram a espalhar, se foram multiplicando.

E' opinião que do tempo que houve negros cativos nestas capitanias começaram a ter habitantes os Palmares; no tempo que a Holanda ocupou estas praças engrossou aquêle número, porque a mesma perturbação dos senhores era a soltura dos escravos; o tempo os fêz crescer na quantidade e a vizinhança dos moradores os fêz destros nas armas; usam hoje de tôdas, umas que fazem, outras que roubam, e as que compram são de fogo. Os nossos assaltos os têm feito prevenidos e o seu exercício os têm feito experimentados; não vivem todos juntos por que um sucesso não acabe a todos. Em Palmares distintos têm sua habitação, assim pelo sustento, como pela segurança. São grandemente trabalhadores, plantam todos os legumes da terra, de cujos frutos formam providamente celeiros para os tempos de guerra e de inverno. O seu principal sustento é o milho grosso, dêle fazem várias iguarias; as caças os ajudam muito, porque são aquêles matos abundantes delas.

Tôda forma de guerra se acha nêles, com todos os cabos-mores e inferiores, assim para o sucesso das pelejas como para a assistência do rei; reconhecem-se todos obedientes a um que se chama o Ganga-Zumba, que quer dizer Senhor Grande; a êste têm por seu rei e senhor todos os mais, assim naturais dos Palmares como vindos de fora; têm palácio, casas da sua família, é assistido de guardas e oficiais que costumam ter as casas reais. E' tratado com todos os respeitos de rei e com tôdas as honras de senhor. Os que chegam à sua presença põem os joelhos no chão e batem as palmas das mãos em sinal de reconhecimento e protestação de sua excelência; falam-lhe por Majestade, obedecem-lhe por admiração. Habita a sua cidade real, que chamam o Macaco, nome sortido da morte que naquele lugar se deu a um animal destes. Esta é a metrópole entre as mais cidades e povoações; está fortificada tôda em uma cêrca de pau a pique com treneiras abertas para ofenderem a seu salvo os combatentes; e pela parte de fora tôda se semêa de estrepes e de fojos tão cavilosos que perigara nêles a maior vigilância; ocupa esta cidade dilatado espaço, forma-se de mais de 1 500 casas. Há entre êles

Ministros de Justiça para suas execuções necessárias e todos os arremedos de qualquer República se acham entre êles.

E com serem êstes bárbaros tão esquecidos de tôda sujeição, não perderam de todo o reconhecimento da Igreja. Nesta cidade têm capela a que recorrem nos seus apertos e imagens a quem recomendam suas tenções. Quando se entrou nesta capela achou-se uma imagem do Menino Jesus muito perfeita; outra de N. S. da Conceição, outra de São Brás. Escolhem um dos mais ladinos, a quem veneram como pároco, que os batiza e os casa. O batismo, porém, é sem a forma determinada pela Igreja e os casamentos sem as singularidades que pede ainda a lei da natureza. O seu apetite é a regra da sua eleição. Cada um tem as mulheres que quer. Ensinam-se entre êles algumas orações cristãs, observam-se os documentos da fé que cabem na sua capacidade. O rei que nesta cidade assistia estava acomodado com três mulheres, uma mulata e duas crioulas. Da primeira teve muitos filhos, das outras nenhum. O modo de vestir entre si é o mesmo que observam entre nós. Mais ou menos enroupados conforme as possibilidades.

Esta é a principal cidade dos Palmares, êste o rei que os domina; as mais cidades estão a cargo de potentados e cabos-mores que as governam e assistem nelas. Umas maiores e outras menores, conforme o sítio e a fertilidade os convidam. A segunda cidade chama-se Subupira. Nesta assiste o irmão do rei que se chama Zona. E' fortificada tôda de madeira e pedras, compreende mais de 800 casas. Ocupa o vão de perto duma légua de comprido. E' abundante de águas porque corre por ela o rio Cachingi. Esta era a estância onde se preparavam os negros para o combate de nossos assaltos. Era tôda cercada de fojos e por tôdas as partes, por obviar aos nossos impulsos, estava semeada de estrepes. Das mais cidades e povoações darei notícia quando me referir às ruínas.

Êste é o inimigo que das portas adentro destas capitanias se conserva há tantos anos, a quem defendia mais o sítio que a constância. Os danos que dêste inimigo nos têm resultado são inumeráveis, porque com êles periga a Coroa e se destroem os moradores. Periga a Coroa, porque a seus insultos se despovoavam os lugares circunvizinhos e se despejavam as capitanias adjacentes. E dêste dano infalìvelmente se seguiram outros inevitáveis, como era impossibilitar-se a conservação de todo Pernambuco; porque, como ocupam os Palmares do rio São Francisco até o cabo de Santo Agostinho, ficam iminentes a Ipojuca, Serinhaém, Alagoas, Una, Pôrto Calvo, São Miguel, povoações donde se recolhem mantimentos para tôdas as mais vilas e freguesias que estão à beira-mar, sem cujos provimentos ficam tôdas inconserváveis, porque os frutos que dão são os de que mais se necessita, a saber, – gados, farinhas, açúcares, tabacos, legumes, madeiras, peixes, azeites. Destroem-se os vassalos porque a vida, a honra, a fazenda, porque lha destroçam e lhes roubam os escravos, as honras porque as mulheres, filhas, irreverentemente se tratam; as vidas porque estão expostas sempre a repentinos assaltos; de mais que os caminhos não são livres, as jornadas pouco seguras e só se marcha com tropas que possam rebater os seus encontros.

E parecendo fácil destruir-se êste dano, foi até agora impossível conseguir-se êste intento, porque depois da restauração destas praças, 25 *entradas* se fizeram aos Palmares e malogrando-se nelas grandes cabedais, assim da Fazenda Real como da dos moradores, e perecendo muitos soldados, nunca se lhe enfraqueceram as fôrças; e para que conste com evidência o grande cuidado que tem dado êste negócio, e os grandes abalos que tem causado êste empenho, referirei o nome dos cabos que lá fizeram *entrada*.

Despejados os holandeses destas capitanias, que injustamente dominavam, pelo memorável Mestre de Campo general Francisco Barreto, cujo nome não só merece entalhar-se nos mármores da eternidade, mas também imprimir-se nas lâminas de nossa memória, pois foi o fanal que nas trevas do nosso cativeiro, despedindo os raios do seu valor, que Holanda sentiu, nos conduziu ao pôrto seguro da liberdade que hoje logramos; recolhendo-se restauradas de todo estas capitanias, não quis deixar de se remir ùltimamente de todos os seus contrários; e assim, entre os parabéns do sucesso passado, se acendeu o brio para os estragos futuros e, prevenindo perto de 600 homens com tudo o mais necessário para as marchas, os entregou à ordem do capitão André da Rocha para que fizesse a primeira *entrada* por aquelas matas nunca dantes penetradas; entrou a gente, começou a desembaraçar os estorvos daquelas montanhas e a buscar os habitantes daqueles desertos, porém, como eram os capitães que *entraram* briosos e os soldados resolutos, a discórdia os desuniu; do que tendo notícia o Mestre de Campo general mandou o tenente Antônio Jácome Bezerra para continuar o empenho, o que fêz com tanto acêrto que lançou uma famosa vitória em que se acabaram muitos dos palmaristas e se cativaram mais de 200.

Êste foi o primeiro estrago que sentiram aquêles países, esta foi a primeira fortuna com que se ensaiaram as nossas resoluções, êste foi o último aplauso com que se coroou o Mestre de Campo general de Pernambuco; tendo a glória de ser o único restaurador destas capitanias e o renome de ser o primeiro conquistador dos Palmares.

Teve circunstâncias de prodigiosa aquela vitória, porque naquele tempo as experiências eram muito poucas, e a multidão dos negros era muito grande. Julga-se sustentavam aquêles matos de 16 até 20 000 almas, que com êste feliz sucesso foram declinando, porque ficaram os segundos mais descobertos para as nossas *entradas* e os negros mais tímidos para os seus assaltos.

Entraram depois vários capitães, sargentos-mores e Mestres de Campo e todos mereceram louvor, porque, sôbre os trabalhos que padeceram, causaram danos que se sentiram, e porque no breve dêste papel não cabe a relação do que obraram, sirva-lhes só a declaração dos nomes para a glória do que mereceram.

Entraram nos Palmares o capitão-mor Sibaldo Lins, o capitão Clemente da Rocha, o capitão-mor Cristóvão Lins, o capitão José de Barros, o capitão-mor Gonçalo Moreira, o capitão Cipriano Lopes, o capitão Manuel Rebêlo de Abreu, o tenente Antônio Jácome, o capitão Brás da Rocha, o capitão Antônio da Silva, o capitão Belchior

Alves, o capitão Manuel Álvares Pereira, o capitão Sebastião de Sá, o capitão Domingos de Aguiar, o capitão Francisco do Amaral, o Mestre de Campo Antônio Dias Cardoso, o coronel Zenóbio Accioly, o sargento-mor Manuel Lopes.

Com tôdas estas *entradas* ficaram as nossas povoações destruídas e os Palmares conservados, sendo a causa principal dêste dano a dificuldade dos caminhos, a falta das águas, o descômodo dos soldados, porque, como são montuosas as serras, infecundas as árvores, espessos os matos, para se abrirem, é o trabalho excessivo, porque os espinhos são infinitos, as ladeiras muito precipitadas e incapazes de carruagens para os mantimentos, com que é forçoso que cada soldado leve às costas a arma, a pólvora, balas, capote, farinha, água, peixe, carne e rêde com que possa dormir. Como a carga, que os oprime, é maior que o estôrvo, que os impede, ordinàriamente adoecem muitos, assim pelo excesso de trabalho como pelo rigor do frio; e êstes ou se conduzem a ombros ou se desamparam às feras; e como os negros são senhores daqueles matos e experimentados naquelas serras, o uso os têm feito robustos naquele trabalho e fortes naquele exercício. Com que nestas jornadas nos costumam fazer muitos danos, sem poderem receber nenhum estrago, porque, encobertos nos matos e defendidos dos troncos, se livram a si e nos maltratam a nós.

Êste era o estado em que achou os Palmares d. Pedro de Almeida, quando entrou a governar estas capitanias. E, como os clamores do perigo comum e a guerra da insolência dos negros era geralmente lamentada de todos os moradores, logo tratou de acudir ao remédio daqueles povos e de conquistar a soberba daqueles inimigos; e dispondo com ordem as povoações de Serinhaém, Pôrto Calvo, Alagoas e Rio de São Francisco, mandou prevenir carnes e farinhas para as levas que queria mandar; determinou a gente que das mesmas freguesias se havia de tirar, elegeu os soldados pagos que haviam de *entrar,* preveniu botica, cirurgião, religiosos e tudo o mais que era necessário para a jornada, o que tudo entregou à ordem do sargento-mor Manuel Lopes, cuja experiência, zêlo e valor prometeu bom sucesso às esperanças que nêle se fundaram.

Achou-se êle na povoação de Pôrto Calvo em 23 de setembro de 1675, com 280 homens brancos, mulatos e índios; em 21 de novembro partiu para os Palmares, onde foram grandes os trabalhos, excessivas as necessidades e contínuos os perigos que se padeceram até 22 de dezembro, em que se descobriu uma grande cidade de mais de 2 000 casas, fortificadas de estacada de pau-a-pique e defendida com três fôrças e com soma grande de defensores, prevenidos com todo gênero de armas, e depois de se pelejar de uma e outra parte mais de duas horas e meia, largaram os nossos soldados fogo a algumas casas, que como são de matéria capaz de incêndio, começaram a arder e os negros a fugir. Deram sôbre êles, mataram muitos, feriram não poucos e prenderam 70. Ao dia seguinte se reincorporaram outra vez os negros e, reconhecido pela nossa parte o sítio, foram investidos, renhiu-se fortemente com dano considerável dos palmaristas; até que no seu retiro tiveram o seu remédio; assistiu o sargento-mor com arraial formado perto de cinco meses entre os segredos ásperos daquele sertão, padecendo indizíveis misérias, excessivos trabalhos e fomes grandes; campeando sempre aquelas espessuras, grande fruto se colheu desta assistência do arraial, porque, tímidos os negros de tão próxima vizinhança, mais de cem peças se recolheram ao povoado, a buscar seus senhores.

Nestas esperas alcançou por notícias o sargento-mor que se tinham passado os negros 25 léguas além dos Palmares, entre as fragosidades de uns carreiros tão espinhosos e bravos que pareciam incontrastáveis a tôda resolução; porém não os patrocinou ainda a aspereza, porque, assaltados dos nossos, ficaram muitos mortos e os mais fugiram; aqui se feriu com uma bala o general das armas, que chamava Zambi, que quer dizer deus da guerra, negro de singular valor, grande ânimo e constância rara. Êste é o espectador dos mais, porque a sua indústria, juízo e fortaleza aos nossos serve de embaraço, aos seus de exemplo. Ficou vivo, porém aleijado de uma perna.

Chegaram estas novas com o sargento-mor a d. Pedro de Almeida e compreendendo dos Palmares o sítio, das *entradas* o perigo, dos soldados o descômodo, dos negros a resolução, das cidades a fortaleza, com madureza grande e zêlo maior tratou de dar o último fim àqueles inimigos e, prevenindo todos os estorvos que os sucessos passados lhe tinham descoberto, com singular resolução tomou a seu cargo esta emprêsa; e tendo notícia de que na capitania de Sergipe d'El-Rey, pertencente ao govêrno geral da Bahia, assistia o capitão-mor Fernão Carrilho, a quem a fama tinha feito conhecido nesta capitania de Pernambuco pelos sucessos felizes que no sertão da Bahia tinha conseguido, destruindo mocambos e aldeias dos tapuias que infestavam aquelas partes, cujo valor e experiência foi a causa da quietação e segurança que hoje logra aquela cidade e seus arredores, pois já estão os caminhos livres, os engenhos seguros, as fazendas sem receios, os gados quietos e os moradores gostosos; sendo neste empenho tão intentado de muitos, e não conseguido de nenhum, o seu assunto o serviço de Sua Alteza, e não o interêsse de suas conveniências, porque é patente a todo o Brasil que nestas ocupações destroçou o seu cabedal e não recolheu nenhum emolumento, achando-se por bem pago das vitórias que alcançou com o nome e glória que universalmente mereceu; a êste capitão-mor escreveu apertadamente d. Pedro de Almeida para lhe entregar a comissão dêste negócio tão considerável; aceitou com gôsto a emprêsa, e convidando alguns parentes e aliados seus, partiu logo para Pernambuco a avistar-se com D. Pedro; e conhecendo d. Pedro nêle o valor e experiência e satisfeito da prática com que discorria sôbre os sertões, escreveu logo a tôdas as Câmaras destas capitanias para que dessem o concurso necessário ao intento que determinava conseguir; empenhou juntamente com cartas aos homens nobres e principais das povoações circunvizinhas aos Palmares, aplicando-lhes a glória daquela facção; estimulando-os com a honra daquela emprêsa. Muito facilitou às Câmaras, e à nobreza daquelas povoações, a cortês indústria com que d. Pedro se mostrou independente da glória do último sucesso, e juntamente a isenção singular e o desinterêsse com que lhes escreveu, que a jóia que se costumava dar aos governadores, êle oferecia para prêmio do seu trabalho, e só queria ter para bem de ver livres estas capitanias dos sobressaltos contínuos e dos perigos iminentes em que flutuavam, para a sua ruína; e que o seu intento todo era o serviço que nesta matéria resultava a Deus e a Sua Alteza e o sossêgo a seus vassalos; pois ao contrário se seguiam duas monstruosidades indignas de se publicarem no mundo, a primeira levantarem-se com o domínio das melhores capitanias de Pernambuco negros cativos, a segunda era dominarem a seus próprios senhores seus mesmos escravos.

Foram estas razões, pelo que levaram de cortesia e zêlo, eficazes motivos para obrigar os ânimos dos que as leram e poderosos empenhos para rebater os impedimentos que se lhes opuseram, porque, no mesmo tempo que despedia d. Pedro avisos para o que se intentava, se despachavam correios para estorvar o que se pretendia, sendo tôda a causa desta contrariedade dificultar a emprêsa ou reservar o sucesso para oportunidade que mal fundadas esperanças fingiam; querendo assim indignamente negar a glória a quem também dispunha os meios; porém a verdade da causa desarmou as iras da inveja, que ordinàriamente prevalece mais o zêlo para as emprêsas que os enganos para o estôrvo.

Dispostos desta sorte os ânimos, prevenidos pelas Câmaras os abastecimentos, assinalando-se entre todos os da vila de Olinda e os da capitania de Pôrto Calvo, porque aquela assistiu com dois mil cruzados e esta com 500$000, e as mais com o que puderam, partiu desta praça do Arrecife, e da presença de d. Pedro Fernão Carrilho, levando tôdas as ordens necessárias para a emprêsa e tôdas as disposições convenientes para o intento. Causa principal do bom sucesso que se conseguiu: porque no lançamento das primeiras linhas consiste a perfeição da melhor fábrica, e como se tinha empenhado d. Pedro em sair à luz com êste emprêgo, estudou muito particularmente o modo com que se havia de fazer a guerra; serviamlhe alguns desacertos das levas passadas de prevenção para o acêrto das esperanças presentes; tôdas as pessoas que tinham alguma experiência daquelas montanhas consultou, para colhêr de tôdas a resolução mais certa para as direções; e assim foi o regimento mais acertado ao sítio e mais nocivo ao inimigo que até o presente se tenha feito; e como entendeu que a causa principal para se conseguir êste fim consistia em perpetuar arraial no coração daqueles desertos, para dêle se fazerem assaltos e terem sempre inquietos os negros, ordenou a Fernão Carrilho que todo o seu cuidado havia de perseverar e persistir com arraial fortificado dentro dos Palmares; e, como êste empenho era o mais dificultoso desta conquista, porque a experiência tinha mostrado ser impossível assistir naquele sertão, pelos frios excessivos, grandes descômodos, faltas de mantimentos que se não podem prevenir lá em cima, e são dificultosos de conduzir das povoações de baixo, – atendendo a tudo d. Pedro, com singular providência, dispôs pelas povoações circunvizinhas os mantimentos, de sorte que não faltassem a seu tempo aos assistentes no arraial.

Com todos êstes ditames, conselhos e ordens partiu Fernão Carrilho para a capitania de Pôrto Calvo, onde o estava esperando a gente que se tinha conduzido das mais freguesias; que, segundo a ordem de d. Pedro, havia de ser 400 homens; achou Fernão Carrilho muito menos e, feita a resenha, contaram-se 185, entre brancos e índios do Camarão; era tão pouco êste número para a multidão dos negros, que dificultou a Câmara de Pôrto Calvo se era conveniente fazer-se a *entrada*; porém, como Fernão Carrilho tinha conhecido bem o empenho de d. Pedro, atreveu-se a tôdas as dificuldades e, pedindo se fizesse algum ato de religião para que patrocinasse o céu a jornada, cantou-se solenemente uma missa a que assistiu a nobreza daquela vila e todos os que haviam de entrar naquela campanha.

Aos 21 de setembro de 1677 fêz o primeiro passo para os Palmares Fernão Carrilho, saindo da vila acompanhado até entrar no mato do capitão Álvares, Cristóvão Lins e seu irmão Sibaldo Lins, como mais experimentados naquelas manhãs, e mais interessados na boa fortuna que se esperava; Fernão Carrilho, então, juntando todos os soldados que levava consigo, lhes disse: que o número nao dava nem tirava o ânimo aos valorosos, que o valor próprio só faria animados os soldados; que pôsto a multidão dos inimigos era grande, era multidão de escravos, a quem a natureza criou mais para obedecer que para resistir; que os negros pelejavam como fugidos, que êles os iam buscar como senhores; que as suas honras estavam perigosas pelos seus desmandos; suas fazendas pouco seguras pelos seus roubos, suas vidas muito arriscadas pelos seus atrevimentos; que nenhum dos que o acompanhavam defendia o alheio e todos pelejavam pelo próprio; que era grande descrédito para todo Pernambuco servirem-lhe de açoite os mesmos escravos que por êles foram muitas vêzes açoitados; que só mudavam da guerra o modo, e não o uso; por tantos anos estiveram com as armas nas mãos, sempre contra a Holanda, e ainda hoje estavam do mesmo modo contra os palmaristas; que o modo de guerrear, por não ser em campanha, era também mais fácil, por ser de assaltos; que êle não queria do seu trabalho outro prêmio mais que o bom sucesso; quem mais semeasse mais recolheria, porque as prêsas para êles haviam de ser; que o governador d. Pedro nem jóia queria para si, que a sua melhor jóia era a glória de fazer êste serviço a Sua Alteza e de livrar de tão consideráveis danos estas capitanias; e que, se destruíssem os palmaristas, teriam terras para a sua cultura, negros para o seu serviço, honra para a sua estimação; que seu intento era ir buscar o maior poder, porque queria, ou acabar ou vencer; porque do contrário se seguiria terem os negros notícia do pouco poder que levava e zombarem da guerra que lhes fazia.

Receberam todos os soldados com bom ânimo estas razões e logo partiram em demanda da Cêrca de Aqualtune, êste é o nome da mãe do rei, que assiste em um mocambo fortificado, 30 léguas distante de Pôrto Calvo, ao noroeste; contavam-se então 4 de outubro; tanto que do mocambo se sentiu a nossa gente, precipitadamente deampararam a cêrca; deram sôbre êles os nossos, mataram muitos, e surpreenderam 9, ou 10; a mãe do rei nem viva nem morta apareceu, e passados alguns dias se achou a dona que a acompanhava, morta.

Serviu êste sucesso de nos dar guias, e notícias, porque pelos prisioneiros constou de certo que estava o rei Ganga-Zumba com seu irmão Gana-Zona e todos os mais potentados e cabos-maiores na Cêrca Real chamada Subupira; ocupa êste mocambo uma grande cidade muito fortificada, na distância de três montes, de pau a pique, com baterias de pedra, e madeira; distante da Cidade Real 5 ou 6 léguas, da vila de Pôrto Calvo 45; servia então de praça de armas; e nela intentava o rei esperar a nossa gente, para se defender em forma de batalha.

Aos 9 de outubro partiu Fernão Carrilho para a Cêrca de Subupira e, prevenido do necessário, foi abrindo aquêles matos até que chegou a ter vista da cidade, onde, mandando fazer alto, com todo silêncio, e sossêgo, despediu 80 homens a descobrir as circunstâncias da cêrca, situação da cidade, e fortaleza das estacadas; voltaram os exploradores dizendo que tinha o inimigo lançado fogo à cidade, e que só as cinzas eram demonstração da sua grandeza; com que se entendeu que, tendo os negros notícia, pelos fugitivos de Acotirene, que Fernão Carrilho os buscava, quiseram mais arruinar a cidade que pôr em perigo as pessoas; apodereou-se dêste sítio a nossa gente; nele formou arraial, fortificou-se em baterias, e deu-lhe o título de Bom Jesus e a Cruz; título que elegeu para padrão da sua fortuna, e mandou que se invocasse em todos os sucessos e encontros; daqui despediu dois soldados a dar notícia ao governador d. Pedro de todo o antecedente, pedindo-lhe socorro de gente e de mantimentos, pois naquele sítio determinava fazer assento; despedidos os correios, ordenou uma tropa bater aquêles matos e combater aquêles inimigos; vagando pelo inculto daquelas asperezas, em descobrimento dos negros, passados 8 dias na esperança de alguma fortuna se recolheram desunidos e amotinados, com falta de 25 homens, que ao rigor do trabalho se retiraram fugitivos; daí a poucos dias desapareceram outros 25, podendo mais o desabrido do sítio para os levar que o brio da emprêsa para os deter; com que se achou no arraial Fernão Carrilho com 130 homens.

Chegados os avisos a d. Pedro, e convocando a conselho os cabos-maiores da praça, pôs em parecer a forma que havia de seguir no socorro que Fernão Carrilho pedia para conseguir o fim que se intentava, e continuar no sítio em que se aquartelava; resolveram todos que despedisse um cabo-maior dêste exército, com 30 soldados pagos, a fazer gente pelas povoações circunvizinhas, e para lhe enviar os mantimentos necessários para o arraial votaram todos na pessoa do sargento-mor Manuel Lopes, porque a experiência daquele negócio o tinha bem opinado no conceito geral de todos.

Partiu o sargento-mor com 30 homens e fêz alto nas Alagoas, para a expedição da gente e dos mantimentos; ação foi esta em que luziu muito o zêlo de d. Pedro, e o empenho desta conquista; porque, como desejava levar as novas desta fortuna, solicitou os meios mais acertados para conseguir esta felicidade.

Animou-se muito o arraial tanto que teve notícia do cuidado com que o governador lhe prevenia o necessário para o sustento, e lhe multiplicava os companheiros para o trabalho; despediu então Fernão Carrilho 50 soldados, à obediência de três capitães, Gonçalo Pereira da Costa, Matias Fernandes e Estêvão Gonsalves, a descortinar os segredos daqueles bosques; os quais, seguindo uma trilha que descobriram, tiveram um famoso encontro com os negros, que estavam juntos, de que conseguiram uma memorável vitória, em que pereceram muitos, e se prenderam 56, entrando nêles por prisioneiro o Ganga-Muíça, Mestre de Campo da gente de Angola; era êste grande corsário muito soberbo e insolente; foi tal o estrago nesta ocasião que se avaliou o sucesso mais por favor do céu que por esfôrço dos soldados; acabaram nêle os cabos de maior fama, como foram Gaspar, capitão da guarda do rei; João Tapuia e Ambrósio, ambos capitães afamados, e outros a quem a ignorância dos mesmos sepultou em perpétuo esquecimento; o rei fugiu com alguma gente que se livrou do assalto.

Tanto que a notícia deste feliz sucesso bateu às portas do nosso arraial, foi grande o alvorôço que elegeu a todos, e maior a resolução com que se animaram para a emprêsa; logo se expediu outra leva, a cargo dos capitães Estêvão Gonsalves e Manuel da Silveira Cardoso; e em espaço de 22 dias, aos 11 de novembro, tiveram notícia que o rei estava incorporado com o Amaro no seu mocambo; é êste Amaro celebrado naqueles Palmares, e temido nas nossas povoações; habita 9 léguas distante de Serinhaém; ocupa o sítio perto de uma légua de distância; inclui mil casas o mocambo. Aqui se dava por seguro o rei, porém aqui o foi descobrir a nossa vigilância; tanto que a nossa gente soube, de certo, que nêle estava o rei, com tanto ímpeto investiram o mocambo que fizeram um notável estrago, trouxeram vivos ao arraial 47 peças, duas negras fôrras, e uma mulatinha, filha natural de um morador nobre de Serinhaém, que tinha sido roubo dos mesmos negros; cativaram o Acaiuba; com 2 filhos do rei, um macho chamado Zambi e outro por nome Acaiene; e entre netos e sobrinhos do mesmo rei que se cativaram seriam 20; pereceu o Toculo, filho também do rei, grande corsário, e o Pacassa, poderosos senhores entre êles; o rei do furor dos nossos capitães se retirou fugindo, tão arrojadamente que largou uma pistola dourada e a espada de que usava; e foi voz geral que uma flecha o ferira com o ferro e o fizera voar com as pernas de todos os negros que se conglomeraram com o Amaro; a maior parte acabou à nossa fúria, a outros salvou a sua ligeireza.

Recolhidos ao arraial êstes capitães com as notícias do rei ferido, acendeu-se o ânimo dos nossos; e em seu seguimento saiu outra leva de 50 homens, e 4 capitães, a saber, José de Brito, Gonçalo de Siqueira, Domingos de Brito e Gonçalo Reis de Araújo; discorreram êstes pela vastidão daqueles matos em seguimento das relíquias do mocambo do Amaro; não tiveram do rei notícia, porém tiveram encontro com uma tropa, que o terror dos nossos assaltos trazia atemorizada, sem domicílio certo, nem descanso seguro, porque, como delirava a cabeça do rei entre os contínuos riscos que a assaltavam, discorriam os vassalos por aquelas brenhas sem ordem e sem govêrno; cativaram 36 peças, mataram muitos; e entre os mortos se conheceu o Gone, potentado entre êles, e atrevido entre nós.

Logo saiu o capitão Matias Fernandes, com 20 homens, pela outra parte dos mocambos, e, grassando aquêles contornos, descobriu alguns que andavam vagos, sem se atreverem a fazer assento certo; foram matéria ao nosso estrago, e ficaram presos 14.

Como a fortuna estava favorável aos nossos intentos, todos os nossos soldados receavam sair aos encontros para se recolherem com despojos, esta foi a causa por que já com menos prevenção se espalhavam por aquelas asperezas como dominadores e não como estranhos; e assim o capitão Matias Fernandes, com a sua tropa, saiu animoso e recolheu-se animado, porque aos fios da sua espada se atavam 21 presos, e ficaram por ela enfiados muitos mortos; o mesmo sucedeu aos capitães Antônio Velho Tinôco e Filipe de Melo Albuquerque, os quais, lançando-se para a parte do mocambo do Amaro, se recolheram com presas, e ficaram alguns com dano.

Neste mesmo tempo que o nosso arraial estava dominante naquelas brenhas, cujas vias incultas nunca foram examinadas por outros passos, de tal maneira se facilitaram as nossas tropas na divagação daqueles desertos, que grassavam tão confiados que não receavam ser ofendidos; tudo vence o valor, tudo contrasta a diligência, tudo facilita a constância, daqui se colhe, por diante certo, que nenhum trabalho é insuperável à resolução intrépida; e nenhuns soldados repugnam a perigos formidáveis se lhes presidem corações animosos; como d. Pedro era a alma que alentava esta emprêsa, do seu brio aprenderam os soldados a serem constantes, do seu zêlo a serem diligentes, da sua vigilância a serem cuidadosos, da sua disposição a serem prudentes; com tôdas estas influências do governador d. Pedro se conseguiu em 4 meses o que se intentou há muitos anos; pareceu o sucesso, por maravilhoso, lisonja que a fortuna lhe quis fazer; e, pesadas bem as circunstâncias, foi a certo que a prudência soube dispor; mais custou a disposição que o sucesso, pois, gastando d. Pedro 3 anos em lavrar êstes impossíveis, colheu em 4 meses o fruto dêstes trabalhos; não deixa de emular esta ação prodigiosa a restauração singular destas capitanias; só digo que, se na primeira se venceu um inimigo, que de fora nos veio conquistar, nesta se superou outro que das portas adentro nos dominava.

Neste tempo, que se contavam 29 de janeiro de 1678, saiu do arraial do Bom Jesus e a Cruz Fernão Carrilho com um soldado a menos, que morreu, e com alguns feridos, que mandou curar, e recolheu-se na vila de Pôrto Calvo dando por destruídos os Palmares e por vencidos os negros. Foi recebido com tôdas as demonstrações de aplauso e com todos os parabéns que merecia triunfo tão desejado; e como, na tropa dos negros que se cativaram na guerra, se conhecesse um negro por nome Matias Dambi e uma negra Angola por nome Madalena, já de maior idade, que era sôgro dum dos filhos do rei, Fernão Carrilho dando-lhes o necessário para o provimento da viagem, os mandou se fôssem em boa hora a buscar os seus companheiros e lhes dissessem que o seu arraial ficava fortificado e que, se não se rendessem todos ao governador de Pernambuco, logo havia de tornar a consumir, e a acabar o rei e as relíquias que ficaram; com êste recado partiram os dois velhos; e com a mais tropa, assim de soldados como de negros, e com a Câmara e mais nobreza, e povo da vila, e seus contornos se foi para a capela do Bom Jesus onde se cantou solenemente uma missa em ação de graças do felicíssimo vencimento, com que se dominaram aquêles inimigos, e com que se contrastaram aquêles impossíveis, que na opinião dos cursantes daqueles matos, e dos entendidos naquelas montanhas, foi sucesso mais benéfico que o céu nos fêz que fortuna que o valor conseguiu.

Logo, conforme a ordem que levava Fernão Carrilho do governador d. Pedro, se separaram os quintos para Sua Alteza, e as mais peças se repartiram pelos soldados; feita a repartição por seis homens desinteressados, com que ficaram os soldados satisfeitos do trabalho, que padeceram, e contentes do desinterêsse, que enxergavam. Ação foi esta de grande crédito para o governador d. Pedro, pois nela se conheceu pùblicamente o seu intento, que era fazer a Sua Majestade êste serviço tão grande, como libertar estas capitanias do jugo tirano, que as oprimia, sem esperança outra mais que a glória de o conseguir.

Nesta mesma ocasião, chegou aviso em como uma tropa, que tinha despedido o sargento-mor Manuel Lopes, que assistia nas Alagoas para a condução dos mantimentos, a cargo de João Coelho e Manuel de Sampaio, para correr os Campos de São Miguel, topara com uma marcha de negros retirando-se dos assaltos do arraial; deu a tropa sôbre êles, prenderam 15 e mataram muitos; pelos presos souberam que encaminhava aquela leva o Gana-Zona, irmão do rei, negro valoroso, e reconhecido daqueles brutos como rei também.

Logo chegou outra notícia que o capitão Francisco Alves Camelo, com 130 homens, se espalhara pelos mesmos Campos, com despesas de sua fazenda, e zêlo do serviço de Sua Alteza e neles gastara de assistência perto de três meses, e pelo rio Mundaú, que lava as faldas a dois montes altos, e incultos, encontrara com uma tropa de negros, escondidos entre os rochedos, e matos, que o rio e montes fazem; porém, como foram os nossos sentidos, escaparam os mais, e morreram alguns.

Tôdas estas notícias chegaram a d. Pedro de Almeida juntamente com Fernão Carrilho, o qual já tinha sido recebido com os parabéns e alegrias gerais que pedia sucesso tão favorável a todo Pernambuco; e tomando d. Pedro informação particular do que restava nos Palmares, alcançou que as cidades principais, cabos, e a melhor gente de guerra ficava morta e destruída, e que algum resto que ficava em companhia do rei andava espalhado, esperando a sua última ruína; usando então de uma prudente indústria e razão de Estado, mandou um alferes, doutrinado na disciplina daquelas montanhas; que subisse àqueles desertos e dissesse aos negros que ficava preparando Fernão Carrilho para voltar a destruir as pequenas relíquias, que tinham ficado; e que mandava discorrer todo aquêle sertão para que nenhum habitador dêle ficasse com vida; que, se êles quisessem viver em paz com os moradores, êle lhes asseguraria, em nome de Sua Alteza, tôda a união, e bom tratamento, e lhes assinalaria terras para a sua vivenda e lhes entregaria as mulheres, e filhos, que em nosso poder estavam.

Passados todos êstes sucessos, alegres os povos com êstes triunfos, livres os soldados destas marchas, sossegados os moradores dêstes insultos, e recebendo d. Pedro os vivas, e parabéns desta tão singular fortuna, correram os meses seguintes de abril, em que largou o govêrno destas capitanias a Aires de Souza de Castro, seu sucessor; em cujos dias brevemente se confirmou a verdade desta Relação e lhe tocou a parte da glória que d. Pedro soube dispor.

Porque, aos 18 de junho do mesmo ano, em um sábado à tarde, véspera do dia em que na Paroquial do Arrecife se celebrava a festa do nosso português Santo Antônio, entrou o alferes que tinha mandado d. Pedro aos Palmares com aviso, acompanhado de 3 filhos do rei com 12 negros mais, os quais se vieram prostrar aos pés de d. Pedro de Almeida, com ordem do rei para lhe renderem vassalagem, e pedirem a paz que desejavam, dizendo que só êle pudera conquistar as dificuldades dos Palmares; que tantos governadores e cabos intentaram, e não conseguiram; que se vinham oferecer a seu arbítrio, que não queriam mais guerra, que só procuravam salvar as vidas dos que ficaram; que estavam sem cidades, sem mantimentos, sem mulheres, nem filhos; e que dispusesse dos que restavam como a sua nobreza e gôsto determinassem.

Natural foi o alvorôço que causou a vista daqueles bárbaros; porque entraram com seus arcos e flechas, e uma arma de fogo; cobertas as partes naturais como costumam, uns com panos, outros com peles; com as barbas, uns trançados, outros corridos, outros rapados; corpulentos e valentes todos; a cavalo vinha o filho do rei mais velho, porque vinha ferido da guerra passada; todos se foram prostrar aos pés de d. Pedro de Almeida, e lhe bateram as palmas, em sinal do seu rendimento, e em contestação da sua vitória; ali lhe pediram a paz com os brancos.

D. Pedro, recebendo-os com grandes demonstrações de alegria, não querendo adorar a si aquêle aplauso, os remeteu logo ao governador Aires de Souza, para que tivesse também a glória daquele rendimento; prostraram-se todos a seus pés, dizendo que não queriam mais guerra; que o rei os mandava solicitar a paz; que se vinham sujeitar às suas disposições; que queriam ter com os moradores comércio, e trato, e queriam servir a Sua Alteza no que lhes mandasse; que só pediam a liberdade para os nascidos nos Palmares; que entregariam os que para êles tinham fugido das nossas povoações; que largariam os Palmares; que lhes assinasse sítio onde pudessem viver à sua obediência.

Grande foi o gôsto com que o governador Aires de Souza recebeu êstes negros, e singular a complacência com que se viu adorado dêstes inimigos; tratou-os com suma afabilidade, falou-lhes com grande brandura e prometeu-lhes grandes seguranças; mandou vestir alguns e adorná-los de fitas várias, com que ficaram os negros contentíssimos; e o povo todo geralmente aplaudiu de d. Pedro a fortuna, de Aires de Souza a benevolência.

Ao dia seguinte, que se contavam 20 de junho, entraram na Igreja Matriz do Arrecife Aires de Souza e Castro e d. Pedro de Almeida, levando diante de si a tropa dos negros a dar a Deus as graças e ao glorioso Santo Antônio da mercê que nos fizera em conseguirmos a vassalagem daqueles bárbaros; estava a capela-mor da igreja ricamente de sêda adornada, o Santíssimo exposto em um trono custosamente perfeito, muito farto de luzes, e mui brindado de adornos; e, mandando-os prostrar o governador Aires de Souza, todos adoraram o Senhor; e todos admiraram a pompa.

Aqui foi o aplauso avantajadamente crescido, porque todos concorreram a ver aquela novidade; grandes, pequenos, brancos, negros e todos, com seus clamores e tumultos, multiplicaram a glória da festa do dia, e acrescentaram o aplauso dos rendimentos presentes; quis o governador que logo se batizassem, por que, com a nova vida da Graça, começassem a lograr os benefícios da paz; e pôsto que os negros mesmos desejavam receber o batismo, foi necessário diferir-se para mais oportuna ocasião, para que com mais cuidado se empenhassem no intento a que vinham, e com maiores informações recebessem o sacramento que procuravam. Cantou-se solenemente a missa, subiu ao púlpito o vigário da mesma freguesia, e não faltou a dar a Deus as graças que se lhe deviam, nem a Santo Antônio as glórias que lhe redundavam, nem aos 2 governadores os parabéns que estavam merecendo.

Ao dia seguinte convocou o Conselho o governador, para se discutir a resolução mais conveniente que se havia de seguir, para a segurança da paz que se pretendia; acharam-se em palácio d. Pedro de Almeida, o Ouvidor Geral Lino Camelo, o Provedor da Fazenda Real João do Rego Barros, o sargento-mor Manuel Lopes e o sargento-mor Jorge Lopes Alonso; propôs Aires de Souza a petição do rei dos Palmares, em que pedia paz, liberdade, sítio, e entrega das mulheres; d. Pedro de Almeida, como tinha manuseado todo êste negócio e tinha experimentado as dificuldades da conquista, votou com singular acêrto, a que todos os mais que estavam presentes se sujeitaram; foi o seu parecer que lhes dessem para vivenda o sítio que êles apontassem e a paz para a sua habitação, e plantas; que se assentasse a paz; e que o rei se recolhesse a habitar o lugar determinado; que fôssem livres os nascidos nos Palmares; que teriam comércio, e trato com os moradores; e que lograriam o favor de vassalos de Sua Alteza; e reparando-se no Conselho se o rei Ganga-Zumba era poderoso para conduzir alguns corsários, que viviam distantes das suas cidades, respondeu o filho, que o rei conduziria a todos ao nosso domínio, e quando algum por rebelde repugnasse a sua e nossa obediência, êle o conquistaria e daria guias para as nossas armas o desbaratarem.

Com estas advertências se assentou a paz, e se concluiu o Conselho, de que tudo mandou o governador Aires de Souza fazer papel, para que os negros levassem por escrito o que se tinha tratado por conferência; e assim os despediu a cargo de um sargento-mor do Têrço de Henrique Dias, que sabia ler e escrever, para que lesse e declarasse ao rei e aos mais o tratado de paz; reservando o governador 2 negros para que ficassem em companhia do filho do rei, que não estava capaz de fazer viagem pela ferida que trouxera; a êste mandou assistir com todo cuidado para a sua cura; e aos mais com o necessário para o sustento.

Esta é a relação da ruína em que vieram cair os Palmares tão temidos nestas capitanias, e tão poderosos na sua opinião; chegou-lhes o tempo da sua declinação para ter Sua Alteza a glória do seu vencimento, que, como se julgava impossível pelas dificuldades, deve recrescer na estimação pela fortuna; já se correm livres aquelas montanhas, que até agora eram impenetráveis a tôda diligência; já se dão os moradores por seguros, as fazendas por aumentadas, os caminhos por desimpedidos; e sendo êste triunfo para Sua Alteza de grandes rendimentos, não foi esta campanha para sua Real Fazenda de nenhum custo, porque, sem desembôlso, nem despesa do seu cabedal se aumentou com o lucro dos quintos, que se cobraram, e com a esperança de multiplicados aumentos, que se podem colhêr, por serem aquêles sertões ricos de excelentes madeiras, com várzeas fertilíssimas para engenhos, e pastos estendidos para gados.

Agora é que concluiu a restauração total destas capitanias de Pernambuco; porque agora se acham dominantes do mesmo inimigo; que das portas adentro as inquietava há tantos anos; com tão felizes sucessos que aquêles mesmos que nos destruíam com suas armas, nos prometem servir com seus trabalhos. Tôda felicidade desta glória, tôda glória desta conquista soube merecer o zêlo generoso e a prudência singular de d. Pedro de Almeida, que, não reparando em nenhum impossível, se dispôs a conseguir esta fortuna; seu nome será eterno na lembrança dos filhos de Pernambuco; seu valor aclamado nas incultas montanhas dos Palmares; seu aplauso estendido nos perpétuos brados da fama.

> (MS oferecido pelo Conselheiro Drummond, cópia de documento existente na Torre do Tombo, publicado na *Revista* do Instituto Histórico Brasileiro, tomo XXII, 1859, pp. 303-29.)

OS SUCESSOS DE 1668 A 1680

1) *Acôrdo entre as Câmaras de Pôrto Calvo e Alagoas acêrca da extinção dos Palmares (1668).*

Ano do nascimento de Nosso Senhor Jezus Cristo, da era de mil seiscentos e sessenta e oito annos, aos desesete dias do mez de dezembro nesta villa do Bom-Successo de Porto Calvo, nas casas do Conselho da dita villa, juntos o capitão e alcaide maior Christovão Lins e os homens da governança e dois deputados que vierão da villa das Alagôas os capitães Antonio Cabral de Vasconcellos e Gaspar de Araujo a tratar com os ditos acima por parte dos officiaes da camara daquella villa e do capitão maior André Gomes em nome do povo e nobresa della, sobre a extinção dos negros levantados dos Palmares, acordarão fazer uma união perpetua, e de cada villa se porá em campo hum trosso da melhor gente de guerra com hum cabo e entrarão aos mocambos unidos em hum governo pela parte que melhor for noticiada, para se destruirem os ditos mocambos, eguaes em custo, e toda a mais gente que quizer entrar voluntariamente, quer seja das ditas capitanias, quer de outras quaes quer, todos hirão sujeitos do mesmo governo, que os cabos que entrarem farão assistencia necessaria e serão obrigados a conservar os mantimentos que nos ditos mocambos se acharem para sustento dos soldados e botar com suas tropas para que reprimido o negro se venha valer da nossa gente entrarão a custa das ditas duas capitanias fasendo cada qual o custo a sua gente de polvora e balas e mantimentos e descendo alguã tropa dos mocambos alguã destas capitanias será a Camara obrigada a lhe dar o socorro necessario, fazendo por em revista a despesa que for com quitação do cabo se satisfará uso e feito suprirão os moradores visto não haver fazenda Real e todas as presas que se tomarem dos moradores serão vendidas para fora desta capitania de Pernambuco e de cada huã se tirará o valor de doze mil reis e serão obrigados seos senhores a remilos dentro de hu' mez e fazendo contrario os poderão vender os mesmos cabos e os capitães maiores andarão vigilantes e os fazer lansar fora da capitania e de doze annos para baixo os poderão possuir e vindo-se meter alguns reprimidos de nossas armas em casa de seus senhores serão obrigados a dar seis mil reis e se lhes fará a possagem e o mais conveniente. E todo o negro corsario que se aprizionar nos mocambos e constar que nestas capitanias obravão maleficios de mortes e roubos serão castigados com morte natural como malfeitores e o perderão seus senhores e os presos que se aprizionarem fora destas duas capitanias seguirão os cabos o bando e ordem do Senr. Governador Bernardo de Miranda Henriques e as presas que se fizerem serão repartidas com igualdade o que tocar a cada hum, o que tudo se obrará com o parecer das Camaras e dos capitães maiores destas ditas capitanias. Feito em vereação em o dito dia, mez e anno e eu supra Nicolao Gonçalves Felgueira, escrivão da Camara o escrevi. – Christovão Lins, Francisco Velloso, Domingos de Siqueira, Clemente da Rocha Barbosa, Antonio d'Andrade Barbosa, Manoel Pereira, Custodio d'Andrade Barbosa, Hepolito Alonso de Versoza, Antonio Cabral de Vasconcellos, Gaspar de Araujo. E não diz mais o dito assento o qual tresladei bem e fielmente a que me reporto em tudo e por tudo, o qual fica em meo poder. E eu capitão Pero Bezerra – escrivão da Camara que escrevi.

2) *Ordem do governador Bernardo de Miranda Henriques ao capitão-mor das Alagoas, acêrca dos prêtos dos Palmares (1669).*

Por quanto a experiência nos tem mostrado o grande dano que causão os negros levantados dos Palmares que nas entradas que se tem feito trouxerão e tomarão pelos senhores dos taes negros os porem em liberdade com o qual se tornão a hir para o mato levando consigo maior quantidade dos que estão em serviço dos moradores em que se deve por particular cuidado e atalhar tão grande dano, por esta ordeno e mando ao capitão maior da vila das Alagoas André Gomes que tanto que esta minha ordem receber fassa logo como feito notificar aos moradores que tiverem em seu poder escravos algu's, dos que se tomarão nas entradas que se fizerão aos Paulmares para que dentro de trinta dias que comesarão a correr do em que forão notificados mandem a este Recife vender por si ou por outras pessôas os ditos negros para serem botados fora destas capitanias, e o que não fizer dentro no dito tempo que lhe assigno dará todo o direito que nelles tiverem e lhe serão tomadas pela mizericordia da villa de Olinda, a qual os concedo delles possão usar livremente e venderem ficando o valor para a dita casa de mizericordia, e para que a todo tempo conste desta minha ordem o dito capitão maior André Gomes o fará registrar nos livros da Camara da dita vila de Alagoas, e quanto esta mesma ordem se hade entender também os mais negros que se tomarem nas entradas que ao diante se fizerem. Dada neste Recife de Pernambuco sobre meo signal somente aos vinte e hu' dias do mez de março de mil e seiscentos e sessenta e nove. E esta mesma ordem se entende também com as negras femeas. – Bernardo de Miranda Henriques. E não diz mais dita ordem que trasladei da propria bem e fielmente, a qual fica em mão e poder do dito capitão maior André Gomes. E eu capitão Pero Bezerra – escrivão da Camara que escrevi.

Notificação do ajudante Gonçalo Rodrigues acêrca da ordem acima.

Certifico eu o ajudante Gonçalo Rodrigues que em virtude da ordem do Senr. Governador Bernardo, diguo e mandado do capitão maior André Gomes notifiquei ao capitão Gonçalo Moreira da Silva e lhe li a ordem do dito Senr. Governador, e assim mais me ordenou o Senr. capitão maior André Gomes notificasse todas as pessoas que tiverem negros ou negras dos palmares para que se dese comprimento a ordem do Senr. Governador, hoje seis de abril de mil seiscentos e sessenta e nove annos. Eu o ajudante Gonçalo Rodrigues. E não diz mais a dita certidão, a qual certidão eu o capitão Pero Bezerra escrivão da Camara tresladei bem e fielmente em tudo e por tudo a que me reporto sem cousa que duvida fassa.

Notificação do sargento Manuel Nunes Vieira sôbre o mesmo assunto.

Certifico eu o sargento Manoel Nunes Vieira que em vertude da ordem do Senr. Governador notifiquei ao capitão Thomé Dias de Souza e ao alferes Miguel Barreiros e a Francisco Daranjo e a Maria Barreiros a que tudo li por mandado do capitão maior André Gomes hoje dez de abril de mil e seissentos e sessenta e nove annos. – O sargento Manoel Nunes Vieira. Não diz mais a dita certidão que tresladei da propria bem e fielmente a que me reporto em tudo e por tudo, e eu o capitão Pero Bezerra escrivão da Camara que escrevi.

3) *Acôrdo entre as Câmaras das vilas de Alagoas, Pôrto Calvo e Serinhaém em relação aos Palmares (1669).*

Aos tres dias do mes de Outubro de mil e seiscentos e sessenta e nove annos nesta villa de Santa Magdalena da Lagoa do Sul em o passo do Conselho della presentes os Senhores officiaes da camera abaixo assignados apareceo o capitão Pero Correia da Maia vereador e deputado da vila do Bom Sucesso do Porto Calvo e nos fez presente hu'a carta da dita camera e outra da Camera da vila fermosa de Seriaem de união e irmandade contra os negros levantados dos Palmares de que nos abrasamos com ella por ser serviço de sua magestade e conservação de seos povos fazerem esta guerra movidos dos grandes danos roubos mortes grandes incendios que padecem os moradores dos negros dos palmares e se verem desamparados dos ministros de sua magestade havendo-lhe representado muitas vezes se unirão a fazer esta guerra as cameras do Porto Calvo Seriaem e nós com ellas e o faremos prezente a vila do penedo do rio Sam francisco e por se ter feito outros termos sobre as entradas e a este tempo não estarem as vilas unidas como hoje estamos e nos queremos conformar todos ajudando-se hu's aos outros entrando e fazendo o gasto a sua gente e vindo a gente por algu'as das ditas vilas será obrigada a dar-lhes todos os mantimentos que lhes forem necessarios pelo seo . . . . e por estes povos fazerem esta guerra a sua custa com pessoas e fazendas que lhe concedemos a gente que for as pilhagens livres e isentas guardando os preser . . . . das vilas unidas que vem a ser os negros dos moradores e negras e crias assim pequenas como grandes as entregarão a seus Senhores pagando doze mil réis por cada huã e os mais que se tomarem não sendo das ditas vilas unidas serão quem os tomar e de mais mãe e filhos não conhecendo seus senhores serão para quem os tomar, e por ser serviço de sua magestade fizerão este termo que todos os ditos senhores officiaes assignarão com o dito capitão Pero Correia da Maia. E eu capitão Pero Bezerra escrivão da Camara que o escrevi. – Felippe Gil, Antonio de Andrada de Carvalho, Manoel Machado e Sande, Pero Correia da Maia.

4) *Bando do governador Fernão de Souza Coutinho acêrca de armas proibidas – Palmares (1670).*

Fernão de Souza Coutinho, Governador das Capitanias de Pernambuco e das mais annexas por S. Alteza que Deus G. &.

Por quanto sou informado das muitas e continuas mortes e assassinios que se cometem a espingarda nesta capitania e suas annexas por escravos mulatos forros e cativos e outras pessoas semelhantes pela devasidão com que usam todos as armas de fogo sem algum temor de Deos respeito e observação das ordenações e leis de Sua Alteza que Deus Guarde e juntamente por omissão da justiça e falta de castigo que té o presente se não tem executado mando que quaesquer pessoas que se acharem em quaesquer oras do dia e da noite com espingarda ou com outra qualquer arma de fogo, ainda descarregada em qualquer parte villa possa lugar estradas publicas destas capitanias sendo escravo mulato, índio, mameluco, negro ou homem branco peam que exerça qualquer officio mechanico ou haja exercido seja trateado com tres tratos de corda a braço solto na polé que se mandou levantar na praça de Recife e perca as ditas armas de fogo para os officiaes de justiça ou melissia que assim os prenderem e acusarem, e este bando se não entenderá quando os taes escravos e homens livres acompanharem a seus senhores e amos em suas jornadas que fizerem pelas estradas disertas indo com seus senhores ver suas fasendas ou tratar de seus particulares com declaração porém não seja com bacamartes ou pestolas armas prohibidas por leis e extravagantes de S. A. e não tendo seus senhores de seo menos de dois mil crusados em fasenda e .... para com esta quantia poderem em sua jornada como fica dito usar de armas licetas que lhe são concedidas e juntamente não andando seus senhores livrando-se de quaes quer crimes em que sejão culpados por quanto durante seus livramentos não poderam por si nem por seus escravos trazer ou acompanhar de arma alguma de fogo e fazendo o contrario incorrerão os ditos escravos e criados nas penas deste bando e aos ditos seus senhores se lhes não guardaram seus seguros e da Cadea acabarão seus livramentos pelo grande escandalo com que até o presente se tem havido com as justiças neste particular dos culpados e outro se não entenderá este bando naquellas pessoas que andarem pela dita capitania vendendo suas fasendas em rezão dos continuos roubos que se fazem pelas estradas por cuja causa poderão usar espingardas com bala da medida do cano e não de bastardos nem de outra sorte nem tambem se entenderá nos tapuias indios mansos e as aldeias que vem as praças desta capitania a tratar de seus resgates e a venderem suas fazendas porquanto veem quietos e sam incapazes de poderem observar inteiramente este bando e somente se mandarão arrumar nos corpos de guardas as armas de fogo que trouxeram em quanto nas ditas prasas andarem e outro se não comprehenderá este bando a nenhuma pessoa de qualquer qualidade ou sorte que seja das que se acharem nas fronteiras dos Palmares – a saber – Rio de Sam francisco, Alagoas, Porto Calvo, Una e Serinhaem por estarem vesinhos aos ditos palmares para cuja defensa se lhes concede o uso das ditas espingardas nos ditos destrictos mais se porem delles forem achados incorreram nas mesmas penas deste bando, o qual também entenderá nos officiaes de justiça ou milisia que forem fazer suas prisões e execuções e diligencias porque estes poderam usar de todas as armas de fogo para sua defesa por assim lhes ser permitido nem nos soldados entrando e fazendo sua guarda, e porque outro si nas espadas mais de marca se tem prevertido a disposição da ordenação usando todos dellas sem respeito algu' a dita lei mando que toda a pessoa de qualquer qualidade e condisam que seja que nestas capitanias de Pernambuco, suas villas, praças e estradas e lugares não tragão espadas mais compridas que de sinco palmos e meio de vara entrando nelles o punho e a pessoa que for achada com espada de mais de comprimento seja presa e perca a espada, com quaes quer cabos que nella trouxer de ouro ou de prata e sendo peam . . . . trinta dias na cadea e pagará dois mil reis, a metade a quem o acusar e a outra metade para as despesas de .... e sendo escudeiro ou de maior qualidade pagará quatro mil reis e será degradado hum anno seis legoas para fora do termo donde for morador, sendo escravo será publicamente asoutado havendo-se as armas sempre per .... para quem as denunciar, e o oficial que consertar, alimpar ou vender as ditas espadas pela primeira vez será preso e degradado hum anno para fora da cidade ou lugar donde for morador e pagará quatro milreis para o denunciador e despesas de guerra e pelas mais encorrerá nas penas da mesma ordenação e para que este bando inviolavelmente se observe mando que todos os officiaes de justiça e melisia, capitães maiores e mais capitães da ordenansa vivos e capitães do campo todos em sua jurisdição e em suas freguesias cada hu' per si possa acoutar as armas referidas assim de fogo como espadas prendendo todas as pessoas que as trouxerem que logo remeterão ao Ouvidor e auditor geral destas capitanias para se fazer bem o comprimento da justiça sob pena de serem suspensos hum e outros de seus oficios e postos em que não poderão jamais entrar para o que me informarei duas vezes cada anno do que neste particular se obrar, e os capitães de guarda da praça do Recife e do lugar onde assistir o governo mando façam observar pellas rondas e sentinelas nos postos em que estiverem este bando dando-lhes a todos por ordem assi ao cabo da ronda que sendo achado em alguma omissão tendo posto de alferes e dahi para cima será delle suspenso e degradado para o Ciará até minha mercê e sendo de menor posto assim elle como as sentinellas que estiverem nos postos serão tratadas com tres tratos de braço solto. E para que venha a noticia de todos mandei publicar este bando por todos os lugares e praças publicas villas e freguezias e corpos de guarda desta capitania o qual nella se fixará para em nenhum tempo se alegar ignorancia cuja execução correrá passados dez dias depois de publicado registrando-se nos livros da Ouvidoria .... e todas as Camaras dellas com certidam de sua publicação e todos os officiaes a que for derigido remeterão ao Ouvidor auditor geral. Dado neste Recife sob meo sinal aos vinte e seis dias do mez de Novembro de mil seiscentos e setenta. – Fernam de Souza Coutinho. E não diz mais o dito bando o qual tresladei do proprio bem e fielmente hoje seis de Janeiro de mil seiscentos e setenta e hu' anno.

5) *Bando do governador Fernão de Souza Coutinho oferecendo vantagem às fôrças contra os Palmares.*

Fernam de Souza Coutinho, governador das capitanias de Pernambuco e das mais annexas, por Sua Alteza que Deus Guarde.

Vendo o grande perigo em que continuadamente vivem todos os povos circumvisinhos aos mocambos dos negros dos Palmares com irreparavel dano que poderá resultar da conservação e aumento destes levantados me pareceu dar conta a Sua Alteza que Deus Guarde. Com ordem sua convida-los por hu'a voz como o dito Senr. resolveu para que he necessario que os moradores destas capitanias concorrerão todos com ajuda que cada hu' poder dar assi de suas pessoas como de seus escravos para o comboio dos mantimentos e porque venha a noticia de todas as conveniencias que cada hu' particularmente de mais dos . . . . resultaram desta jornada: ordeno que nenhum criminoso em parte que for á ella possa ser preso em quanto durar a conquista e nella militar não sendo o crime gravemente escandaloso ou dos exceptuados pelas ordenações a saber lesa magestade moeda falsa sodomia ou resistencia porque este reserva as leis e ordens da Sua Alteza e apresentando-me certidão de como resistiram e procederam ao dito Senhor para que por este serviço lhes mande perdam geral a todos os homens nobres que forem a dita jornada serão preferidos aos mais lugares oficios e honras da Republica como defensores della e se lhes passaram certidão de seo procedimento para requererem a Sua Alteza que sem duvida lhes defirirá as suas pretensões por este serviço com particular atenção e nenhuma pessoa que for a esta jornada e tirar certidão de como nella assistio poderá ser presa para o socorro de Angola em qualquer occasião de leva que suceda por maior que seja o aperto daquele reino o que tudo ordeno aos capitães mores das villas a quem tenho encarregado as levas da gente assi nobre como mecanica para esta guerra fassam presente a todos o conteudo neste papel para que pelas utilidades referidas se disponhão para a dita jornada cada hu' com .... que lhe for possivel a ordem dos cabos que para ella se nomearem e esta se registrará para que a todo tempo conste nos livros da Secretaria deste governo e no da Camara da villa das lagoas e se fixará na parte della costumada. Dado nesta villa de Olinda sob meu signal somente aos quatro dias do mez de Setembro de mil seiscentos e setenta e dois. – Fernam de Souza Coutinho. Este he o bando que tresladei bem e fielmente sem cousa que duvida faça que ao proprio me reporto do que me assinei do meu sinal costumado. E Eu Manoel de Siqueira Feio, escrivão da Camara o escrevi.

6) *Bando do governador Fernão de Souza Coutinho acêrca da disciplina das fôrças estacionadas no arraial do Palmar (1672).*

Fernam de Souza Coutinho, governador das capitanias de Pernambuco e das mais annexas por Sua Alteza que Deus Guarde.

Por quanto se tem resolvido ser em grande serviço de Sua Alteza que Deus Guarde e conservação de todas estas Capitanias de Pernambuco fazer guerra aos negros levantados dos Palmares, afim de os domar ou extinguir por não irem tanto em crescimento as hostilidades mortes e roubos que de ordinario experimentão os povos a elles mais circumvizinhos para cujo effeito tenho ordenado se situem o arraial e estancias que entre elles mais acomodadamente possa haver encarregado tudo ao Coronel Antonio Jacome Bezerra que em minha auzencia deve seguir as instruções e ordens que lhe tenho mandado passar e serme necessario para se darem esta a execução lansar Bando e por penas a todos os soldados assi pagos como da ordenança sejam as suas ordens em tudo lhes sejam obedientes e a seus cabos não se ausentando dos sitios e estancias entradas e villa das Alagoas donde todos se ãm de encorporar sem minha expressa ordem ou dito coronel. Mando que todo o soldado que no arraial e sitio dos Palmares ou em outra qualquer parte não obedecer a seos maiores resistindo-lhe ao que lhe for mandado tirando da espada para elle ou levantando motim entre os mais será preso e arcabusado remetendo-se pelo dito coronel a minha presença para o mandar executar a dita pena com o ouvidor e auditor general, todo o soldado que fugir assi da dita entrada como do sítio e arraial donde estiverem ou da praça da alagoa será trateado com tres tratos abraço solto e degradado dois annos para o Ciará, a qual execução de tratos mandará fazer logo o dito coronel tomando por ajunto hu' dos juizes ordinarios que processará autos de como asi se tiver quebrado este bando que ao depois me remeterá e quanto as pessoas de maior posto de sargento para cima até o de capitam encorrendo neste bando perderá os postos que tiverem sendo em publico no arraial desarmados de suas armas e ensinias e remetidos para irem degradados para a forsa do Siará por dez annos e para que asim venha a noticia de todos este se publicará nas vilas das Alagoas e Rio de Sam francisco afixando-se em cada hu'a dellas na parte costumada e sendo . . . . registrada nos livros da secretaria deste governo ou duturia geral e nos da Camara das referidas villas para em nenhu' tempo se poder alegar inoransia. Dado nesta villa de Olinda sobre meo sinal somente aos vinte dias do mez de Outubro de mil seiscentos e setenta e dois. Declaro que o Bando se entenderá tanto na gente paga como na da ordenansa e a toda a mais que for nesta occasião a ordem do dito coronel. O secretario Diogo Rodrigues Pereira o fez escrever. – Fernam de Souza Coutinho. Este he o bando que tresladei bem e fielmente sem cousa que duvida faça que ao proprio me reporto de que me assinei do meo sinal costumado, e eu Manoel de Siqueira Feio escrivão da Camara que o escrevi.

7) *Providências da Câmara das Alagoas em relação ao fornecimento de gêneros à entrada nos Palmares (1674).*

Aos desoito dias do mez de Junho de mil seis centos e setenta e quatro nesta villa de Santa Maria Magdalena da lagoa do Sul em o passo do Conselho della sendo presente o juiz Miguel Barreiros e vereadores Manoel Lopes Duram e Manoel Gomes e procurador do Conselho Ambrosio Lopes Leitão e junto o capitão mór João da Fonseca que junto os ditos senhores ofisiaies da Camera ordenarão que pera execução a ordem do Senr. Governador D. Pedro de Almeida para a entrada que intenta fazer sobre a guerra dos negros dos Palmares para quietasão dos povos desta capitania ordenarão os ditos Senhores que pera a finta da Senhora Rainha da Gran-Bretanha e paz de Olanda pera os trezentos alqueires de farinha que o dito Senhor Governador ordenou a esta capitania e assim mais todo o peixe que se podesse faser de que mandarão fazer este termo que todos asinaram com o dito Capitam mór. e eu capitam Pero Bezerra – escrivão da Camera que o escrevi. – João da Fonseca, Ambrosio Lopes Leitão, Miguel Barreiros, Manoel Lopes Durão, Manoel Gomes.

8) *Bando do governador Pedro de Almeida, anunciando que preparava tropas para uma entrada aos Palmares (1674).*

Dom Pedro de Almeida, governador da Capitania de Pernambuco e das mais annexas por Sua Alteza que Deus guarde, porquanto considerei o grande aperto em que vivem os moradores destas capitanias principalmente os do Porto Calvo e Alagoas oprimidos com a insolencia dos negros levantados dos Palmares de quem recebem roubos e desacatos continuos sem aver quem lhes possa atalhar a maldade com que o fazem, me pareceo mandar lhes fazer entrada com asistencia no Arraial de donde as tropas se hão de expedir pera com ella ver se pode extinguir parte dos que naquela conquista se acharem e pera êste efeito mandei prevenir a gente que entendi era necessario de soldados pagos, brancos indios homens pardos da ordenansa e pretos do têrço que foi de Anrique Dias que té o fim do corrente hão de marchar aos quaes concedo em nome de Sua Alteza que deos guarde livrimente todas as presas que tomarem tirados os quintos do dito Senhor os quaes hade repartir o cabo que mando e isto farão conforme o regimento que mandei passar e per que pode haver outra muita gente que por seo gosto se queira nella achar em tropas devididas levada do interesse que pode colher ordeno e mando que todo o que quiser o pode fazer porque na forma referida lhe concedo as presas que o seo cabo repartir com condição que hão de vender todos os que nesta ocasião se pilharem para fora destas capitanias excepto as crias até dez annos de idade e pera que este bando venha a noticia de todos se publicara e fixara na vila de Olinda e Recife e em todas as mais villas e freguesias destas capitanias. Olinda 19 de Outubro de 1674 annos. Dom Pedro de Almeida. E não diz mais o dito bando o qual tresladei do proprio bem e fielmente a que me reporto em todo e por todo. Eu capitão Pero Bezerra escrivão da Camera que escrevi.

9) *Aceitação do oferecimento do governador das armas, em proveito das entradas aos Palmares (1675).*

Aos onze dias do mez de Março de mil seis centos e setenta e cinco annos nesta villa de Santa maria magdalena da lagoa do sul sendo presente o juiz João Gomes de Mello com os mais Senhores ofisiais da Camera os vereadores e procurador do conselho e vereador mais velho Francisco Nunes, Manoel Landim e o procurador do conselho Matheus de Siqueira os quaes mandarão notificar ao povo nobre e junto lhe fizerão os Senhores ofisiaes da Camera pergunta ao dito povo a cada hu' de per si se herão contentes e lhes parecia bem viese o governador das armas Estevão Ribeiro Vaijam

Parente para efeito da restaurasam dos Palmares como por carta do dito se oferece aos Senhores ofisiaes da Camera ao que todos a cada hu' de per si responderão que herão muito contentes e querião viesse o dito governador para o dito efeito e em . . . . deixavão a promessa que se havia de dar ao dito governador de que mandarão faser este termo que todos asinaram com os ditos ofisiaes da Camera, e eu capitão Pero Bizerra escrivão da Camera que o escrevi. – João Gomes de Mello, Francisco Nunes, Manoel Landim, Matheus Siqueira, Domingos de arahujo, B. Gonçalves . . . . Manoel Lopes Durão, Francisco de araujo, Manoel Gomes, Antonio . . . ., Antonio de Almeida Mascarenhas, Francisco Coelho Falcão, Francisco Nunes Velho, João Lopes Chaves.

10) *Condições preliminares à entrada do capitão Fernão Carrilho aos Palmares (1676).*

Aos tres dias do mez de fevereiro do anno de mil seis centos e setenta e seis annos nos passos do Conselho onde se costumavam tratar os negocios e acordos da Camera do povo em prezença dos juizes o capitam Domingos da Costa Cortes e o Capitão Julião de Oliveira e os vereadores o alferes João de Castro Filgueiras e o alferes João Leitão de Vasconcellos e o precurador do conselho João Pereira da Cunha em prezença do capitam maior desta Capitania Sibaldo Lins e o capitão maior das Alagoas João da Fonseca e o capitão Clemente da Rocha Barbosa e o capitão Fernam Carrilhos o qual veio a êste senado assentar com elle as condições com que hade marchar com o favor de deus em agosto proximo as quaes elle dito capitam e nós aceitamos e são as seguintes que per quanto esta camera se une com as vilas da Lagoa do Sul e villa do Penedo do Rio de são francisco para entre todas fazerem o custo desta tropa que consta de duzentos arcos e cem armas de fogo a qual para a primeira entrada faz de custo sete centos mil reis e fica esta camera obrigada a dar pera este custo trezentos e cincoenta mil reis e a villa das lagoas cento e cincoenta e a villa do penedo duzentos e pera cem mil reis que sam necessarios todos os mezes para a tropa de mantimentos na asistencia dá esta camera quarenta mil reis a villa das lagoas vinte e cinco mil reis e a villa do penedo do Rio de São Francisco trinta e cinco e o dito capitão Fernam Carrilhos cabo da dita tropa aseitou este contracto e se obrigou a dar as presas que tomasse desta capitania e das mais unidas neste dispendio por doze mil reis de tomadia por cada escravo que pera lá tivesse ido e por cada cria que tivessem seus senhores nestas capitanias unidas lhas dava por justo valor e mais se declara neste termo que as pessoas que com o rigor de sua asistencia viessem buscar abaixo seus senhores serão elles obrigados a pagar os mesmos doze mil reis e trazendo crias ficavão livres aquellas que tiverem de idade tres annos pouco mais ou menos e das que passassem desta idade pera sima pagará doze mil reis por cada hu'a e nas mais prezas que o dito capitam Fernam Carrilhos tomar nos Palmares disporá a seo alvedrio o que lhe parecer e o que lhe for necessario de fazer este e os demais senados unidos lho farão em nome de Sua Alteza que deus Guarde lhe concedemos e os senhores Governadores o que pudemos e como asim houverão tudo por acordo e acerto mandarão fazer este termo em que todos asinarão dia e era acima, e eu Sipião Pita Porto Carero de Mello, juiz dos orfãos e escrivão da Camera que o escrevi. – Domingos da Costa Cortes, Julião de Oliveira, João de Castro Filgueiras, João Leitão de Vasconcellos, João Pereira da Cunha, Sibaldo Lins, João da Fonseca, Clemente da Rocha, Fernam Carrilhos; o qual treslado de termo Sipião Pita Porto Carrero de Mello juiz dos orfãos e escrivão da camera o fiz tresladar bem e fielmente do livro das vereações da Camera onde o escrevi ao qual me reporto em todo e por todo e tresladei pelo mandarem asim os senhores ofesiaes da Camera, dia e era contendo sobre dito e escrevi e asinei de meo sinal raso que costumo Sipião Peta Porto Carero de Mello. Manoel de arede e Vasconcellos tabelião publico do judicial e notas da villa de Bom Successo do Porto Calvo e seu termo capitania de Pernambuco per Sua Alteza que deus guarde, certifico que o sinal ao pé deste com ser todo e a letra delle he do escrivão da Camera que hora serve nesta dita villa Sipião Pita Porto Carero e Mello o que tudo reconheso muito bem pelo ver escrever e asinar muitas vezes e per me ser pedido o presente reconhecimento o pasei na verdade por mim escrito e asinado de meu publico sinal nesta dita villa do Porto Calvo aos quatro dias do mez de Fevereiro de mil seiscentos e setenta e seis annos em testemunho da verdade Manoel Azede e Vasconcellos. Termo de certificação das cousas dos Palmares atras e concertos. Anno do nascimento de nosso Senhor Jhu.xp.º de mil e seiscentos e setenta e seis annos aos doze dias do mez de fevereiro do dito anno nesta villa de Santa Maria Magdalena da Lagoa do Sul em pousadas do capitão maior João da Fonseca presentes os oficiaes da Camera desta vila o juiz ordinario Antonio Pinto de Vasconcellos vereadores Miguel André da Rocha, Sebastião Ferreira precurador do Conselho João Alveres e assim mais tambem muita gente dos homens bons deste povo e logo pelos ditos ofisiaes da Camera fora lido e publicado estes consertos atraz fazendo-lhes perguntas ao dito povo sahirão contentes e aceitarão estes consertos na forma que nelles se declara e se obrigarão a cumprilos pois hera cousa tam necessaria ao bem commum de todos o extinguir em parte estes negros inimigos pelos grandes rigores que delles tem experimentado e pelo dito povo presente aqui foi dito á hu'a voz que elles aceitavão os ditos consertos na forma que nelles se contem e se obrigavam por suas pessoas e bens a todo cumprir e guardar sem falta de duvida algu'a de que tudo fiz este termo a seu rogo e eu tabellião dito elles ditos que asinarão com os ofisiaes da Camera Capitão maior e o capitão Fernam Carrilhos e eu Bernabé do Couto de Lemos tabalião do publico judicial e notas nesta dita villa e seus termos por Sua Alteza que Deus guarde que o escrevi e asinei em publico e raza. – Bernabé do Couto de Lemos, Antonio Pinto de Vasconcellos, Miguel André da Rocha, Sebastião ferreira, João Alveres, Pero Bizerra, Balthazar Gonçalves Pereira, Manoel Lopes Durão, Antonio Martins da Fonseca,

Francisco Nunes Velho, Domingos Martins da Fonseca, Manoel de Siqueira Feio, Francisco Martins, Domingos d'araujo, Francisco de Caldas, Antonio Gomes de Mello, Domingos Dias fra., Manoel Antonio Duro, Urbano Paes Sarmento, João da Fonseca, Fernam Carrilhos, Teodosio dos Santos, Antonio Duro, Francisco Alvares Camello. E não diz mais os ditos consertos que tresladei do proprio bem e fielmente a que me reporto em todo e por todo e eu capitam Pero Bezerra escrivão da Camera que o escrevi.

11) *Declaração da Câmara das Alagoas de referência ao não cumprimento das estipulações para a entrada aos Palmares (1676).*

Aos tres dias do mez de Agosto de mil seiscentos e setenta e seis annos nesta villa de Santa maria magdalena da lagoa do sul e seus termos em as pousadas do capitam maior João da Fonseca junto com os oficiaes da Camera acordarão todos sobreditos o seguinte e por quanto se tinhão irmanado as cameras seguintes a villa de Porto Calvo, vila do rio de São francisco e a dita vila por faltarem as mais cameras pera se fazer a entrada dos palmares conforme o asento que tinhão feito e esta vila não puder suprir pela impossibilidade dos moradores aos quaes mandarão chamar e lhe fizerão a todos os prezentes e pelas . . . . que de ordinario estavão passando pedirão ao capitão maior e aos ofisiaes da Camera mandasse tropas ao sertão e para isso darião todo necessario pera a dita viagem e pera hir mais esforsado fizesse avizo ao capitam Fernam Carrilhos para vir com a gente que tivesse asim brancos como tapuias e não querendo vir se fazia com a gente desta jurisdição e visto este acordo e ser seo requerimento justo mandarão faser este termo para se fazer execução que todos asinarão juntos com o capitão Pero Bizerra escrivão da Camera que o escrevi. – João da Fonseca, Antonio Cabral de Vasconcellos, Miguel André da Rocha, Antonio Pinto de Vasconcellos, Sebastião ferreira, Semão Correa, João Alveres.

12) *Providência do capitão Fernão Carrilho acêrca dos negros condutores de mantimentos para os Palmares (1676).*

Aos vinte e hu' dias do mez de agosto de mil e seiscentos e setenta e seis annos nesta villa de Santa maria Magdalena da lagoa do sul em o passo do conselho della sendo presente o juiz Antonio Pinto de Vasconcellos e os vereadores Miguel André da Rocha e Semão Corrêa e o precurador do conselho João Alveres e o precurador do Conselho da villa de Porto Calvo João Pereira da Cunha assentarão com o dito capitam Fernam Carrilhos sobre os negros que levar ao Palmar que sendo caso que morra algum negro dos que levarem mantimentos ao dito palmar para sua assistencia se obrigou o dito capitam Fernam Carrilhos a pagar todo o negro que morrer apagalo nas pilhagens que fizer, de que mandarão fazer este termo que todos asinarão e eu capitam Pero Bezerra escrivão da Camera que escrevi – Fernam Carrilho, Antonio Pinto de Vasconcellos, Miguel André da Rocha, Semão Correa, João Pereira da Cunha, João Alvres.

13) *Carta-patente de capitão-mor da expedição aos Palmares, passada ao capitão Fernão Carrilho pelo governador Pedro de Almeida (1676).*

Dom Pedro de Almeida, governador da capitania de Pernambuco e das mais annexas por S. A.

Faço saber aos que esta carta patente virem que por quanto convem muito ao serviço de S. Al. a quietação destas capitanias e destruição dos negros levantados dos Palmares per não obstante as entradas que no tempo de meu governo se lhe tem feito se experimenta delles maiores danos me resolvi a que pela lagoa se lhe faça este anno hu'a que conforme a gente que mando parecemos se entende ficar oprimidas as furias com que aquelles barbaros offendem continuamente os moradores daquella capitania e as mais circumvisinhas e porque he necessario hu' capitam mor que vá a esta entrada e governe a guerra com as disposições e acertos que permite o sertão e que com o seo valor exemplo anime a todos os que acompanharem nas mais arduas emprezas que se lhe oferecem, e tendo respeito a que na pessoa do capitam Fernão Carrilhos concorrem estas partes e outras muitas pelo bem que se sinalou em varias entradas que desde a Bahia até Cerigipe del rei fez por vezes a sua custa ao sertão a destruir os negros levantados que á aquelles povos com numerosos roubos e violencias que com efeito extinguio prendendo muitos e matando os que lhes resistião de que hoje se logra naquelles destrictos grau de socego e quietasão e por esperar delle que nesta ocazião e nas mais que se lhe oferecem se haverá da mesma maneira e muito conforme a confiança que faço de seo bom procedimento hei por bem de o eleger e nomear como pela presente elejo e nomeio capitam mór da presente guerra que mando fazer aos negros dos Palmares pera que como tal ordene e disponha o que mais convier ao serviço de S. A. e logre as honras e liberdades que pelo dito posto lhe são consedidos pelo que ordeno ao capitam mor e Camera d'aquella villa das alagoas lhe dê posse e juramento na forma costumada de que fará bem sua obrigação e todos os capitães de ordenansa e mais soldados e oficiaes que o acompanharem lhe obedeçam cumprindo em tudo suas ordens de palavra e por escrito tão pontual e inteiramente como devem e são obrigados que pera firmesa de tudo lha mandei passar a presente por mim asinada e selada com o sinete de minhas armas e se registrará nos livros da secretaria deste governo e nos da Camera da mesma villa donde os ofisiaes della farão asento de matricula segundo o estilo das ordenansas. Dada neste Recife de Pernambuco em o primeiro dia do mez de Julho Antonio Pereira a fez anno de mil e seissentos e setenta e seis. Manoel Pimenta Cardoso a fez escrever. – Dom Pedro de Almeida. Carta patente do posto de capitam mór da entrada que pela alagoa se faz aos Palmares que V. S. teve por bem provelo na pessoa do capitam Fernão Carrilhos por nelle concorrerem parte suficientes para exercer e pelos respeitos acima declarados, para V. S. ver, e não diz mais a dita carta patente que trasladei da própria bem e fielmente a que me reporto em todo e por todo e eu capitam Pero Bizerra escrivão da Camera que escrevi.

14) *Autorização da Câmara das Alagoas dos gastos com a entrada aos Palmares (1676).*

Aos oito dias do mez de Dezembro de mil seissentos e Setenta e seis annos nesta villa de Santa maria magdalena da Lagoa do Sul em o passo do conselho della sendo presentes os senhores oficiaes da Camera abaixo asinados juntos com os capitães maiores João da Fonseca e Fernão Carrilhos e os ditos Senhores oficiaes pedirão ao dito capitam maior contribuisse com os gastos pera a dita entrada e os que fizesse e emportassem o satisfaria fazendo finta ao pedido ao povo aquilo que mais acomodar per ser serviço de deus e de sua alteza e ao commum e povo e por elles asim pedirem e convirem nisto de que mandarão fazer este termo e nossos vindouros comprirão asim pelas razões ditas em que todos asinarão, e eu capitam Pero Bizerra escrivão da Camera que escrevi. – Antonio de Vaconcellos, Miguel André da Rocha, Sebastião Ferreira, Simão Correa, João Alvres.

15) *Relutância do povo das Alagoas no fornecer escolta para os mantimentos destinados aos Palmares (1677).*

Aos sete dias do mez de Dezembro de mil seissentos e setenta e sete annos nesta villa de Santa maria magdalena da Lagoa do Sul sendo presentes os juizes e vereadores e precurador do Conselho mandarão chamar e lhes fizerão presente hu'a carta do Senr. Governador Dom Pedro de Almeida escrita ao capitão maior João da Fonseca sobre darem negros para os comboios dos mantimentos de Palmares e Porto do Calvo ao que elle dito povo respondeo que não davão negros pera o tal comboio e sendo que os obrigassem a dar os seus escravos desprezarião a terra e hirião fora da terra e vistos os seus ditos mandarão os Senhores ofisiaes da Camera fazer este termo em que elles asinarão com o dito povo e eu capitam Pero Bizerra escrivão da Camera que escrevi. – Antonio Pereira de Souza, Antonio Barbosa, Manoel Correa Maciel, Manoel Teixeira Jorge, Antonio Gomes de Mello, Cosme Pereira Barbosa, João Carneiro Teixeira, Domingos de arahujo, M. Machado, Joseph B., Amador Duarte, Antonio Duro de tavora, Antonio Pires Cerra, Manoel . . . ., Manoel A. Moreira, Estevão Duro de tavora, Mezael Bizerra de Brito, João Gomes de Mello, Manoel Barbosa, M. Lopes da Cunha, Antonio de Barros Correia, André Correia, Sebastião francisco André Roiz, Theotonio Martins, Bertholameu Alvres, M. Alvres ferreira, Francisco Rodrigues da Fonseca, Miguel Fereira, João Alvres, George Nunes Landim, Alexandre de Siqueira, Diogo da Silva, Manoel Gonçalves Taborda, Gonçalo Fernandes Rego.

16) *Contrato entre o capitão Camelo e o povo de Alagoas acêrca dos pretos da escolta aos mantimentos destinados à expedição dos Palmares (1678).*

Aos dezaseis dias do mez de Janeiro da era de mil seiscentos e setenta oito annos neste sitio de Santo Amaro sendo presente o juiz e vereadores e precurador do Conselho junto com o capitam Francisco Alvres Camello concordaram para bem deste povo que dada ocasião que Deus não permita que na dita entrada do comboio dos mantimentos morra algu' negro d'aquelles que se fintarem ou se derem se pagarem por aquilo se avaliarem cujo valor se tirará da presa que nosso Senhor der que se pagará tambem a polvora e xumbo ao que se obrigou o dito cabo a satisfazer e sendo que não haja empresa nenhu'a será fintado o povo desta capitania pera se satisfazer ao que todos juntos concordarão de que mandarão fazer este termo que todos asinarão e eu capitam Pero Bezerra escrivão da Camera que escrevi. – Matheus de Siqueira, Francisco Alvres Camello, Deogo da Silva, Francisco d'araujo Rego, Francisco Dultra dandrade e não diz mais o dito termo que tresladei do proprio bem e fielmente a que me reporto que fica em meo poder.

17) *Bando do governador Pedro de Almeida oferecendo vantagens aos voluntários que subissem aos Palmares (1678).*

Dom Pedro de Almeida, governador da capitania de Pernambuco e das mais anexas &.

Porquanto hoje a conquista dos Palmares se acha com poucos negros levantados esses espalhados por nesta ultima entrada deixar muitos mortos o capitam mór Fernão Carrilhos e trazer quantidade delles cativos e porque se logo não se extinguirem em breves annos se poderão multiplicar demaneira que venham estas capitanias a experimentar mais pesado jugo do que até agora padecerão e podendo os moradores dellas no tempo presente acabar com muita suavidade aquelles barbaros será grande descuido não o fazerem e aproveitarem-se de tudo que lhes pode importar as novas entradas que lhes quizerem fazer hei por bem de conceder em nome de S. A. que deos guarde á todas e quaesquer pessoas que em tropas sem dilação quizerem subir aos Palmares livremente todas as presas e outras quaesquer presas que tomarem sem que de hu'a e outra cousa paguem o quinto que té agora se costumava pagar ao dito Senr. e per que os moradores da jurisdição deste governo levados deste interesse e do serviço que fazem a S. A. se animarão e servirão a esta empreza e este edital se afixará em qualquer dellas para que chegue a noticia á todos e quando os que fizerem neste .... acontecimento algu' tenhão duvidas ou contendas na repartição do que se aprizionar per esta recusarem o capitam mór a Camera daquelle destricto os ajustará no que for licito . . . . Dado neste Recife de Pernambuco aos catorze dias de fevereiro de mil seissentos e setenta e oito annos. – Dom Pedro de Almeida e não diz mais o dito bando que . . . . do proprio bem e fielmente a que me reporto e eu capitam Pero Bezerra escrivão da Camera que escrevi. – Damião de Magalhães, E. Dutra de Andrade, Matheus Siqueira, Diogo da Silva.

18) *O capitão-mor João da Fonseca pede à Câmara de Alagoas mantimentos para a tropa estacionada nos arredores dos Palmares (1680).*

Os Senhores ofisiaes da Camera devem per serviço de Sua Alteza e do bem comum geral de todas estas capitanias fazerem hu' lansamento efectivo de cincoenta alqueires de farinha pera que em cada hu' mez se achem promptos para os socorros e comboios da infantaria que asistir no arrayal e das mais tropas que aqui se vem a prover per quanto o Senhor Governador Ayres de Souza Castro asim disposto tanto a este senado como a mim e que em nenhu' caso haja a menor falencia em tudo o que for pedido pelo sargento mór Manoel Lopes e conforme o que me tem deprecado mostra a impossibilidade dos mantimentos com que se acha pera continuar a sua sistencia sendo tão util para o bom fim desta guerra e todos os mantimentos com que daqui lhe asistir hão de ser pagos aos moradores destas capitanias como o dito Senhor o tem ordenado a cuja satisfação em seo nome e me obrigou a faser boa no remate das contas que o dito Senhor mandar fazer e asim pera este comboio que hei de despedir para o dito arraial que hade estar lá até dez de fevereiro he necessario se finte juntamente vinte arrobas de carne, quinhentas curimãs, duas mil tainhas, cincoenta negros pera o carreto destes efeitos o que tudo faço a Vm.-ces presente pera que asim o mande executar. Lagoa do Sul 26 de Janeiro de 1680. – João da Fonseca e não dis mais a dita carta de obrigação a qual tresladei da propria bem e fielmente a que me reporto em todo e por todo e eu capitam Pero Bezerra escrivão da Camera que o escrevi.

19) *Carta-patente concedendo a André Dias o pôsto de capitão-mor de campo contra os negros dos Palmares (1680).*

Ayres de Souza de Castro governador da capitania de Pernambuco e das mais annexas &.

Faço saber aos que esta carta patente virem que por quanto convem nomear hu' capitam-mor de campo da capitania das Alagoas pera que com gente armada andem em seguimento dos negros fugidos e levantados daquella capitania e seos destrictos andam feitos salteadores saindo dos mocambos donde asistem a roubar pelas estradas aos moradores e seus escravos, como todas as horas se está experimentando e convir que a pessoa que houver de ocupar o dito posto seja pratica de valor e resolução para nas ocaziões que se oferecem prender e extinguir estes negros malfeitores e fugidos e tendo eu respeito a que todas estas partes concorrem na de André Dias morador em São Miguel e a boa informasão que tenho de seu procedimento e do bem com que servio sempre em muitas entradas que fez aos sertões dos Palmares nas quaes se houve com muita resolução e zelo do serviço de Sua Alteza para tudo de que foi encarregado e por esperar delle que as deligencias que agora de novo se lhe oferecer do serviço do dito Senhor em utilidade destes povos se haverá muito conforme a confiança que faço de sua pessoa hei por bem de o eleger e nomear como em virtude da presente elejo e nomeio capitão-mor de campo da vila das Alagoas e seus destrictos pera que com a gente que lhe parecer corra o campo e mais logares por onde tiver noticia que andam negros fugidos e levantados e os prenderá em qualquer parte onde os colher ainda que seja em fazendas ou casa de quaesquer moradores fasendo muito pelos prender e quando lhes resistão pondo em perigo e não se querendo dar a prizão os poderá matar livremente como dispõem as leis e com este posto gosará o dito capitam-mor de campo de todos os privilégios que lhe tocarem e como . . . . lhe obedeção os capitães de campos daquella capitania e seus destrictos aos quaes ordeno lhe obedeçam e cumpram suas ordens muito inteiramente em tudo o que tocar a este mister de correr o campo pelo que ordeno a todos os ofisiaes das ordenansas e da Camera e bem asim o capitão mor d'aquella capitania e mais justiças de Sua Alteza o ajudem e favoresam em tudo o que lhes pedir asim de gente como do mais que necessario for para milhor execução destas diligencias e os ditos homens que o acompanharem mando outro sim lhe obedesão e cumpram suas ordens muito inteiramente como são obrigados e para firmeza de tudo lhe mandei passar a presente asinada e selada com o sinete de minhas armas o qual se registrará nos livros da secretaria deste governo e nos da Camera daquella vila das Alagoas onde os oficiaes della lhe darão posse e farão asento na forma do estilo. Dada neste Recife de Pernambuco em dezaseis dias do mez de Fevereiro Antonio Ferreira a fez anno de mil seissentos e oitenta. Antonio Coelho Guereiro a fez escrever. – Ayres de Souza Castro. Carta patente do posto de capitam mor de campo da vila das Alagoas e seus destrictos que VSa. foi servido mandar passar à André Dias morador em São Miguel tudo na forma e pelos respeitos asima declarados. Para VSa. ver. e não diz mais a dita patente a qual tresladei da propria bem e fielmente a que me reporto em todo e por todo. e eu capitam Pero Bizerra escrivão da Camera que escrevi.

20) *Bando do sargento-mor Manuel Lopes chamando à obediência o capitão Zumbi dos Palmares (1680).*

Manoel Lopes sargento mór por Sua Alteza, do terço que ficou por morte do mestre de campo João Soares de Albuquerque. Por me ordenar o Senhor Aires de Souza de Castro governador destas capitanias faço saber a toda a pessoa de qualquer qualidade que por algu'a industria possa noticiar ao capitam Zumbi que o dito Senhor governador novamente lhe tem perdoado em nome de Sua Alteza que deus guarde todos os crimes que contra estes povos tem cometido tanto que se reduza á obediencia de nossas armas buscando dito Zumbi a seo tio Ganazona pera viver na mesma liberdade com toda sua familia que gosa o dito seo tio que foi só o homem que soube guardar sua palavra e pelos outros se rebelarem como o foi João mulato, Canhonga, Gaspar, Amaro experimentarão a prizão que se lhe ha feito por se evitar . . . . e traição tinhão combinado com muitos escravos nossos cativos para se levantarem faltando as pazes prometidas por elles sendo tudo descoberto por outros mais fidedignos e pelo Ganazona e para mais justificação desta verdade matarão com pesonha o seo rei Ganazumba para milhor fazerem a sua aleivozia e por todas estas razões se deliberou o dito Senhor Governador a manda-los prender e não por desejar faltar ao que com elles tinha efeituado e quiz o dito Senhor Governador requerer ao dito capitam Zumbi para que asista com seo tio ficando com toda sua familia liberta sendo caso que o dito senão reduza no termo de quatro meses promete o dito senhor Governador mandar logo asistir com guerra ao sertam com ordem expressa a que se não dê quartel a todo o negro de armas pois nisto existe o maior serviço de Sua Alteza e os cabos que asim esta ordem não guardarem serão remetidos ao dito senhor governador por desobedientes a seo serviço. Dado nesta vila de Porto Calvo aos vinte e seis dias do mez de março de mil seiscentos e oitenta annos. – Manoel Lopes, e não diz mais a dita ordem que tresladei da propria bem e fielmente a que me reporto em todo e eu capitam Pero Bezerra escrivão da Camera que escrivi.

21) *Quantia despendida pela Câmara de Alagoas com a guerra nos Palmares (1680).*

Recebi dos ofisiaes da Camera que servirão o anno passado de 1679 cento e nove mil e oito centos reis que esta Camera estava devendo da finta da Senhora Rainha da Gram-Bretanha do anno de mil seis centos e setenta e oito oitenta mil reis que fazem a dita quantia de cento e nove mil e oitocentos reis os quaes despendi com a guerra dos Palmares como consta da conta que mandei ao Senhor Governador Aires de Souza de Castro o qual dispendio fiz por ordem do dito Senhor e carta que para este efeito escreveo a este Senado e desembargador Antonio Nabo Pessanha e para descargo dos ditos ofisiaes da Camera se lhes levou em conta e passei esta quitasão por mim asinada. Vila das Alagoas vinte de Julho de mil seiscentos e oitenta annos. – João da Fonseca, e não diz mais a dita quitasão que tresladei da propria bem e fielmente a que me reporto. e eu capitam Pero Bizerra escrivão da Camera que a escrevi.

22) *Vistoria das roças para a finta de farinha para os Palmares (1680).*

Aos dezenove anos digo dias do mez de Dezembro de mil seiscentos e oitenta annos nesta vila de santa maria magdalena da lagoa do sul em as pousadas do capitam Antonio Martins da Fonseca onde estavão os Senhores oficiaes da Camera juiz e vereadores requereo o precurador do conselho aos Senhores ofisiaes da Camera que hera necessario dar-se vistoria as rosas para conforme as rosas que se acharem no termo desta dita vila se fintassem os homens que tivessem rosas suficientes pera fazer farinha pera as gueras dos Palmares perquanto não havia bem pera o povo e hera necessario verem-se pera conforme as rosas que houverem fintarem as pessoas que as tiverem e avisar ao Senhor Governador Aires de Souza Castro do que fiz este termo que elles asinarão e eu capitam Pero Bezerra escrivão da Camera que o escrevi. – Fonseca, Oliveira, Durão, Barbosa.

> (Documentos copiados do segundo Livro de Vereações da Câmara de Alagoas pelo dr. Dias Cabral. – Publicados na *Revista* do Instituto Histórico Alagoano, 1875.)

DIÁRIO DA VIAGEM DO CAPITÃO JOÃO BLAER AOS PALMARES EM 1645

A 26 de fevereiro partiu de Salgados o capitão João Blaer com sua gente e, tendo marchado duas milhas, chegou a um rio chamado Elinga, além do qual havia um alto monte; dali caminhamos ainda duas milhas e chegamos junto a um rio de nome Sebahuma, em cuja margem meridional pernoitamos e onde, na mesma tarde, os nossos índios fisgaram alguns peixes chamados *tarairais*.

A 27 do mesmo, pela manhã, transpusemos o rio e o alto monte e, tendo marchado boas quatro milhas, chegamos a um pequeno rio chamado Tamala, onde descansamos um pouco; prosseguindo depois a marcha, uma milha além chegamos a um antigo engenho de nome São Miguel, onde ainda vimos jazer algum cobre e ferragens do velho engenho; dali caminhamos uma milha e chegamos ao rio São Miguel, acampando pela noite na sua margem do norte.

A 28 continuamos a marcha ao longo da dita margem, por espaço dum quarto de milha; atravessamos então o rio e caminhamos uma milha pequena, quando de novo passamos para o lado norte e, após meia milha de marcha, encontramos alguns *mundéus* ou armadilhas para pegar caça, as quais, porém, estavam vazias; ali acampamos para no outro dia mandar examinar se não havia nas imediações pegadas de negros; à mão direita do nosso acampamento ficava um grande *lagradiza* (alagadiço) ou pântano.

A 1º de março pela manhã o capitão dos nossos índios matou a flecha um grande pássaro chamado Enijmma, na nossa língua pássaro de chifre (*Hoorenvogel*), pois tem um corno do comprimento de um dedo sôbre a cabeça e outros em cada asa, os quais dizem servir de contra-veneno.

A 2 do dito mês, o capitão matou ainda um outro dêstes pássaros; neste dia mandamos a nossa gente e os índios à procura de pegadas, mas nada encontraram; por isso ficamos ali aquela noite e também o capitão João Blaer, tendo caído mortalmente doente, voltou com cinco holandeses e doze índios, carregado para as Alagoas; o tenente Jürgens Reijmbach continuou conosco a marcha e caminhamos uma milha por dentro do mato, na margem sul do rio São Miguel, e quatro através duma campina chamada Campo de Humanha; ali pernoitamos, na margem sul do rio São Miguel, que era tôda cheia de penhascos.

A 3 do dito, prosseguindo na marcha através desta Campina Humanha, passamos três rios arenosos e secos, nos quais apenas havia água para beber; êstes rios são chamados Cammera; continuando o caminho pela campina, e por espaço duma milha, por dentro do mato, deixamos à nossa esquerda um monte muito alto chamado Taipoú; pouco depois chegamos a um rio de nome Sagoú, junto ao qual acampamos.

A 4 do dito, depois duma pequena milha de marcha, chegamos a um braço do citado rio Sagoú; tínhamos um bom caminho, que deixamos à esquerda, e metemo-nos pelo mato e, uma milha adiante, atravessamos um alto monte, duas milhas além do qual pernoitamos junto a um riacho.

A 5 do dito, marchamos durante três boas milhas por dentro do mato e transpusemos alguns montes, porém nem altos nem íngremes, e ali acampamos.

A 6 do dito, prosseguimos na marcha e chegamos a um rio de nome Pevirgavo, o qual subimos por espaço de cinco milhas, ora numa, ora noutra margem, até chegarmos ao rio Paraíba, que despeja na Alagoa, junto do engenho de Gabriel Soares; encontramos a nossa gente, que havia reconduzido o capitão João Blaer para as Alagoas, a cinco milhas do engenho de Gabriel Soares, no lugar chamado Barra de Parúgavo, onde o rio Parengabo desemboca no Paraíba; disse a nossa gente que só com grande trabalho tinha conseguido subir aquêle rio Paraíba, andando pelo leito cheio de penhascos submersos, porquanto as margens estão cobertas de vegetação tão densa que é quase impossível atravessá-la; êste rio é muito piscoso e se estende mais para o norte; ali pernoitamos.

A 7 do dito, permanecemos acampados e mandamos a nossa gente pescar; pegaram peixes em abundância, tanto a flechadas como com anzóis.

A 8 do dito, passamos para a margem sul dêste rio e subimos o rio Parengabo por espaço de cinco milhas, margeando-o ora dum, ora doutro lado; êste caminho tivemos nós mesmos que abri-lo; acampamos junto à margem sul do mesmo rio.

A 9 do dito, pela manhã, continuamos a marcha por dentro do mato, durante seis boas milhas, e transpusemos alguns montes, um dos quais bem alto até chegarmos ao passo de Dona Ana, distante cinco milhas de Salgados, junto a um rio de nome Itubahumma, perto do qual pernoitamos.

A 10 do dito, pela manhã, marchamos duas milhas; tendo deixado à nossa direita um alto monte chamado Waipoú, chegamos na campina a um rio arenoso e sêco, onde os nossos índios mataram a flechadas seis grandes e dois pequenos porcos do mato; dali caminhamos ainda três milhas em parte pelo leito do rio sêco, até o rio São Miguel, junto ao qual acampamos.

A 11 do dito, seguimos rumo de oeste, passando ora por dentro do mato, ora pela campina e às vêzes pelo leito de rios secos, em um dos quais, chamado São Miguel, pernoitamos.

A 12 do dito, subimos o rio de São Miguel durante cinco milhas, encontrando aqui e ali água para beber; depois passamos para a margem sul e chegamos a um campo aberto chamado Pasto Novo ou Campo de Tamala; ali deixamos à nossa direita dois montes alcantilados, a que dão o nome de *Grasicqúa*; também havia em vários lugares muito capim comprido; esta campina tinha duas milhas de extensão e, tendo feito ainda meia milha por dentro do mato, acampamos e fizemos cavar poços a fim de achar água para beber.

A 13 do dito, pela manhã, seguimos em direção ao norte e, feito meia milha de caminho, chegamos de novo ao rio São Miguel, que um quarto de milha mais adiante despenha-se dum monte situado ao oeste; galgamos êste, que era todo de penhascos e tem o nome de Cachoeira de São Miguel; esta cachoeira não é tão elevada quanto a do Paraíba, que tem bem quatro vêzes a sua altura; estivemos acima desta cachoeira do Paraíba, mas não junto a ela; neste lugar descansamos um pouco e enviamos um negro, que trazíamos conosco, com alguns índios, a bater o mato, os quais trouxeram-nos seis grandes porcos do mato e um pequeno, mortos a flecha; depois prosseguimos na marcha e acampamos junto à margem sul do rio São Miguel.

A 14 do dito, depois de havermos subido por algum tempo êste rio, passamos para a margem norte e uma milha adiante galgamos um elevado monte, de bem meia milha de altura, de cima do qual subimos ainda um outro monte, porém não tão alto; caminhando quase sempre com rumo norte ou nordeste, cêrca duma milha além chegamos a um rio arenoso e sêco, cheio de penhascos; marchando mais duas milhas passamos perto do lado ocidental duma cachoeira, não muito íngreme, mas presentemente sem água, no rio que aflui para o Paraíba; no dito rio acampamos, chovendo durante a noite.

A 15 do dito, pelas oito horas da manhã, conquanto ainda chovesse, partimos e depois duma milha de caminho deixamos aquêle rio à nossa direita, chegando a um outro cheio de penhascos; no seu leito marchamos durante todo o dia, saltando dum penhasco para outro como os cabritos nas ilhas do Mar do Norte, na extensão de cinco ou seis milhas, ora em direção ao norte, ora a leste, até o rio Paraíba; choveu todo o dia e pernoitamos na margem norte dêste rio.

A 16 do dito, subimos o rio Paraíba bem umas seis milhas e vimos à direita alguns altos montes; neste dia marchamos com grande trabalho por cima dos penhascos que eriçavam o leito do rio, onde muitos dos nossos levaram quedas, entortando as suas armas e os seus membros, mas não se extraviaram; acampamos na margem norte do Paraíba.

A 17 do dito, partindo da margem norte do Paraíba, chegamos, depois de boas cinco milhas de caminho, a um outro rio que, vindo do norte, despeja no Paraíba e subimos por êle durante todo o tempo; o leito estava cheio de penhascos; neste dia esgotaram-se os nossos víveres, bem como os dos brasilienses; quando teremos outros, só Deus sabe; ali na margem sul dêste rio pernoitamos, avistando do lado do norte um alto monte que no dia seguinte galgamos.

A 18 do dito ganhamos o cimo do referido monte, que era alto e íngreme, e sôbre o qual encontramos água para beber; a êste monte demos o nome de Oiteiro dos Mundéus, ou monte das armadilhas, porquanto em cima dêle havia bem cinqüenta ou sessenta destas para pegar caça, mas eram tôdas velhas de três anos; transposto êste monte chegamos, uma milha adiante, a uma antiga plantação onde encontramos algumas pacovas verdes; dali por diante tivemos de cortar caminho através dum denso canavial na extensão de duas milhas; em seguida chegamos ao Velho Palmares, que os negros haviam deixado desde três anos, abandonando-o por ser um sítio muito insalubre e ali morrerem muitos dos seus; êste Palmares tinha meia milha de comprido e duas portas; a rua era da largura de uma braça, havendo no centro duas cisternas; um pátio onde tinha estado a casa do seu rei era presentemente um grande largo no qual o rei fazia exercício com a sua gente; as portas dêste Palmares eram cercadas por duas ordens de paliçadas ligadas por meio de travessões, mas estavam tão cheias de mato que a muito custo conseguimos abrir passagem; dali por diante marchamos por espaço de milha e meia, sempre por dentro de roças ou plantações abandonadas, nas quais, porém, havia muitas pacovas e canas com que matamos a fome; em uma destas roças acampamos e assamos pacovas.

A 19 do dito, pela manhã, caminhamos meia milha e chegamos ao outro Palmares, onde estiveram os quatro holandeses, com brasilienses e tapuias, e o incendiaram em parte, pelo que os negros o abandonaram e mudaram o pouso para dali a sete ou oito milhas, onde construíram um novo Palmares, igual ao que precedentemente haviam habitado; uma milha adiante demos com um bonito rio, cheio de penhascos, chamado Cabelero e afluente do rio Mondoú, que despeja na Alagoa do Norte; depois de ainda duas milhas de marcha chegamos a um riacho, que corria em direção a leste, e passamos dois montes, tendo contìnuamente chuva; ali pernoitamos.

A 20 do dito, depois de caminhar quatro boas milhas, passando alguns montes e rios, chegamos a um rio chamado Japondá; durante êste dia encontramos, tôdas as meias horas, mocambos feitos pelos negros quando deixaram o Velho Palmares pelo novo, situado a leste e sudeste do primeiro; duas milhas adiante demos com um outro mocambo dos negros, onde tivemos de esperar bem duas horas por três dos nossos soldados, estropiados; chegados êstes, apenas caminhamos ainda uma milha, por estarmos fatigados, e ser já quase noite, e molhados pela chuva constante, que se prolongou por tôda a noite; estivemos acampados junto a um rio até a saída da lua; às duas horas da madrugada fizemos alguns fachos, que acendemos, e marchamos milha e meia por dentro do mato, até chegar à porta dos Palmares, quando ja vinha amanhecendo.

Ao amanhecer do dia 21, chegamos à porta ocidental dos Palmares, que era dupla e cercada de duas ordens de paliçadas, com grossas travessas entre ambas; arrombamo-la e encontramos do lado interior um fôsso cheio de estrepes em que caíram ambos os nossos cornetas; não ouvimos ruído algum senão o produzido por dois negros, um dos quais prendemos, junto com a mulher e o filho, os quais disseram que desde cinco ou seis dias ali havia apenas pouca gente, porquanto a maioria estava nas suas plantações e armando mundéus no mato; ainda mataram os nossos brasilienses dois ou três negros no pântano vizinho; disseram ainda os negros pegados que o seu rei sabia da nossa chegada por ter sido avisado das Alagoas; um dos nossos cornetas, enraivecido por ter caído nos estrepes, cortou a cabeça a uma negra; pegamos também outra negra; no centro dos Palmares havia outra porta, ainda outra do lado do alagadiço e uma dupla do lado de leste; êste Palmares tinha igualmente meia milha de comprido, a rua, larga duma braça, corria de oeste para leste e do lado norte ficava um grande alagadiço; no lado sul tinham derrubado grandes árvores, cruzando e atravessando umas em cima das outras, e também o terreno por trás das casas estava cheio de estrepes; as casas eram em número de 220 e no meio delas erguia-se uma igreja, quatro forjas e uma grande casa de conselho; havia entre os habitantes tôda sorte de artífices e o seu rei os governava com severa justiça, não permitindo feiticeiros entre a sua gente e, quando alguns negros fugiam, mandava-lhes crioulos no encalço e, uma vez pegados, eram mortos, de sorte que entre êles reinava o temor, principalmente nos negros de Angola; o rei também tem uma casa distante dali duas milhas, com uma roça muito abundante, casa que fêz construir ao saber da nossa vinda, pelo que mandamos um dos nossos sargentos, com vinte homens, a fim de prendê-lo; mas todos tinham fugido, de modo que apenas encontraram algumas vitualhas de pouca importância; no caminho para a casa do rei tivemos de atravessar um monte alto e muito íngreme, da altura de bem uma milha; queimamos a casa do rei e carregamos os víveres; também encontramos roças grandes, na maior parte de milho novo, e achamos muito azeite de palmeira, que os negros usam na sua comida, porém nada mais; as suas roupas são quase tôdas de entrecasca de árvores e pouca chita e tôdas as roças são habitadas por dois ou três indivíduos; perguntamos aos negros qual o número da sua gente, ao que nos responderam haver 500 homens, além das mulheres e crianças; presumimos que uns pelos outros há 1500 habitantes, segundo dêles ouvimos; nesta noite dormimos nos Palmares.

A 22 do dito, pela manhã, saiu novamente um sargento com vinte homens a bater o mato, mas apenas conseguiram pegar uma negra côxa de nome Lucrécia, pertencente ao capitão Lij, que ali deixamos ficar, porquanto ela não podia andar e nós não podíamos conduzi-la, tendo já muita gente estropiada que era mister fazer carregar; enchemos os nossos bornais com alguma farinha sêca e feijões, a fim de voltarmos para casa; neste dia a nossa gente queimou para mais de 60 casas nas roças abandonadas; o caminho dêste Palmares era margeado de aléias de palmeiras, que são de grande préstimo aos negros, porquanto, em primeiro lugar, fazem com elas as suas casas, em segundo, as suas camas, em terceiro, abanos com que abanam o fogo, em quarto, comem o interior dos côcos e dêstes fazem os seus cachimbos e comem o exterior dos côcos e também os palmitos; dos côcos fazem azeite para comer e igualmente manteiga que é muito clara e branca, e ainda uma espécie de vinho; nestas árvores pegam uns vermes da grossura dum dedo, que comem, pelo que têm em grande estima estas árvores. Ali também feriram-se muitos dos nossos nos estrepes que havia por trás das suas casas. Êste era o Palmares Grande de que tanto se fala no Brasil; a terra ali é muito própria ao plantio de tôda sorte de cereais, pois é irrigada por muitos e belos riachos; a nossa gente regressou à tarde sem nada ter conseguido; ainda esta noite dormimos nos Palmares.

A 23 do dito, queimamos o Palmares com tôdas as casas existentes em roda, bem como os objetos nelas contidos, que eram cabaças, balaios e potes fabricados ali mesmo; em seguida retiramo-nos, vendo que nenhum proveito havia mais a tirar; após uma milha de marcha chegamos a um rio, todo cheio de penhascos, denominado Bonguá; ali deixamos de emboscada, junto aos Palmares, um dos nossos sargentos com 25 homens, mas não sabemos o que conseguiram; nesta tarde, próximo ao referido rio, ainda pegamos um negro com a mulher e um filho, e ali pernoitamos.

A 24 do dito, pela manhã, subimos êste rio durante milha e meia, ora na margem norte, ora na meridional, e ali encontramos um negro cheio de boubas em companhia de uma velha brasiliense, escrava da filha do rei, que nos disseram que nas vizinhanças ainda corriam outros negros, pelo que acampamos ali e com vinte homens batemos o mato; chegando à casa da filha do rei, que não estava nela, queimamo-la, mas nada conseguimos achar; passamos ali a noite.

A 25 do dito, permanecemos acampados e visitamos o mato em redor, num raio de cinco a seis milhas, porém sem resultado; pernoitamos de novo ali.

A 26 do dito, marchamos com rumo de leste e de sudeste, durante quatro boas milhas, sempre à vista de montes, e transpusemos dois dêstes, cada qual duma milha de extensão; deixamos à nossa direita um grande monte muito alcantilado; fizemos sempre caminho por dentro do mato e, chegando à margem dum pequeno rio, ali pernoitamos.

A 27 do dito, pela manhã, partimos com rumo de sudeste em direção a um monte alto, porém não muito íngreme, e marchamos duas milhas até alcançar o seu cimo; mandamos explorar, do alto duma árvore, as imediações e o espia descobriu à nossa direita uma grande planície e um elevado monte a oeste; transpusemos êste monte, que se erguia muito íngreme, no que andamos três boas milhas antes de chegar à planície, onde atravessamos alguns riachos arenosos e secos; a referida planície estava coberta de mato fechado e de tabocas chamadas canabrava, de modo que só dificilmente podíamos avançar e não conseguimos conservar o nosso rumo, tão densa era a vegetação; em seguida subimos um rio que despeja no Paraíba e junto a êle acampamos perto dum poço, por causa da chuva; passamos mal a noite, por falta de pindobas para fazer choças onde nos abrigássemos da chuva, que durou tôda ela.

A 28 do dito, pela manhã, partimos dêste rio e, deixando-o à nossa direita, chegamos a um outro que descemos por espaço de duas milhas até a sua afluência na margem norte do Paraíba; descemos êste durante meia milha e acampamos junto à sua margem esquerda; choveu muito durante a noite.

A 29 do dito, pela manhã, seguimos ao longo da mesma margem do Paraíba e meia milha adiante nos embrenhamos pelo mato, com rumo norte e nordeste; depois marchamos para o sudeste ao longo do rio e fizemos quatro milhas em direção ao sul; transpusemos alguns montes de pouca elevação e pernoitamos na margem esquerda.

A 30 do dito, pela manhã, continuamos a marcha pela referida margem, por espaço de três milhas, passando alguns pequenos montes, mas sempre por dentro do mato fechado, que só com grande trabalho conseguíamos atravessar, e algumas vêzes tivemos de caminhar pelo leito do rio, por cima dos penhascos; neste dia os brasilienses pegaram muitos peixes, mas a nossa gente poucos; também o capitão dos índios matou dois patos; durante todo o dia choveu muito e pernoitamos na margem esquerda do rio.

A 31 do dito, pela manhã, prosseguimos, descendo o rio ao longo da margem esquerda, e tivemos de abrir caminho com grande dificuldade através do mato fechado, até darmos com uma antiga estrada, que percorremos até chegar de novo à margem do Paraíba; êste rio é muito piscoso e nas suas vizinhanças há muita caça; neste dia matamos alguns *jacqús* e à tarde atravessamos alguns riachos, indo acampar junto à margem esquerda do Paraíba.

A 1º de abril, partimos pela manhã e, durante uma milha, tivemos de transpor cinco ou seis vêzes um riacho, atravessamos em seguida um monte, duma meia milha de altura, e chegamos a uma estrada de carros distante três milhas do antigo engenho situado junto à Alagoa do Sul; dormimos esta noite no engenho de Gabriel Soares.

A 2 do dito, marchamos com a nossa gente para o alojamento na Alagoa do Sul, donde havíamos partido.

(Extraído da coleção de inéditos denominada *Brieven en Papieren uit Brasilien*, traduzido do holandês por Alfredo de Carvalho. – *Revista* do Instituto Arqueológico Pernambucano, vol. X, nº 56, março de 1902, pp. 87-96.)

MEIA LÉGUA DE TERRA PARA
A IGREJA DA SENHORA DAS BROTAS

Saibam quantos este publico instrumento de doação e patrimonio em escriptura ou como em Direito melhor haja e dizer se possa virem, que sendo no anno do Nascimento de Nosso Senhor Jesus Christo de mil setecentos e quarenta e dous aos dezenove dias do mez de Julho do dito anno nesta Villa de Santa Maria Magdalena de Alagoa do sul cabeça de comarca, capitania de Pernambuco, no escriptorio de mim Tabellião adiante nomeado appareceram partes presentes duadores o Capitão Alexandre Jorge da Cruz e sua mulher Dona Bernardina Cardim moradores na nova villa do Palmar termo desta Villa, pessoas que as reconheço pelas proprias de que faço menção, e por ella ambas juntas marido e mulher foi dito em minha prezença e das testemunhas adiante nomiadas e assignadas, que elles de sua livre vontade, sem constrangimento de pessoa alguma duavão e fazia duação deste dia para sempre a Igreja de Nossa Senhora das Brotas da Villa nova do Arraial do Palmar de meia legua de terra em quadro no lugar chamado Burarema pelo rio do Parahyba abaixo até onde encher a dita meia legua para o seu patrimonio para com o seu rendimento se paramentar obrigando a dar cada anno seis mil réis para os pagamentos dos quaes fico obrigado a dar conta como administrador da mesma terra e capella, cujos seis mil réis os farei bens dos mesmos rendimentos da dita terra e para este se despender e o que necessario for para o seu ornato e poder celebrar missas nella com decencia; e desde logo elles ditos duadores dicerão tiravão e appartavão de suas pessoas e seos herdeiros ascendentes e descendentes toda posse e senhorio .... e dominio que nas ditas terras tinhão e davão transferião e rectificavão na dita Igreja como cousa sua que é e ficando com todos pastos, mattas, aguas, logradores novos e velhos, entradas e saidas e tudo mais pertencente a meia legua de terras na forma que as possuião pela sismaria e mercê que tinham de Sua Magestade, e prometem contra esta escriptura em tempo algum não virem com nenhum genero de embargos ou enganos, porque vindo eram contentes que lhes fossem denegado todo remedio do direito e acção que a seu favor allegar poderem, porque só querião manter, cumprir e guardar na forma que nelle se contem e declara; outro sim; declaravão que se nella faltasse alguma clausula ou clausulas em direito necessario para sua validade todas as havião qui propostas e declaradas como se de cada uma dellas fizesse expressa e declarada menção. Em fé e testemunho de verdade assim ortogarão e pedirão fosse feito presente instrumento nesta nota para se dar o traslado necessario onde assignarão, pedirão e acceitarão, e eu Tabellião publico o acceito em favor de quem tocar possa como pessoa publica e acceitante que o acceitei e estipulei sendo presentes por testemunhas o Reverendo Padre José Domingos, Antonio José de Magalhães, Tenente Felippe Pereira e Reinaldo Pereira moradores neste e seus termos que tambem assignarão. Eu Antonio Maciel da Cruz, Bernardina Tavares Cardim, Antonio José de Magalhães, Reinaldo Mendes da Silva.

(*Revista* do Instituto Histórico Alagoano, vol. XVIII, 1935, pp. 62-64.)

CARTAS DE JOÃO DE LENCASTRE

Carta para o Mestre de Campo Domingos Jorge Velho.

Vossa Mercê me pede nesta carta de 18 de Agosto deste anno, que hoje recebo, lhe mande algumas munições remettidas á villa das Alagôas, por se lhe não darem da Fazenda Real, e ser grande a falta, que dellas tem, no empenho, com que vae continuando essa guerra dos Palmares. Creio, que Vossa Mercê as não pediu ao Governador de Pernambuco Caetano de Mello de Castro porque entendo que se elle as não mandou a Vossa Mercê, deve ter alguma ordem expressa de Sua Magestade para o não fazer, correndo tanto pela sua obrigação essa Conquista dos Palmares. Vossa Mercê lhe escreva, e lhas peça; e quando lhas não envie, mo represente Vossa Mercê com a resposta, que tiver do mesmo Governador: enviando-me juntamente a ordem, que Vossa Mercê tem de Sua Magestade sôbre se lhe darem, ou deixarem de dar munições para essa guerra por conta de Sua Real Fazenda, pela qual Vossa Mercê me diz, que se lhe não dão: para com a informação, e documentos de tudo, eu resolver o que for mais conveniente ao serviço de Sua Magestade pois ainda que essa guerra toca tão especialmente ao Governo de Pernambuco: eu sou general de todo o Estado para acudir a tudo o que convier á execução das ordens de Sua Magestade em qualquer parte delle. Deus guarde a Vossa Mercê. Bahia e Dezembro 13 de 1696.

Dom João de Lancastro

Carta para o Mestre de Campo Domingos Jorge Velho.

Fui informado, que alguns Paulistas desse Terço deram no Riacho dos Cabaços em um rancho, donde estavam os barbaros de que é Capitão o Paxicú; e entre outros lhe captivaram a mulher de que se temia alguma revolução nas Aldeias, com que o Paxicú se levantara: e que falando o Capitão-mor dequelles districtos com os Paulistas para os divertir de Captivarem aquelles Tapuyas, que estavam em paz com os brancos, lhe disseram, que tiveram ordem de Sua Magestade que Deus guarde para captivarem todo o Gentio que não fosse baptisado, e não estivesse aldeado. Se Vossa Mercê tem esta ordem de Sua Majestade ma envie Vossa Mercê originalmente para eu a ver: e se a não ha faça Vossa Mercê recolher logo os Paulistas: e lhes ordene, que restituam logo ao Paxicú sua mulher; e que de nenhum modo inquietem as nações dos Carinayós, Jacôs Paroquiôs, e a do mesmo Paxicú; pelo damno que pode resultar de se fazerem inimigos dos brancos, com quem estão de paz. E isto execute Vossa Mercê logo; porque se não ha ordem expressa de Sua Magestade a guerra que Sua Magestade manda fazer a Vossa Mercê, é aos negros dos Palmares, e não aos barbaros amigos dos brancos que em sua defesa se oppõem aos que lhe vêm fazer hostilidades. Deus guarde a Vossa Mercê. Bahia e Dezembro 14 de 1696.

Dom João de Lancastro

(*Documentos históricos*, Biblioteca Nacional, 1937, vol. XXXVIII, pp. 424-426. Na primeira edição, estes documentos – transcritos do romance *O Quilombo dos Palmares*, de Jaime de Altavila – não guardavam inteira fidelidade com o original.)

OUTROS DOCUMENTOS

1700

Domingos Jorge Velho. Eu El-Rei vos envio muito saudar. / Vio-se a vossa carta a doze de maio deste anno, em que vos queixaes de que os moradores das Alagoas querem se lhes dê de sesmaria as terras que deitão dessa serra para baixo e que os paulistas se accommodem com as que vão d'ahi para cima, não sendo isso o que comvosco se assentou: e se vos me pede a situação da villa que tendes principiado dentro das mattas dos Palmares, por ser logar mais commodo para o recebimento dos fructos varges, que os colonos leverem della, e commerciarem para as mais praças; e que com outra parte vos não convinha; pedindo me permitisse que essa villa ficasse debaixo da protecção da casa de Bragança; pareceo-me dizervos que ao governador Dom Francisco Martins Mascarenhas, se ordena faça guardar inviolavelmente aos paulistas o seu contrato, não se lhes dando mais e nem tambem se lhes dando menos do que se contratou com elles em parte que for sua, não offendendo as demarcações de outrem; e sobre o título da villa, pede, de que fique debaixo da protecção da casa de Bragança se não pode permitir. Escripta em Lisboa a cinco de outubro de 1700: Rey. Eu Lourenço de Britto, escrivão da camara trasladei bem e fielmente, em vinte e oito de agosto de 1701.

1716

Carta de sesmaria concedida pelo governador Lourenço de Almeida à viúva ou à alguma filha do mestre de campo Domingos Jorge Velho, como adiante se declara.

Hei por bem de lhe fazer mercê dar á supplicante acima nomeada, como pela prezente dou, de sesmaria, em nome de sua magestade, que Deus guarde nos mesmos logares, partes testadas que confrontarão em sua petição seis legoas de terras conquistadas dos Palmares, como o dito senhor ordena e da mesma forma que pareça ao provedor da fazenda real e ao doutor procurador da coroa e fazenda e livres e isentas da pensão de fora por cada legoa, excepto o dizimo a Deus; e povoará as ditas terras no tempo de cinco annos, aliás se dará por devolutas; e possuirá e gosará a supplicante, ella, e seus herdeiros não prejudicando a terceiros: & Dada nesta villa do Recife, aos seis dias do mez de maio Manoel da Silva Roza a escrevi no anno de 1716. D. Lourenço de Almeida.

1708-1724

Instrumento em pública forma com o teor da cópia de uma carta de doação abaixo copiada a requerimento de Gonçalo de Barros.

Saibam quantos este publico instrumento dado e passado em publica forma, a ex-officio de mim tabellião e á pedimento de parte, virem, que sendo no anno do Nascimento de Nosso Senhor Jesus Christo de mil e setecentos e oito, aos doze do mez de fevereiro do dito anno, nesta real villa da Atalaia de Nossa Senhora das Brotas e Santo Amaro, comarca das Alagoas e capitania de Pernambuco, no meu escriptorio por Gonçalo Pereira de Barros me foi apresentada a copia de uma carta de doação de sesmaria, requerendo que lhe desse o seu theor em publica forma a qual por se achar limpa, sem borrão nem entrelinha ou cousa que duvida faça, lhe dei e passei, cujo seu theor verbo ad verbum é da forma e maneira seguinte:

Dom Manoel Rolim de Moura, do Conselho de sua magestade, governador e capitão general de Pernambuco e mais capitanias annexas, etc. Faço saber a quem esta carta de doação de sesmaria virem – que Domingos Joam Carvalho, capitão de infantaria do terço dos Palmares e Luiz Mendes da Silva, alferes do mesmo terço, e apresentarem a petição cujo theor é o seguinte:

Diz Domingos Joam de Carvalho, capitão de infantaria dos Palmares, que sua magestade, que Deus Guarde, foi servido fazer mercê a cada um dos capitães do terço dos paulistas, conquistadores da campanha dos Palmares, de tres leguas de terras em quadra, das que conquistaram dos negros rebeldes dos Palmares e aos alferes duas leguas em quadra, livres de foro e de pensão alguma, mais que os dizimos a Deus, como consta das copias das ordens reaes juntas, começando as ditas pelas cabeceiras das datas do mestre de campo Domingos Jorge Velho, e do capitão Domingos Joam de Carvalho, tres leguas de terras em quadra, do riacho chamado Tamoatá pelo rumo do nordeste buscando o rio Mundahú pela testada do capitão Alexandre Jorge; da parte do norte buscando a serra do Caxefe para o Sertão; da parte sul servindo de testada as cabeceiras do capitão André Furtado, pelo rio Parahiba acima até encher as ditas três legoas de terra em quadra do dito capitão e o dito alferes as das legoas pelo dito rio Parahyba meirim, assim, de uma banda e outra, buscando a serra do Cavalleiro até encher as duas ditas; por tanto pede a vossa senhoria seja servido conceder e dar as ditas datas na forma dedusida; e receberá mercê:

Despacho: Havendo outrosim respeito ao que sua magestade me concede no cap. 15 do Regimento dêste governo, hei por bem fazer mercê aos supplicantes acima nomeados de dar-lhes, como pelo presente dou, de sesmaria &: dada nesta cidade de Olinda aos 28 dias do mez de agosto: Bento Soares Ferreira a fez no anno de 1824* á secretaria, secretario – Manoel da Silva Roza a fiz escrever. D. Manoel Rolim de Moura, logar de sello, & – E mais se não continha em dita copia da carta de sesmaria a que eu Joaquim Severiano da Costa, tabellião judicial em notas desta villa copiei do proprio a que me reporto que vai na verdade sem cousa que duvida faça, por mim escripto e assignado: conferia com o tabellião Antonio Rabello de Almeida, de meu signal público e razo nesta real villa de Atalaia, aos doze dias do mez de fevereiro do anno de 1708. O proprio entreguei á pessoa abaixo assignada. O tabellião Joaquim Severiano da Costa. Commigo concertado. Antonio Rabello de Almeida. Recebia a propria. Gonçalo Pereira de Barros. D. 780.

(*Revista* do Instituto Histórico Alagoano, 1901, n.º 2, vol. III.)

---

* Está assim no original. Deve ser 1704. O documento que transcreve a carta de doação é de 1708. [Nota da 4.ª edição.]